|北京市工会干部教育培训教材|

心理学助力工会工作

北京市工会干部学院◎编著

电子工业出版社
Publishing House of Electronics Industry
北京·BEIJING

未经许可，不得以任何方式复制或抄袭本书之部分或全部内容。
版权所有，侵权必究。

图书在版编目（CIP）数据

心理学助力工会工作 ／ 北京市工会干部学院编著 .
北京：电子工业出版社，2024. 8. -- ISBN 978-7-121
-48728-6

Ⅰ．D412.6

中国国家版本馆 CIP 数据核字第 202456AV98 号

责任编辑：张振宇　杨雅琳
印　　刷：三河市良远印务有限公司
装　　订：三河市良远印务有限公司
出版发行：电子工业出版社
　　　　　北京市海淀区万寿路 173 信箱　　邮编：100036
开　　本：710×1000　1/16　　印张：18.25　　字数：345.6 千字
版　　次：2024 年 8 月第 1 版
印　　次：2024 年 8 月第 1 次印刷
定　　价：78.00 元

凡所购买电子工业出版社图书有缺损问题，请向购买书店调换。若书店售缺，请与本社发行部联系，联系及邮购电话：（010）88254888，88258888。
质量投诉请发邮件至 zlts@phei.com.cn，盗版侵权举报请发邮件至 dbqq@phei.com.cn。
本书咨询联系方式：（010）88254210，influence@phei.com.cn，微信号：yingxianglibook。

序 言

习近平总书记在党的二十大报告中强调，"人民健康是民族昌盛和国家强盛的重要标志。把保障人民健康放在优先发展的战略位置，完善人民健康促进政策"。我国是世界上人口最多的国家，就业人口近8亿，多数劳动者职业生涯超过其生命周期的二分之一。全方位、全周期保障人民健康，首先是保障职工群众健康，没有职业人群健康，就不可能有全民健康。保障劳动者的职业健康是以人民为中心、全面推进健康中国建设的必然要求，是推动经济社会高质量发展的必然要求，是全面建设社会主义现代化国家的必然要求，是增进民生福祉、提高人民生活品质的必然要求，更是中国工会义不容辞的使命担当。

根据世界卫生组织（World Health Organization，WHO）的定义，健康不仅仅指身体健康，还包括心理健康，是一个人能否有活力地生存于世的基本保障。随着我国经济社会快速发展，生活节奏明显加快，心理应激因素日益增加，焦虑症、抑郁症等常见精神障碍及心理行为问题逐年增多，心理应激事件及精神障碍患者肇事、肇祸案（事）件接连发生，造成了严重的社会影响，甚至导致人员伤亡和经济财产损失，引起社会各界的广泛关注。世界卫生组织指出："心理行为问题在世界范围内仍将持续增多，应当引起各国政府的高度重视。"因此，心理健康是公共卫生的重要组成部分，也是重大的民生问题和突出的社会问题。

为更好地从精神层面关爱职工，提高职工适应社会发展的心理素质，2014年，北京市总工会依托三级服务体系工作平台，推出"在职职工心理发展助推计划"，旨在为职工营造积极和谐、健康向上的心理氛围和工作环境，调节情绪，缓解压力，促进身心健康发展。2015年，北京市总工会"1+15"文件正式出台，"职工心理关爱服务"正式被列为北京市总工会十大品牌服务项目之一，同年正式启动百家"职工心灵驿站"评选工作并每年定期面向全市工会系统开展由市总工会命名的"职工心灵驿站"评选和心理服务项目助推工作。截至2023年，全市已挂牌390家"职工心灵驿站"，为职工心理服务工作的稳步推进与深化发展提供了强有力的阵地保障，成效卓著，充分发挥了工会组织在促进职工身心健康、培育良好社会心态、构建和谐劳动关系等方面的积极作用。

北京市工会干部学院与新中国同龄，是一所有着深厚文化积淀的综合性成人高等院校，素有"北京工会干部摇篮"和"首都职工大学校"的美誉。近年来，学院依托北京市工会干部能力素质模型，贴合各级工会组织与工会干部对职工心理健康工作的现实需要，开设了系列心理主题讲座与互动课程，如"工会干部的压力管理与心理调适""职工心理问题的识别与应对""工会干部的沟通艺术""工会干部如何做好职工心理疏导"等，深受好评。通过与各级工会干部的交流研讨，学院教研团队更清晰地认识到，除关注心理健康的议题外，心理学这门学科，尤其是相关理论与技术的应用，将对工会各项职能的发挥起到助推作用，如工会组建、集体协商、劳动争议调处、女职工工作、困难帮扶等，都需要工会干部掌握相对系统、科学的方法，"用心用情"做好服务人心的工作，成为职工群众最可信赖的"娘家人"。进入新时代，奋进新征程，党的二十大报告再次强调"重视心理健康和精神卫生"，这更是为新时代工会组织做好职工群众心理健康服务工作提出了明确要求。为此，北京市工会干部学院开发编写了《心理学助力工会工作》专项教材，作为"十四五"时期北京市工会干部教育培训"1+N"系列教材之一，旨在使广大工会干部通过对心理学相关理论与技术的学习，将心理学与工会工作融会贯通，"用心用情"地做好职工群众的维权与服务，增强工会组织的引领力、组织力、服务力。

本书由七部分组成：第一章"关注职工心理健康"，主要介绍了为什么工会组织要关注职工心理，为什么工会干部要学习心理学，以及心理学、心理健康、职工常见心理问题等基础知识；第二章"职工维权中的心理策略"，主要介绍了工会组建中的"双沟通"策略、集体协商中的心理策略、劳动争议调解中的心理策略、劳动保护中的心理干预策略、心理契约与工会工作等内容；第三章"职工服务中的心理关爱"，主要介绍了女职工的心理关爱、困难职工的心理帮扶、工作场所与家庭生活的压力应对等内容；第四章"职工常用的减压方法"，主要介绍了认知调整技术、正念减压技术、表达性艺术治疗技术等内容；第五章"职工职业发展中的心理品质"，主要介绍了何为积极心理品质、创新能力与创新人格等内容；第六章"心理危机预防与干预"，主要介绍了何为心理危机、心理危机的评估与干预、工作场所重大危机事件处置、职工自杀及其预防、职工个人丧失与哀伤处置等内容；第七章"'职工心灵驿站'建设"，主要介绍了北京市总工会职工心理健康服务品牌"职工心灵驿站"项目的来龙去脉、发展现状与典型案例分享等。本书具有以下三个方面的特点：第一，系统性。一是全书系统回答了"为什么，是什么，怎么干"的问题，不是脱离工会工作谈心理，而是服务于工会工作的现实需要，将心理学相关的理论技术纳入工会的主责主业中，促进与助推工会职能的发挥；二是全书的知识结构具备系统性，能够使工会干部对心理学与工会工作的结合点一目了然，搭建系统的工作思路与工作方法架构，既避免了碎片化知识对学习效果的不利影响，又可作为一本案头的工作指南，可随时翻阅所涉及业务的心理理论与策略。第二，实践性。本书从实践角度出发论述了如何将心理学的理论与技术贯穿于工会工作，具有较强的启发性；同时还详细介绍了党和国家以及北京市有关职工心理健康工作的政策文件，尤其是系统总结了北京市总工会在心理服务品牌建设上的经验做法，为广大工会干部开展具体工作提供了一定的借鉴。第三，趣味性。全书配以延伸阅读、案例分析等内容，结合图画图片、数据图表、心理测验等形式以增强图书的交互性，提升读者的阅读兴趣与知识水平，帮助其在日常工作中学以致用。

  本书各章作者分工如下：第一章、第四章、第五章、第七章由徐超凡编写，第二章、第三章、第六章由王宏伟编写。全书由徐超凡进行统稿、审核与修订工作。

编 者
2024年3月于北京

目录

心理学助力工会工作

第一章　关注职工心理健康

第一节　为何要关爱职工心理健康 …………………………… 03
第二节　心理学基础知识 ……………………………………… 12
第三节　什么是心理健康 ……………………………………… 32
第四节　心理正常与心理异常 ………………………………… 40
第五节　常见的心理问题与障碍 ……………………………… 45
第六节　关注抑郁症 …………………………………………… 53

第二章　职工维权中的心理策略

第一节　工会组建中的"双沟通"机制 ……………………… 67
第二节　集体协商中的心理策略 ……………………………… 76
第三节　劳动争议调解中的心理策略 ………………………… 84
第四节　劳动保护中的心理干预策略 ………………………… 103
第五节　心理契约与工会工作 ………………………………… 116

第三章　职工服务中的心理关爱

第一节　女职工的心理关爱 …………………………………… 123
第二节　困难职工的心理帮扶 ………………………………… 134

V

第三节 工作场所的压力应对 …………………………………… 143
第四节 家庭生活的压力应对 …………………………………… 157

第四章 职工常用的减压方法

第一节 认知调整技术 ……………………………………………… 173
第二节 正念减压技术 ……………………………………………… 185
第三节 表达性艺术治疗技术 …………………………………… 197

第五章 职工职业发展中的心理品质

第一节 积极心理品质 ……………………………………………… 211
第二节 创新能力与创新人格 …………………………………… 223

第六章 心理危机预防与干预

第一节 危机与心理安全 ………………………………………… 235
第二节 心理危机的评估与干预 ………………………………… 242
第三节 重大危机事件 …………………………………………… 248
第四节 自杀及其预防 …………………………………………… 254
第五节 个人丧失 ………………………………………………… 262

第七章 "职工心灵驿站"建设

第一节 "职工心灵驿站"项目 ………………………………… 271
第二节 "职工心灵驿站"经验分享 …………………………… 276

第一章

关注职工心理健康

　　人文关怀是21世纪国际社会共同关注的主题，以人为本是人文关怀的内核。所谓以人为本，目前人们比较认同的定义是关注人的生存与发展，在保证人的生存的同时满足其精神需求。简单地说，就是关心人、爱护人、尊重人。常识告诉我们，仅有能力的人才并不是生产力，只有身心健康、充满幸福、积极向上的人才才是生产力。一个视野开放、站位高远的组织，无论是从提升职工心理健康水平和人格素质水平的角度激发人的潜能，还是从其职业价值感、组织认同感和人生幸福感的角度调动人的积极性，在目的和手段上都充分展现了以人为本的管理思想。工会作为党领导下的群团组织，维护职工合法权益，竭诚服务职工群众，积极推进企业文化和职工文化建设，有针对性地加强职工思想政治工作，关心职工的生产生活，帮助企业改善管理，履行社会责任，组织开展职工喜闻乐见、丰富多彩的文化活动，不断满足职工日益增长的精神文化需求，帮助职工做好压力缓解与心理调适，营造良好的人际关系，使广大职工有尊严地生活，实现体面劳动，提高职工生活品质……这是各级工会组织当好"娘家人"的重要任务。

第一节　为何要关爱职工心理健康

作为工会干部必须有这样一个理念：发挥工会的政治优势、组织优势、服务优势，开展关爱职工心理健康工作，是工会把关心做到职工心坎上，引导广大职工"听党话、跟党走"的"桥梁纽带"作用的体现；是工会助力和谐企业文化、组织管理人性化、工作高效化的需要；更是职工幸福指数提升、构建社会主义和谐社会的需要。

一、加强职工心理健康工作已经上升为国家战略

心理健康和精神卫生既是公共卫生的重要组成部分，也是重大的民生问题和突出的社会问题。党中央、国务院高度重视心理健康服务和社会心理服务体系建设工作，近年来，心理健康工作已经纳入全面深化改革和社会综合治理范畴，各部门各地方结合各自实际情况，在健全心理健康服务体系、搭建心理关爱服务平台、拓展心理健康服务领域、开展社会心理疏导和危机干预、建立专业化心理健康服务队伍等方面做了积极探索，取得一定成效，为进一步做好加强心理健康服务、健全社会心理服务体系工作奠定了基础。

（一）习近平总书记高度重视心理健康

党的十八大以来，习近平总书记创造性地把马克思主义基本原理同中国卫生健康工作相结合，对保障人民心理健康提出了一系列新理念新思想新要求，作出了一系列重大决策部署，为精神卫生事业创新发展指明了方向。

2016年8月，习近平总书记在全国健康与卫生大会上强调，"没有全面健康，就没有全面小康""人民健康是实现两个一百年奋斗目标、实现中国梦的基础""要加大心理健康问题基础性研究，做好心理健康知识和心理疾病科普工作，规范发展心理治疗、心理咨询等心理健康服务"，从"大健康"的站位明确了全民心理健康的重要性。

2017年10月，习近平总书记在党的十九大报告中指出，要"加强社会心理服务体系建设，培育自尊自信、理性平和、积极向上的社会心态"。这就把社会心态培育提升到前所未有的高度，并作出了通过加强社会心理服务体系建设强化社会心态培育的战略决策。自此，社会心理服务体系建设正式纳入国家战略。

2022年8月，习近平总书记来到辽宁省沈阳市皇姑区三台子街道牡丹社区考察，在社区幸福教育课堂上与师生亲切互动。习近平总书记强调："未成年人健康成长事关国家和民族未来，事关千千万万家庭幸福安康。社区要积极开展各种公益性课外实践活动，促进未成年人身体健康、心理健康、心灵健康。"

人民健康是民族昌盛和国家富强的重要标志。2023年10月，习近平总书记在党的二十大报告中明确提出，要"推进健康中国建设"，要"把保障人民健康放在优先发展的战略位置，完善人民健康促进政策"，特别强调要"重视心理健康和精神卫生"，充分体现了对人民健康的高度重视，充分彰显了以人民为中心的发展思想。

习近平总书记对新时代做好心理健康和精神卫生工作的一系列重要指示，为各级党和政府及工会组织关心关爱劳动者、保障劳动者的心理健康和创造美好生活指明了方向，提供了根本遵循。

（二）加强顶层设计，为社会心理服务体系建设提供坚实的政策和法律保障

党的十八大以来，随着人民物质生活水平不断提高，人民群众对心理健康教育越来越重视，对社会心理服务的需求也日益增加。为了响应健康中国战略的号召，全国人大与有关部门修订和印发了一系列与心理健康相关的法律和政策，在保障国民心理健康的同时也促进了心理健康市场不断蓬勃发展。

1. 法律规定

2012年10月，第十一届全国人民代表大会常务委员会第二十九次会议通过《中华人民共和国精神卫生法》，并于2018年修订。修订后的《中华人民共和国精神卫生法》第十五条规定，用人单位应当创造有益于职工身心健康的工作环境，关注职工的心理健康；对处于职业发展特定时期或者在特殊岗位工作的职工，应当有针对性地开展心理健康教育。

2021年6月，《中华人民共和国安全生产法》第三次修订。修订后的《中华人民共和国安全生产法》第四十四条规定，生产经营单位应当关注从业人员的身体、心理状况和行为习惯，加强对从业人员的心理疏导、精神慰藉，严格落实岗位安全生产责任，防范从业人员行为异常导致事故发生。职工心理健康与安全生产作业的相关性在法律层面首次得以认定。

2.国家政策

2016年8月颁布的《中华人民共和国国民经济和社会发展第十三个五年规划纲要》明确提出，要加强心理健康服务，健全社会心理服务体系，加强对特殊人群的心理疏导和矫治。

2016年10月，中共中央、国务院印发了《"健康中国2030"规划纲要》，并发出通知，要求各地区各部门结合实际认真贯彻落实。《"健康中国2030规划"纲要》提出，加强心理健康服务体系建设和规范化管理。加大全民心理健康科普宣传力度，提升心理健康素养。加强对抑郁症、焦虑症等常见精神障碍和心理行为问题的干预，加大对重点人群心理问题早期发现和及时干预力度。加强严重精神障碍患者报告登记和救治救助管理。全面推进精神障碍社区康复服务。提高突发事件心理危机的干预能力和水平。到2030年，常见精神障碍防治和心理行为问题识别干预水平显著提高。

2016年12月30日，国家卫生计生委与中宣部、中央综治办、国家发改委、教育部、科技部、公安部、民政部、司法部、财政部、人力资源和社会保障部、中华全国总工会（以下简称"全国总工会"）、中华全国妇女联合会等22个部委以国卫疾控发〔2016〕77号联合印发《关于加强心理健康服务的指导意见》。《关于加强心理健康服务的指导意见》包含充分认识加强心理健康服务的重要意义、总体要求、大力发展各类心理健康服务、加强重点人群心理健康服务、建立健全心理健康服务体系、加强心理健康人才队伍建设、加强组织领导和工作保障等内容，共计7部分25条。《关于加强心理健康服务的指导意见》强调，心理健康是健康的重要组成部分，关系广大人民群众幸福安康、影响社会和谐发展。加强心理健康服务、健全社会心理服务体系是改善公众心理健康水平、促进社会心态稳定和人际和谐、提升公众幸福感的关键措施，是培养良好道德风尚、促进经济社会协调发展、培育和践行社会主义核心价值观的基本要求，是实现国家长治久安的一项源头性、基础性工作。加强心理健康服务，开展社会心理疏导，是维护和增进人民群众身心健康的重要内容，是社会主义核心价值观内化于心、外化于行的重要途径，是全面推进依法治国、促进社会和谐稳定的必然要求。各地区各部门要认真贯彻落实中央决策部署，从深化健康中国建设的战略高度，充分认识加强心理健康服务、健全社会心理服务体系的重要意义，坚持问题导向，增强责任意识，自觉履行促进群众心理健康责任，加强制度机制建设，为实现"两个一百年"奋斗目标和中华民族伟大复兴中国梦作出积极贡献。

2018年11月，国家卫生健康委等10部门联合印发《全国社会心理服务体系建设试点工作方案》，提出将心理健康服务融入社会治理体系、精神文明建设，融入平安中国、健康中国建设。其中要求"健全机关和企事业单位心理服务网络。鼓励规模较大、职工较多的党政机关和厂矿、企事业单位、新经济组织等依托本单位党团、工会、人力资源部门、卫生室，设立心理辅导室，建立心理健康服务团队；规模较小企业和单位可通过购买专业机构服务的形式，对员工提供心理健康服务。要广泛开展心理健康科普宣传，举办职场人际关系、情绪调节等方面的公益讲座，提升员工心理健康意识，掌握情绪管理、压力管理等自我心理调适方法和抑郁、焦虑等常见心理行为问题的识别方法。通过心理测评、访谈等方式，及时对有心理问题的员工进行有针对性的干预，必要时联系专业医疗机构治疗"。

2019年6月，国务院印发《关于实施健康中国行动的意见》，提出"实施心理健康促进行动。心理健康是健康的重要组成部分。通过心理健康教育、咨询、治疗、危机干预等方式，引导公众科学缓解压力，正确认识和应对常见精神障碍及心理行为问题。健全社会心理服务网络，加强心理健康人才培养。建立精神卫生综合管理机制，完善精神障碍社区康复服务。到2022年和2030年，居民心理健康素养水平提升到20%和30%，心理相关疾病发生的上升趋势减缓"。

2021年3月颁布的《中华人民共和国国民经济和社会发展第十四个五年规划和2035年远景目标纲要》，提出要完善心理健康和精神卫生服务体系。

2022年4月，国务院办公厅印发《"十四五"国民健康规划》，提出完善心理健康和精神卫生服务。

3. 地方政策

关爱职工心理健康的主要工作在地方，在基层。地方层面的相关政策很多，具有地方特色。在此，仅以北京市为例。

2019年12月，北京市委社会建设工作领导小组会议通过并印发了《北京市加强社会心理服务体系建设的意见》。为了贯彻《北京市加强社会心理服务体系建设的意见》精神，北京市委社会工委、市民政局出台了《社会心理服务体系建设三年行动计划（2020—2022）》，分解了任务，明确了部署，提供了组织保障，从心理服务站点建设、心理服务人才培养、专业社会机构培育、购买服务政策创制、社会心理知识普及和影响力提升、社会心态检测等多维度，构建起社会心理服务体系建设的四梁八柱。为了合力开展社会心理服务，北京市整合社会建设和民政、卫健、政法、教育及工青妇等群团组织，在市和区两级分别建立了社会心理服务工作联席会议制度。在市、区、街道、社区建立四级服务阵地，即在市级层面，建立社会心理综合服务基地，初步形成全市综合性社会心理服务统筹孵化平台；在区级层面，建立社会心理服务孵化中心（指导中心），负责各区社会心理服务工作的总体统筹；在街道和社区层面，分别建立社会心理服务中心和社会心理服务站。

（三）工会关爱职工心理健康

2010年5月，全国总工会印发《关于进一步做好职工队伍和社会稳定工作的意见》，指出要在加快经济发展方式转变中进一步加大维护职工合法权益与发展和谐劳动关系的力度，并发挥工会"大学校"作用，不断满足职工日益增长的精神文化需求。《关于进一步做好职工队伍和社会稳定工作的意见》还特别强调，要发挥工会"大学校"作用，以社会主义核心价值体系建设为主线，实施职工素质建设工程，积极推进企业文化和职工文化建设，有针对性地加强职工思想政治工作。要关心职工的生产生活，帮助企业改善管理，履行社会责任，组织开展职工喜闻乐见、丰富多彩的业余文化活动，不断满足职工日益增长的精神文化需求，注意加强青年职工特别是新生代农民工的心理疏导，加大对他们心理健康的关注和投入，帮助他们做好自我管理、自我调适，缓解心理压力，提高耐挫能力，营造良好的人际关系，使广大职工有尊严地生活，实现体面劳动。

2016年8月，北京市总工会正式发布《北京市"十三五"时期职工发展规划》，首次提出要"关注白领职工群体的职业健康，预防'过劳'与'亚健康'等方面的职业危害"，计划在未来5年内，逐步建立覆盖全市白领的多层次、网络化、定制化的心理健康咨询服务，由工会组织引领构建300家"职工心灵驿站"。

2018年10月，中国工会第十七次全国代表大会在京召开。大会指出，要注重对职工的人文关怀和心理疏导，组织开展职工喜闻乐见的群众性文体活动，在做好物质服务、生活服务的同时提供更高水平的精神和文化服务。为贯彻中国工会第十七次全国代表大会精神，北京市总工会在社会节奏加快，变化成为常态，信息数量激增，观念受到冲击，人们对美好生活的向往和追求日益增长的大背景下，深入探索工会如何做好职工心理关爱工作，形成了以服务阵地建设、服务体系建设、人才队伍建设、网络平台建设为核心的工作体系。

2021年8月，北京市总工会编制了《北京市"十四五"时期职工发展规划》，把加强职工心理工作作为重点内容之一。《北京市"十四五"时期职工发展规划》要求搭建基层社会心理服务平台，建设企事业单位、街道（乡镇）、社区心理服务机构，深入开展社会心理服务。加强"职工心灵驿站"建设，不断完善"职工心灵驿站"建设的模式及标准，开展专业心理服务。鼓励各机关、企事业单位和其他用人单位结合实际需求制定实施心理指导方案，建立职工心理档案，为职工提供心理健康宣传、心理评估、教育培训、心理指导等服务，传授心理压力调适方法，以及抑郁、焦虑等不良情绪疏导常识，为职工心理素质提升创造条件。加强社会心理服务体系信息化建设，与北京市大数据行动计划充分衔接，统筹推进，运用大数据开展心理服务，动态掌握职工心理安全指数和预期。

二、关爱职工心理健康的重要意义

（一）加强职工心理关爱是构建和谐社会的组成部分

职工心理健康不仅关系到组织内部的稳定和财富的增长，还与社会的和谐、城市的幸福密切相关。和谐社会的基础是人的心理和谐。职工有了健康的心理，才能够应对各种矛盾冲突和由此造成的心理压力，组织才能稳定和谐地发展。当前，我们依然处于经济快速发展和社会变革期，需要不断增强职工应对不同变化的心理承受能力。提高广大职工的心理健康水平，为广大职工提供精神福利，在全社会营造关心职工心理健康的氛围和环境，为构建和谐组织与和谐社会提供良好的心理支持和人文环境，不仅是现代组织管理研究的重要课题，而且对于稳定职工队伍乃至培育理性平和的社会心态都具有重要意义。在中国迈向国际化和市场经济充分化的过程中，在倡导和谐社会、树立"以人为本"的科学发展观的背景下，组织应该将关心职工心理健康列入常态化工作中。

（二）加强职工心理关爱是组织健康发展的持续动能

身心健康对职工来说是非常基本的需要。当代中国社会的发展给职场人士带来机遇的同时也伴随着各种挑战，竞争的加剧，不稳定因素的增加，使得职工的心理承受着巨大的压力。在现代组织管理中，职工职业心理健康状况对职工个人和组织带来的消极影响受到越来越多的关注。"我今天心情很不好""郁闷""烦着呢"等成为职工的口头禅。有一项历时5年、累计数据2万余例的调查结果显示，近60%的职工感到压力较大，近10%的职工表现有职业枯竭现象。这项调查涉及金融通信、政府机构、IT、房地产等诸多行业，反映出职工心理问题已成为我国当今社会亟待解决的普遍性问题。心理亚健康、不健康的状况越来越困扰着组织和职工，压抑、抑郁、焦虑、烦躁、苦闷、不满、失眠、恐惧、无助、痛苦等不良的心理反应像乌云一样时时笼罩着上至管理层、下至普通职工的生活与工作，影响工作效率和组织发展。典型的职业心理问题可归纳为五个方面：一是行为异常；二是认知障碍；三是情绪困扰；四是职业适应度不高；五是缺乏职业生涯规划。

现代管理科学证实，职工心理健康，工作效率才高，组织的效益也会水涨船高。关心职工心理健康的有效措施是：一要做好人文关怀和心理疏导工作。二要引导职工正确对待社会，正确对待挫折和困难，树立公平竞争的理念和乐观豁达的心态。三要帮助职工了解科学有效的心理调适技能和方法，及时克服情绪障碍和心理压力。关注职工心理健康，是组织软实力的体现，更是组织健康发展的持续动能。

（三）加强职工心理关爱是改进职工思想政治工作的重要手段

思想政治工作与人的心理活动密切相关。从心理学视角融入和创新职工思想政治工作，是助推组织发展、创新职工管理、提升团队凝聚力的有效手段。让心理关爱成为创新职工思想政治工作的"心"能量，这是当前工会的一项重要工作。

中共中央、国务院印发的《关于新时代加强和改进思想政治工作的意见》指出，思想政治工作是党的优良传统、鲜明特色和突出政治优势，是一切工作的生命线。加强和改进思想政治工作，事关党的前途命运，事关国家长治久安，事关民族凝聚力和向心力。在全面学习贯彻党的二十大精神，落实中共中央、国务院这一意见以及全国总工会工作要求的背景下，工会干部须进一步提升职工思想引领工作水平，创新工作方法。

新时代加强思想政治工作的办法从哪里来？我们需要实事求是，以科学的理论作指导，去分析研究实际情况，从中找出规律性。工会干部需要不断加强自身理论学习和工作方式方法的创新，不但要学马克思主义理论的哲学、政治经济学、科学社会主义的基础知识，还要学点与思想政治工作密切相关的心理学、教育学、社会学、伦理学等理论知识。关注职工心理健康，学习心理学知识，并把它用到思想政治工作中来，统一认识是第一位的。首先，心理学与马列主义、毛泽东思想有深刻的理论渊源。心理学是研究人的心理现象发生与发展规律的一门科学。列宁把心理学作为构成唯物辩证法认识论的基本学科之一，我们学习的是辩证唯物主义的心理学，而不是唯心主义的心理学。其次，工会传统的谈心谈话、职工思想政治工作也注重研究和顺应人的心理状态，只是没有用心理学的理论去升华为工作规律并形成工作方法。一旦学习了心理学原理并自觉地应用它，思想工作就会有更好的效果。

把心理关爱作为做好职工思想政治教育的切入点，对于消除职工工作、家庭、学习、生活等方面产生的冲突与矛盾、减轻思想压力，将发挥积极的作用；同时使思想政治工作更加突出人性化、情理化、情感化，这对于职工工作和生活质量的改善，企业快速发展以及建立和谐企业、和谐家庭、和谐社会都将产生有益的影响，最终实现组织的长治久安，持续发展。

（四）加强职工心理关爱是促进和谐劳动关系的根本保证

促进劳动关系和谐是工会的职责之一，职工心理健康是和谐劳动关系的根本保证。2023年1月，国家协调劳动关系三方下发《关于推进新时代和谐劳动关系创建活动的意见》，要求在全国各类企业持续推进新时代和谐劳动关系创建活动，推动企业贯彻落实劳动保障法律法规、完善劳动关系协商协调机制、健全劳动者权益保障制度、促进和谐文化建设，力争到2027年底，各类企业及企业聚集区域普遍开展创建活动，实现创建内容更加丰富、创建标准更加规范、创建评价更加科学、创建激励措施更加完善。

《关于推进新时代和谐劳动关系创建活动的意见》强调，企业应加强人文关怀，培育关心关爱职工、职工爱岗爱企的企业文化。加强对职工的人文关怀，不断改善职工的生产和生活条件，支持和帮助职工平衡工作和家庭责任，保障生育女职工享有平等的就业机会、职业发展机会和待遇。注重职工的精神需求和心理健康，建立职工健康服务体系，塑造职工幸福生活环境，提高职工生活品质。对构建和谐劳动关系成绩突出的组织，《关于推进新时代和谐劳动关系创建活动的意见》列明了激励政策，如将达到创建标准作为推荐企业评选全国五一劳动奖状、全国厂务公开民主管理先进单位和示范单位、信用企业、全国企业优秀文化成果、全国就业与社会保障先进民营企业、全国关爱员工优秀民营企业家等荣誉的重要参考因素。

三、工会干部学习心理学的意义

一是有助于理解和解释职工的心理现象和行为，更好地发挥工会维权和服务的职能。工会干部的工作日常都在与职工的各种心理现象和行为打交道，只有真正理解了这些现象与行为背后的心理原因，才能做出正确的工作决策，采取适当的措施，团结引领广大职工"听党话，跟党走"，发挥桥梁纽带的作用，当好"娘家人"。

二是有助于运用心理学原理，加强和改进职工思想政治工作。新时代新征程，工会要根据自身的特点发挥优势，把履行职能与职工的思想政治引领有机结合在一起，才能不断创新工会工作。工会干部的主要工作对象是人，而论其本质，做人的工作就是做"人心"的工作。但凡工会工作做得好的，无非是在"人心"上下了功夫。工会干部只有学习和掌握心理学理论，才能更有效地创新工作方式，掌握并引领职工的思想动态。

三是有助于识别职工的心理问题，有效地开展职工心理疏导和调适工作。工会干部应具备基本的心理健康知识，以便及时发现、组织疏导、帮助有心理困扰的职工，在与职工谈心谈话时能有效利用心理学的方法技术，获得职工的信任，敞开心扉，尽己所能地保护职工的心理健康。

四是有助于依据心理学知识进行自我调适。工会干部所从事的是一项持续关注人、帮助人的事业。作为助人工作者，需要具备的能力就包括自我照顾和关怀。很多时候，工会干部是用自身来帮助他人的，作为一个有血有肉的生命体，做好工作不能仅靠流程或技术，更多地需要靠投入大量的情感。因此，职业倦怠在助人工作者的职业生涯中非常普遍。学习心理学知识对于工会干部的自我调适和职业保健十分重要，有助于工会干部保持稳定的情绪状态和身心健康水平，用更积极的方式应对工作中的挑战。

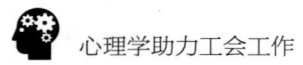 心理学助力工会工作

第二节 心理学基础知识

一、心理学的内涵

心理学，其英文为"Psychology"，是由两个希腊文字"Psyche"和"Logos"组成的。前者解释为"心灵""灵魂"，后者是指讲述或者解说，两词合起来就是"对心灵或灵魂的解说"。这是早期人们对心理学的定义，具有浪漫主义色彩，但这个定义并不具有科学内涵。1879年，德国哲学家、心理学家冯特在德国莱比锡大学创建了世界上第一个心理学实验室，对人的心理现象进行了系统实验研究。从此，心理学从哲学中分离出来成为一门独立的科学，冯特因此被誉为"科学心理学之父"。随着心理学研究的深入，心理学逐渐有了相对统一的定义，即心理学是研究人的心理现象及其发展规律的科学，具体来说是研究人的行为和心理活动规律的科学。

人的心理活动和行为之间相互作用、相互依存并遵循着一定规律。心理学通过探讨人的心理活动及其行为变化，分析、揭示、预测、调控人的心理活动与行为。因此，心理学要研究心理活动的神经生物学基础，尤其是心理活动的脑机制等，从这个意义上说，心理学的研究目标和方法与自然科学一样，具有自然科学性质。但人生活在一定的社会环境中，心理的发生和发展不能离开社会环境的影响，而且心理学还研究社会心理和行为，这些心理现象和行为更是社会生活的产物，从这个意义上说，心理学又具有社会科学性质。心理学正是一门兼有自然科学和社会科学性质的边缘科学或中间科学。

心理学根据任务可以分为基础心理学和应用心理学。基础心理学主要研究心理的基本问题和心理学的研究方法，包括普通心理学、生理心理学、发展心理学、人格心理学、社会心理学、实验心理学、测量心理学和统计心理学。应用心理学是心理学在各领域中的应用，包括教育心理学、管理心理学、工业心理学、营销心理学、犯罪心理学等。

二、心理学的研究对象

自然界中有各种各样的现象，如物理现象、化学现象、生物现象、天体现

象、生理现象和心理现象等。心理学是研究心理现象及其发生、发展规律的科学，心理现象又称心理活动。心理学既研究动物的心理，也研究人的心理，而以人的心理现象为主要研究对象。除此之外，心理学还研究个体行为、社会心理、个体意识和个体无意识。

（一）心理现象

心理是动物和人共有的生活、生存的精神现象。动物的心理活动比较简单、低级、受本能（维持、延续生命和防御）需要所支配；人在这些心理基础上，又产生了精神需要、社会意识、情感、意志等高级的心理现象，并且还产生了语言。所以人和动物的心理活动有着本质的区别，即人有意识，有自觉能动性。心理学是研究心理现象的学科，心理现象非常复杂，但从形式上可以归纳为心理过程和个性心理两个方面。心理过程主要研究人的心理活动是如何发生的，是心理现象中侧重于研究共性的部分；个性心理研究人与人之间的区别，是心理现象中侧重于研究个性的部分。

1. 心理过程

心理过程是心理活动的一种动态过程，是人脑对客观现实的反映过程。它包括认知过程、情绪情感过程和意志过程三个方面。在人的各种心理活动中，都伴随着这三种心理状态。

（1）认知过程。认知过程是指人对客观事物的认识过程，是人们获取知识和运用知识的过程，也是人的最基本的心理活动过程。认知过程包括感觉、知觉、记忆、思维、想象等。例如，我们看见各种各样的颜色，听到潺潺的流水声，尝到甘甜的滋味，闻到各种味道，摸到物体的软硬或冷热等，这都是感觉的过程。在感觉的基础上，再加上知识经验的积累，我们能够辨认出是盛开的茉莉花还是叽叽喳喳叫的麻雀；是红色的玫瑰还是秋天的落叶等，这个是知觉。感觉和知觉反映的是客观事物的外部联系和特征。

我们感知过的事物能够以经验的形式在头脑中留下痕迹，并储存在我们的大脑中，以后在一定条件下还可以再认或回忆起它的形象和特征。例如，我们游览了万里长城，其美丽的景色会在大脑中留下深刻的印象，这就是记忆。人除了能直接地感知事物的表面特征，还能通过思维间接地、概括地反映事物内在的、本质的特征，这就是思维。例如，中医可以根据患者的脉搏、体温、舌苔等变化，推断其体内的疾病。人们不仅可以对已经经历过的事物在头脑中再现其形象，而且还能在这些已有形象的基础上创造新事物的形象，这是想象。例如，建筑师在头脑中创造出新楼房的形象，我们在头脑中对未来生活和工作情景的设想等。人们就是在实践中通过这些认识过程，去辨别、认识事物，思考问题，积累经验，展望未来的。

（2）情绪情感过程。人不仅对客观事物有一定的感知和认识，而且根据其对人的需要的满足与否产生各种不同的情绪情感。

情绪是在认知的基础上产生的，我们在对客观事物接触、了解、思考的过程中，便会产生喜怒哀乐等的情绪体验，如果没有认知过程是不可能产生情绪体验的。情绪对我们来说有很多的功能，例如，我们可通过对情绪的解读了解别人当时的情绪类型，这就是情绪的信号功能。又如，情绪可激发人的心理活动，影响人的行为，这是指情绪的动机功能，这些都有助于我们在社会上具有更好的适应性。

情感过程是指人对客观事物是否满足自身需要而产生的态度体验。人对客观事物的认识，并不是无感的，而总是对它表现出鲜明的态度体验，渗透着某种感情色彩。如果客观事物满足人的需要，则产生积极的情绪体验；反之则产生消极的情绪体验。例如，我们对国家的热爱，对本职工作的喜爱，为取得的成就感到喜悦等，这些情绪体验在心理学上被称为情感过程。

（3）意志过程。人们不仅能认识客观事物，对它产生一定的情感体验，而且还能自觉、能动地变革为现实。意志过程是人自觉地确定目的，克服内部和外部困难，力求实现预定目的的心理过程。意志过程是人意识能动性的集中体现，表现在发动和制止两方面，即发动实现目的的行动和制止与预定目标不相符的行为。人们凭借意志的力量，支持、保护自己所喜欢的事物，反对、摒弃自己所厌恶的事物，积极主动地创造人类的物质文明和精神文明。

人的认知过程、情绪情感过程和意志过程是相互联系、相互作用的心理活动过程。认知过程是情绪情感过程和意志过程的基础；情绪情感过程是认知过程和意志过程的动力，既有促进作用也有阻力作用；意志过程对认知过程和情绪情感过程具有调控作用。没有人的认知过程，就不可能产生情绪情感过程，也就不可能有意志过程的体现。如"知之深，爱之切"就说明认知过程对情绪情感过程的影响;"知识就是力量"说明认识过程对意志行动的重要影响。积极的情感体验和意志行动会促进认知过程的进行,消极的情感体验和意志力的缺乏会阻碍认知过程。积极的情绪情感过程可以促进意志行动,消极的情绪情感过程也可以阻碍意志行动,而人的意志可以控制情绪情感过程,使情绪情感过程服从理智。总之,人的认知过程、情绪情感过程和意志过程是紧密联系、相互作用的。

2. 个性心理

每个人都具有认知过程、情绪情感过程和意志过程,但是它们在每个人身上都有不同的表现,人与人之间存在着个体差异,这种差异就是心理学所要研究的个性心理。个性心理也叫人格,是指表现在一个人身上比较稳定的心理特性的综合,是一个人总的精神面貌,反映了人与人之间稳定的差异的特征。由于每个人的遗传素质、所处社会环境不同,造就了人的个性心理的差异。个性心理的差异主要表现在个性心理倾向性、个性心理特征两个方面。

(1) 个性心理倾向性。个性心理倾向性是个性心理的动力结构,是个性心理中最活跃的因素,反映人对周围世界的趋向和追求,它主要包括需要、动机、兴趣、理想、信念和世界观等。其中,需要是基础,对个性心理的其他成分起调节、支配作用;信念、世界观居于最高层,决定着一个人总的心理倾向。个体心理倾向性是不尽一致的,如有的人在物质需要方面追求强烈,有的人更注重精神与成就的需要等。

(2) 个性心理特征。个性心理特征是指人们在各种心理活动过程中,经常地、稳定地表现出来的心理特点。它是个性中的特征结构,主要包括能力、气质、性格等,不同的人有不同的个性心理特征。如有的人记得快,有的人记得慢;有的人善于想象,有的人擅长观察,这是表现在认知及活动效率方面的能力的差异。有的人性情急躁、易于激动;有的人性情温和,不易发脾气;有的人性格深沉,动作有力,这些表现在心理活动动力方面的不同特点就是气质的差异。有的人待人热情主动,有的人则被动不前;有的人谦虚认真,有的人骄傲浮躁,这些表现在态度和行为方式上的不同特点就是性格的差异。能力、气质、性格构成了个体独特的心理特点。

此外,还有学者将"自我意识"也划分为个性心理的范畴。自我意识是个体

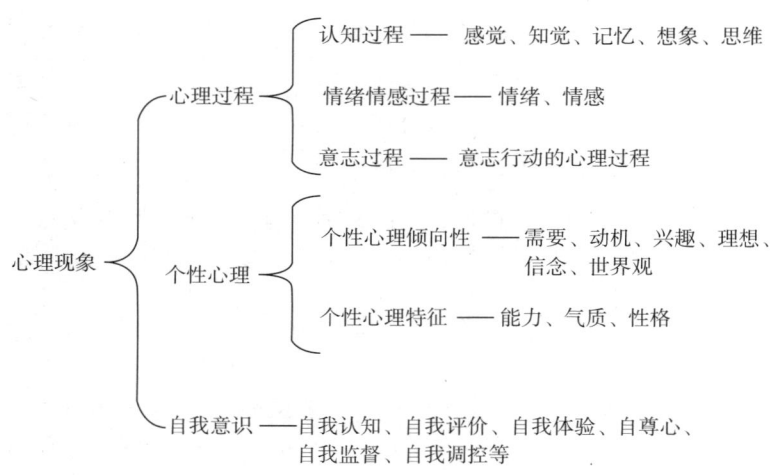

心理现象结构

对自己及与他人关系的认识和态度。它是个性心理的调控结构，体现着一个人的社会化水平，主要包括自我认知、自我评价、自我体验、自尊心、自我监督、自我调控等，是一个多维度、多层次的心理系统。

个性心理的三个方面是相互依存、相互制约、协调发展的。其中，个性心理倾向性制约着个性心理特征、自我意识形成和发展的方向；个性心理特征的发展，又体现着人的个性心理倾向性和自我意识的发展水平；自我意识反过来又对整个个性的发展起调控作用。

综上所述，心理过程与个性心理密切相关。人的个性是在心理过程的基础上形成和发展的；个性又总是通过各种心理过程表现出来的。反之，已形成的个性心理又积极地影响着心理过程，而使人的心理过程总带有个性的色彩。正是由于心理过程与个性心理相互渗透、相互制约，才形成一个人完整的心理地图。

（二）人的行为

心理现象是一种精神现象，它不同于物理、化学现象，它没有形状、没有大小、没有气味、没有重量，难以被直接考察和研究。然而，人的心理与人的行为却有着密切的联系，通过直接考察和研究人的行为，可以了解人的心理。因此，心理学也研究人的行为，并通过对行为的考察研究人的心理。

1.行为的概念

行为是有机体对所处情境的反应，它是由一系列运动、活动和动作构成的。人的行为多种多样，有的很简单，只包含个别或少数反应成分，如光线刺激眼睛引起眼睑关闭，肠胃因饥饿而加快蠕动等；有的则很复杂，包含着较复杂的反应成分，如书写、演奏乐器、操作机械、驾驶汽车等。但是，不管简单或者复杂，这些行为都是由一系列的动作构成的，成为各种特定的反应系统。

2.行为的结构

人们一般把行为分为刺激与反应两部分。

（1）刺激。任何行为都是由一定的刺激引发的。所谓刺激是指引起行为的各种情境因素。刺激既可以来自外部环境，如外界的光线、声音、气味、温度、触压以及他人的语言、动作、表情等；也可以来自机体内部，如机体内脏器官的活动、神经系统的电流变化、内分泌腺的化学成分改变以及个体头脑中的欲望、思想、观念等。正是这些形形色色的刺激，引发了人们的行为。

（2）反应。行为是刺激的反应，这种反应有两种基本形式。一种是内在的生理性反应，受到刺激，个体身体内部可能出现腺体分泌、内脏器官运动、神经系统活动变化等生理反应。这种反应人的肉眼一般看不到，但通过专门的仪器却可以观察和精确标记。另一种是外在的躯体性反应，如身体的骨骼、肌肉的运动，身体在空间上发生位置改变或身体某些部分发生形状变化，从而出现动作、姿态、表情、言语等，这种反应肉眼是可以直接观察到的。

（三）心理与行为的区别和联系

1.心理与行为的区别

心理与行为是两个不同的概念。首先，心理是一种主观的精神活动，而行为是一种客观的物质活动。其次，心理是一种内隐的观念形态，行为则是一种外在的躯体运动和生理变化。

2. 心理与行为的联系

（1）心理是刺激与反应的中介。行为虽然由刺激引发，是针对刺激做出的反应，但其中包含着丰富的心理成分。心理是刺激与反应之间的中介，并对反应起决定性的作用。这是行为与理化反应的质的区别。从这个意义上说，刺激、心理、反应是行为结构的三大基本要素。

（2）心理支配、调控行为。由于心理居于刺激与反应之间，并决定着反应的方式与过程，故心理影响、支配和调控着人的行为。在现实生活中，人的绝大多数行为都是为了满足某种需要而采取的目的性行为。其间人的动机、认知、意志、情感等推动、指导、维持着行为，个体的心理特征决定着行为的方式和活动风格。另外，由于个体的主观心理世界不同，即使针对同一刺激，不同的个体在进行反应时，也会带有自己的特点，甚至做出不同的行为反应。

（3）行为表现与反馈心理。个体总是以自己的行为方式表现或显露自己的心理活动。例如，一个人在数学活动中有出色的行为表现，表明此人具有较强的数学能力或逻辑思维能力。行为除了表现心理，还向心理提供反馈信息，个体通过内部心理活动不断修正行为误差，更加准确、完善地反映客观现实。

根据心理与行为之间的密切联系，我们可以认为心理与行为之间的联系是一种比较普遍的对应关系。行为在很大程度上是心理活动的外部动作表现或客观的外部指标，而心理则是潜伏在行为内部，支配、调节行为的内部精神活动或观念形态。因此，我们不仅可以依据某人的行为去了解他的心理，而且还能从他当前的心理状态和个人心理特点，预测他将会做出什么样的行为反应。

由于心理与行为间存在着如此密切的对应关系，所以心理学在研究人的心理现象时，往往首先观察和测量人的客观行为，进而探索和推论人的心理活动，并在揭示和掌握心理活动规律的基础上指导和调控人的行为。

三、心理学的任务

心理学研究的主要任务是探索心理现象的本质、机制、规律和事实。具体来说，心理学研究的任务就是描述、解释、预测和控制行为，因此，心理学主要有以下四项基本任务。

（一）描述心理现象和行为

心理学通过精确、全面的观察分析，根据人的外部行为、动作反应获得大量信息，并对其进行准确的描述。对于人的外部信息要按照事实的本质去收集它们，而不是按照研究者的主观期待去收集，这是最重要的。

（二）解释心理现象和行为

人的心理活动和行为表现是世界上最复杂的现象，要解释清楚并不容易，因而需要深入分析现象与行为背后的原因。影响心理状态和人行为的因素很多，包括环境因素、机体因素和心理因素等，而心理学研究就是查明这些因素的变化与心理活动的确切关系，分析与说明其关系的形成及规律，阐明已知事实并就事件之间的关系提出需要证明的假定。例如，有的小学生在上课期间注意力经常不集中，究其原因，并非"多动症"或心理异常，而是这个表现是符合该年龄段的心理活动规律的，即小学生的有意注意的稳定性最长不超过20分钟，否则就会走神。因此，教师在课程设计上要有所修正。

（三）预测心理现象和行为

心理学研究的目标之一是能够准确地预测人的心理和行为。人的心理现象尽管纷繁复杂，然而其有规律可循，因此也是可以预测的，但必须在准确测量和正确描述的基础上，才能推知其心理发展或行为变化的可能性。例如，招聘中采用心理测评对求职者岗位胜任能力进行评估所选拔出来的新员工，可以预测其未来具有更高的工作成就；又如，我们可以预测一个性格内向、容易害羞的人在被要求当众发言时会感到局促不安和拘谨。

（四）调节与控制心理活动和行为

调节与控制的目的是引导或改变个体的心理和行为朝着目标规定的方向转变，或对异常心理和行为进行矫正。控制意味着使行为发生或者不发生、引发、维持、停止，并影响其形式、强度或者发生频率。例如，根据心理学原理，管理中适当合理地运用奖赏和惩罚手段，能够对个体某些不当行为进行调节与控制或矫正。控制行为的能力很重要，因为它为心理学提供了帮助人们改进生活质量的途径。

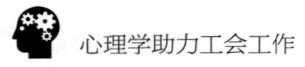

四、心理学的研究方法

心理学研究方法有很多种，不同的心理学分支往往又有其独特的方法，但其基本的方法主要有5种，即观察法、实验法、调查法、测验法和个案法。

（一）观察法

观察法是在自然情境中或预先设置的情境中，有系统地观察记录并分析人的行为，以期获得其心理活动产生和发展规律的方法。运用观察法时，根据观察者和被观察者之间的关系不同有两种方式：参与观察和非参与观察。参与观察是指观察者是被观察者活动中的一个成员。非参与观察是指观察者不参与被观察者的活动。无论采取哪种方式，原则上是不使被观察者发现自己的活动被他人观察，否则就会影响他们的行为表现。避免观察者的主观臆测与偏颇是观察法使用的关键。观察应该是有目的、有计划地观察和记录人在活动中表现的心理特点，以利于科学地解释其行为产生的原因。

观察法的优点是保持被观察对象的自然流露和客观性，获得的资料比较真实。缺点是观察者处于被动地位，只能消极等待被观察者的某些行为表现，是一种较缓慢的进程。

📖 延伸阅读

观察法：从众心理

"阿希实验"是研究从众现象的经典心理实验，它是由美国心理学家所罗门·阿希在1956年设计实施的。所谓从众，是指个体受到群体的影响而怀疑、改变自己的观点、判断和行为等，以和他人保持一致。"阿希实验"就是研究人们会在多大程度上受到他人影响，而违心地进行明显错误的判断。

阿希请大学生自愿做他的被试者，告诉他们这个实验的目的是研究人的视觉情况的。当某个来参加实验的大学生走进实验室的时候，他发现已经有5个人先坐在那里了，他只能坐在第六个位置上。事实上他不知道，其他5个人是跟阿希串通好了的假被试者（即所谓的"托儿"）。

阿希要大家做一个非常容易的判断——比较线段的长度。他拿出一张画有一条竖线的卡片，然后让大家比较这条线和另外一张卡片上的3条线中的哪一条线等长。判断共进行了18次。事实上这些线条的长短差异很明显，正常人是很容易作出正确判断的。

然而，在两次正常判断之后，5个假被试者故意异口同声地说出一个错误答案，于是真被试者开始迷惑了，他是坚定地相信自己的眼力呢，还是说出一个和其他人一样，但自己心里认为不正确的答案呢？

结果当然是不同的人有不同程度的从众倾向，但从总体结果看，平均有33%的人判断是从众的，有76%的人至少做了一次从众的判断，而在正常的情况下，人们判断的可能性还不到1%。当然，还有24%的人一直没有从众，他们按照自己的正确判断来回答。一般认为，女性的从众倾向要高于男性，但从实验结果来看，女性与男性并没有显著的区别。

（二）实验法

实验法在科学研究中的应用非常广泛，也是心理学研究的主要方法。实验法是指人为地、有目的地控制和改变某些条件，使被试者产生所要研究的某种心理现象，然后进行分析研究，以得出心理现象发生的原因或起作用的规律性的结果。在进行实验研究时，必须考虑三项变量：一是自变量，即实验者安排的刺激情境或实验情境。二是因变量，即实验者预定要观察、记录的变量，是实验者要研究的真正对象。三是控制变量，即实验变量之外的其他可能影响实验结果的变量。

实验法的主要目的是，在控制的情境下探究自变量和因变量之间的内在关系。

实验法有两种，即实验室实验法和自然实验法。实验室实验法通常是指在实验室内，借助各种实验仪器设备，严格控制实验条件，主动创造条件，用给定的刺激，引起一定行为反应，在这种条件下研究心理的原因、特点和规律的方法。自然实验法是指在自然的情况下，创设控制某些信息，以引起某种心理进行研究。自然实验法是在教育心理学、管理心理学等应用心理学领域中经常使用的方法。

心理学助力工会工作

实验法的主要优点是可以更好地研究心理现象的因果关系。缺点是实验法要求高，有些得出的结论，在现实中不一定可行。

延伸阅读

感觉剥夺实验

1954年，心理学家贝克斯顿等人在加拿大的麦克吉尔大学进行了首例感觉剥夺实验研究。他们在付给大学生每天20美元的报酬后，让他们待在缺乏刺激的环境中。具体来说，就是在没有图形知觉（让被试者戴上特制的半透明的塑料眼镜）、限制触觉（手和臂上都套有纸板做的手套和袖头）和听觉（实验在隔音室里进行，用空气调节器的单调嗡嗡声代替其听觉）的环境中，静静地躺在舒适的帆布床上。当时大学生打工一小时大约只能挣50美分，这让很多大学生都跃跃欲试，认为利用这个机会可以好好睡一觉，或者考虑论文、课程计划。但结果令人大跌眼镜。没过几天，被试者就纷纷退出。他们表示，这种感觉非常难受，根本不能进行清晰的思考，哪怕是在很短的时间内注意力都无法集中，思维活动似乎总是"跳来跳去"。更为可怕的是，50%的人出现了幻觉，包括幻视、幻听和幻触。幻视如出现光的闪烁；幻听如似乎听到狗叫声、打字声、滴水声等；幻触则感到有冰

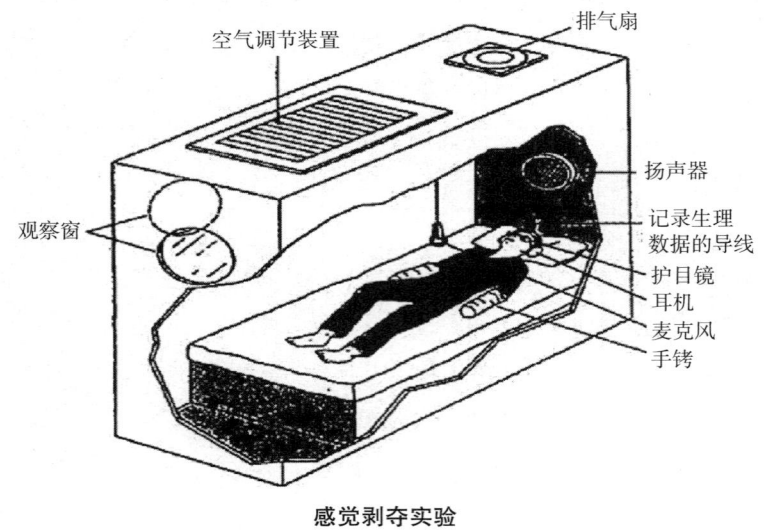

感觉剥夺实验

冷的钢板压在前额和面颊，或感到有人从身体下面把床垫抽走等。在过后的几天里，被试者已注意力涣散，不能进行明晰的思考，智力测试的成绩也不理想。通过对脑电波的分析，证明被试者的全部活动严重失调，甚至出现白日梦现象。

这就是心理学上著名的感觉剥夺实验。心理学家通过切断被试者各种感官对外界信息的获取途径，让被试者处于高度隔绝的状态。实验证明丰富的、多变的环境刺激是人生存的必要条件，在被剥夺感觉后，人会产生难以忍受的痛苦，各种心理功能将受到不同程度的损伤。

（三）调查法

调查法是指就某一问题要求被调查者回答其想法或做法，以此来分析、推测群体心理倾向的研究方法。因为在使用调查法时，很难保证被试者回答的真实性，所以，调查法一般不用来研究个体，而用来研究群体；不用来研究某一现象，而用来研究多种现象之间的比较。

调查法又分为问卷法和访谈法。问卷法是通过由一系列问题构成的调查表收集资料以测量人的行为和态度的心理学基本研究方法。问卷法有两个主要优点，一是标准化程度高；二是收效快。问卷法能在短时间内调查很多研究对象，取得大量的资料，能对资料进行数量化处理，经济省时。问卷法的主要缺点是，被调查者由于各种原因，可能对问题做出虚假或错误的回答；在许多场合对于这种回答要想加以证实又几乎不太可能。访谈法是指通过访谈者和受访人面对面地交谈来了解受访人的心理和行为的心理学基本研究方法。因为在访谈时，访谈者与受访人面对面地对话，可以获得文字以外的一些信息，所以它能够部分克服问卷法虚假或错误回答的问题，但同时也降低了问卷法的标准化程度和收集数据的效率。

延伸阅读

访谈法

我国著名质性研究学者陈向明认为，访谈法就是研究者"寻访""访问"被研究者并且与其进行"交谈"和"询问"的一种活动，是研究者通过口头谈话的方式从被研究者那里收集第一手资料的一种研究方法。

与日常谈话不同,访谈作为一种独特的研究方法,有明确的研究目的性。访谈主要有三个目的和功能:

一是它可以作为收集直接关系研究目标的信息的主要手段。它能够帮助研究者发现一个人知道或不知道什么(知识或信息)、喜欢或不喜欢什么(价值观和偏好),以及一个人的想法(态度和认知)。

二是它可以被用来检验研究假设或提出新的研究假设,或者作为一种解释性的工具来帮助识别变量和关系。

三是在研究工作中,访谈可以与其他方法结合使用,或者验证其他方法所获得的结果,或者更深入地了解被访谈者的动机以及他们做出回应的原因。

访谈又可分为不同的类型:按照访谈内容的开放程度,可分为结构型访谈、无结构型访谈和半结构型访谈;根据访谈者和被访谈者接触的方式,可分为直接访谈和间接访谈;根据参与访谈的人数,可分为个体访谈和集体访谈;按照访谈的正式程度,可分为正规访谈和非正规访谈。

一般来说,访谈法的具体流程包括访谈前期准备、实施访谈、访谈资料的整理与分析三部分内容。

1. 访谈前期准备

这一部分主要包括确立访谈的提纲、准备好访谈的工具、确定适当的访谈对象和与被访谈者确立研究关系。

首先,访谈前应该根据研究问题和研究目的来设计访谈提纲,这是访谈能够成功的关键。

其次,要准备好访谈的工具,如纸、笔、录音机、录像机等,同时使用录音设备时必须经过被访谈者的同意。

再次,确定适当的访谈对象。访谈因为受条件的限制,一般只选择少数的被访谈者。访谈的抽样方式有方便抽样、滚雪球式抽样和目的型抽样等。方便抽样是访谈者由于受到时间、空间等条件的限制而采用的比较随意地选择被访谈者的方式,因而代表性比较差。滚雪球式抽样是通过最初的被访谈者的引见而逐渐扩大样本的数量而采用的抽样方式,这种方式由于被访谈者之间的关系可能是同一种类型从而影响了研究的观点和代表性。目的型抽样是有目的地去选择被访谈者。访谈中的抽样应该注意样本在总体中的代表性和样本之间的差异性，以便更好地进行研究并得出科学、有价值的研究结论。

最后，要与被访谈者确立研究关系。在双方互相了解的基础上，在征求被访谈者同意访谈之后，提前确定进行访谈的时间和地点，以便使访谈顺利进行。

2. 实施访谈

这一部分包括提问、聆听和记录。

（1）提问。首先，提问要明确具体，提出的问题应该是和访谈主题明确相关的，而且问题应当聚焦于某一个具体的点。其次，问题的表述应遵循口语化、生活化、通俗化和地方化的原则，尽量熟悉被访谈者的语言，用他们听得懂的语言进行交谈和提问。最后，提问应采用一定技巧与方法。如果想对有关问题进行深入探讨，一般要使用追问或插问的手段。如果发现被访谈者对你所提出的问题不知如何回答或者回答的内容偏离主题，可以采用启发方式引导回答，并适当控制访谈进行的方向。

（2）聆听。首先，细心聆听，用关键词总结所听的信息。其次，阶段性总结归纳，及时与被访谈者核实。最后，还要善于回应，即在仔细地聆听完被访谈者的回答后应该善于使用追问、总结等方式对被访谈者进行回应。

（3）记录。最常用的访谈记录方式有访谈者本人当场记录、第三者当场记录，以及采用录音、录像等音像记录。

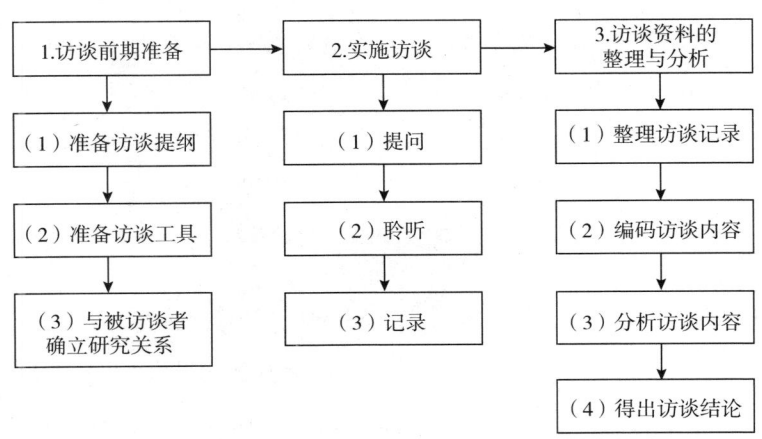

实施访谈流程

3. 访谈资料的整理与分析

这一部分有四个步骤：第一步，将访谈记录按访谈提纲进行分类整理；第二步，对每个问题的访谈内容进行编码；第三步，将编码后的内容进行分析；第四步，得出访谈结论。

（四）测验法

测验法即心理测验法，就是采用标准化的心理测验量表或精密的测验仪器，来测量被试者有关的心理品质的研究方法。通常用来确定被试者的某些心理品质的存在水平。测验法是个体心理特征和行为表现的量化研究的主要工具，应用范围很广。常用的心理测验有能力测验、人格测验、智力测验、个体测验、团体测验、投射测验等。其中大多数测验可由量表工具予以实施，也有部分测验如投射测验等非量表化的评估方式。

投射测验是向受测试者提供意义比较含糊的刺激情境，让其自由发挥，分析其反应，然后推断其人格特征的方法。"投射"，在心理学上的解释是指个人把自己的思想、态度、愿望、情绪或特征等，不自觉地反应于外界的事物或他人的一种心理作用。此种内心深层的反应，实为人类行为的基本动力，而对这种基本动力的探测，有赖于投射技术的应用。最著名的投射法是罗夏墨迹测验（Rorschach Inkblot Method，RIM）和主题统觉测验（Thematic Apperception Test，TAT），现在国内用得比较多的是树木人格测验、房树人测验（House-Tree-Person Technique，HTP）等。投射法的最大优点在于主试者的意图目的藏而不露，缺点是分析比较困难，需要有经过专门培训的主试。

主题统觉测验

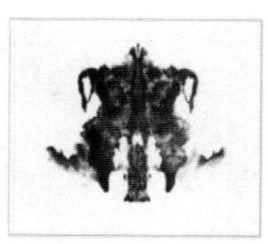
罗夏墨迹测验

房树人测验

著名的投射法图组

测验法的优点是可以更准确地把研究对象的特质与相关群体相比较，缺点是标准化的测验量表不易获得，同时，对施测者解释测验结果的能力也有一定的要求。

延伸阅读

房树人绘画测验

房树人测验属于投射测验中绘画测验的一种，由美国心理学家巴克(Buck J. N.)于1948年率先在美国《临床心理学》杂志上作了系统的论述。其测验过程就是让受测者用铅笔分别描绘出房子、树木和人物三幅画。20世纪60年代，日本引进了该项测验技术并加以推广应用。有学者在实践中发现，一次画3幅画对受测者的心理压力较大，尤其不适用于那些精力不足、不合作、情感淡漠、注意力不集中的精神病患者。而将房、树、人3项合画于一纸，不仅可大大减轻受测者的负担，提高成功率，扩大测验对象范围，而且能更有效地探测受测者的人格特征。这就是统合型HTP测验(Synthetic House-Tree-Person Technique, SHTP)。

房树人测验的理论基础是心理动力学，该理论由弗洛伊德创设。在心理动力学中，绘画是人潜意识表达的通道和出口，是将潜意识的内容视觉化的过程。测验作品既然投射了被试者人格层面的内容和内心的潜意识表达，分析者只要根据心理动力学的理论，可以通过分析测验作品，反推或者了解被试的人格特征和潜意识表达。在房树人测验中，被试呈现出来的作品实际上包含了其意识和无意识两个层面的表达内容，只是这两个层面的表达融合在同一幅作品之中。因此，借助房树人主题绘画这种形式，可以一窥受测者的人格特征。也就是说，受测者通过绘画将自己的内心活动投射到画作中，施测者通过画作推测受测者的心理活动。

如何进行这项测验？拿起一张A4纸，一支笔，然后遵循以下测验要求。

（1）画完一部分或整幅图画后，不得修改和重画。

（2）随性发挥你的想法，但必须包括房子、树木和人物。

（3）画人的时候不能画火柴人。

（4）画图时不可使用尺子，不能使用绘画技巧。

（5）构思时间不要超过5分钟，绘画时间不要超过30分钟。

（五）个案法

个案法是收集单个受测者各方面的资料以分析其心理特征的方法。通常收集的资料包括个人的生活史、家庭关系、生活环境和人际关系等资料。根据需要，也常对受测者做智力和人格测验，从熟悉受测者的亲戚朋友那里了解情况，或从受测者的书信、日记、自传或他人为受测者写的资料（如传记、病历）进行采集和分析，深入的个案研究可以使我们获得许多有益的启示。

瑞士著名心理学家让·皮亚杰（Jean Piaget，1896—1980）在对自己孩子的个案研究的基础上提出了儿童认知发展理论，为当代儿童认知发展研究奠定了坚实的基石，而西格蒙德·弗洛伊德（Sigmund Freud，1856—1939）的个案研究则奠定了整个精神分析的基础。但是个案研究可能会产生误导，因为个案可能是非典型的。个案法所收集到的资料往往缺乏可靠性，其研究结果也可能只适合个别情况。

上述5种心理学的研究方法各有其独自的优点，但同时也都存在一定的局限性。由于人的心理千变万化，心理活动非常复杂，因此，研究人的心理现象不能仅凭某一种方法，应根据研究的实际需要，选用多种方法，使之互相补充。

五、心理学的主要流派

古代中外哲学家、思想家在说明物质和意识的关系时都阐述过对心理现象的观点，有些观点至今仍有参考价值。但直到19世纪中叶，由于对心理现象的研究引进了近代科学实验的方法，才使心理学成为一门实证的科学，并最终从哲学中分化出来，成为一门独立的科学。冯特于1879年在莱比锡大学建立世界上第一个心理学实验室，是科学心理学诞生的标志。科学心理学建立之后，对心理研究逐步深化，并陆续产生了下列8个主要流派。

（一）构造主义心理学派

代表人物是德国的冯特（1832—1920）和他的学生——美国的铁钦纳（1867—1927）。这一学派主张心理学的任务在于分析意识的内容，查明意识的组成元素和构造原理。构造主义事实上是冯特的学生铁钦纳于20世纪20年代在美国创立的，他深入发展了冯特的实验内省法，发现了3种心理元素，即感觉、表象、感情。

冯特（Wilhelm Wundt）

（二）机能主义心理学派

代表人物是美国的詹姆士（1842—1910）和杜威（1859—1952）。这一学派对构造主义进行批判，认为心理学研究的目的不在于把心理分解为一些元素，而在于研究心理适应环境的机能作用。机能主义心理学派由詹姆士创立于19世纪末，他认为意识是连续的，强调意识的实用性。后来心理学家对其理论进行拓展，并在20世纪20年代成为美国心理学的主导。

（三）行为主义心理学派

代表人物是美国的华生（1878—1958）。这一学派反对把意识作为心理学研究对象，主张研究人的行为。行为主义心理学派由华生于20世纪初创立。他坚决反对内省法，认为只有通过外部观察人的行为才是心理学研究的根本方法。他把行为分解为刺激—反应系统，接受机能主义心理学派的观点，强调客观环境的刺激作用，研究由刺激引起的行为反应。

华生（John B. Watson）

（四）格式塔心理学派

代表人物是德国的韦特海默（1880—1943）和美国的考夫卡（1886—1941）。

这一学派反对冯特的元素分析说，强调整体组织。格式塔心理学派由韦特海默于1912年在德国创立。该学派以研究似动现象为起点，认为意识经验具有完整性，每一个经验都是一个格式塔，强调整体并不等于部分之和，经验是不可分割的。格式塔心理学派认为经验服从格式塔原则，如图形和背景原则、接近性原则、相似性原则、连续性原则、完美图形原则等，这些原则成为现代知觉研究中的一些重要原则。

（五）精神分析心理学派

代表人物是奥地利的弗洛伊德（1856—1939）。这一学派从医治心理障碍发展而来，重视探索人的动机和行为的根源，特别是无意识的心理过程。精神分析学派由弗洛伊德在19世纪末创立，认为人的动机是由无意识决定的，特别强调性本能是动机的根源。精神分析心理学派后来产生了分化。其中，坚持弗洛伊德的性本能、无意识和性心理发展阶段的被称为经典精神分析学派；重视社会文化因素作用的被称为新精神分析学派。

弗洛伊德（Sigmund Freud）

（六）人本主义心理学派

代表人物是美国的马斯洛（1908—1970）。这一学派主张从人的内在价值、人的尊严以及创造力和自我实现等的积极的心理品质与特征的角度去研究人的心理，反对行为主义心理学派只把人视为一个只会对刺激做出反应的机器，也反对精神分析心理学派只注重人的心理的黑暗方面，即人的"病态"心理研究。所以，人本主义心理学派自称为"第三阵营"，其理论核心是"自我实现论"。这一理论认为，人的机体内部都存在一种维持和增强机体、发展自身的心理潜能，而这种心理潜能总存在着一种要发泄并尽其所能的倾向。人本主义心理学派主要揭示了人的心理潜能尽其所能的倾向和规律，充分地实现人

马斯洛（Abraham H. Maslow）

的内在价值。

（七）认知心理学派

代表人物是瑞士的皮亚杰（1896—1980）和美国的奈瑟尔（1928—2012）。这一学派承认并研究人的意识，认定人的行为主要决定于人的认识活动，包括感性认识和理性认识，人的意识支配人的行为；强调人是进行信息加工的生命机体，人对外界的认知实际上类似计算机的信息输入、编码、操作、提取和使用的过程。因此，认知心理学派认为，心理学就是要研究人类认识的信息加工过程并应提供信息加工模型。故此，认知心理学派的研究方法主要采用一种不同于以往任何学派的特殊方法，即电子计算机模拟类比法。

皮亚杰（Jean Piaget）

认知心理学派强调了人的意识（理性）在行为上的重要作用，强调了人的主动性，重视人的各个心理过程之间的联系、制约，基本上博采了几大学派的长处，对心理科学的发展与实现心理科学本身的现代化以及人工智能和计算机科学的发展均有较大贡献；不足之处是忽视了人的客观现实生活条件和人的实践活动的意义，而集中于人的主观经验世界，同时，它的基本理论大都具有一种明显的实证主义倾向，忽视对神经系统生理活动机制的研究。

（八）生理心理学派

生理心理学是研究心理现象和行为产生的生理过程的心理学分支。它试图以脑内的生理事件来解释心理现象，亦称生物心理学、心理生物学或行为神经科学。首先提出生理心理学名称的应属实验心理学的创始人冯特，他撰写了第一本生理心理学专著《生理心理学纲要》，意在说明心理学可以用客观的、生理学的方法加以研究。不过从神经生理和脑功能方面探讨心理现象和行为的实验工作却是其他神经学家和生理学家发端的。

总之，各学派的研究各有偏重：冯特和铁钦纳主要研究心理内容与构造，詹姆士主要研究心理机能，华生主要研究人的行为，韦特海默和考夫卡主要研究心理的整体组成，弗洛伊德主要研究人的本能及病态心理，皮亚杰侧重纵向研究人的心理形成发展，马斯洛侧重人的积极心理研究，认知心理学则从信息加工的角度研究人的认知过程，生理心理学主要研究脑的机制与功能。这几大学派历经百余年，从心理的各个不同方面对心理现象进行了前仆后继的研究，使现代心理科学体系得以建立，使人们从不同的心理视角对心理现象有了更全面的认识。

第三节　什么是心理健康

人体健康是心理健康和生理健康的统一，两者是相辅相成、互相依存的关系。生理健康是心理健康的基础，反过来心理健康又促进生理健康。众所周知，当身体生病时，人往往会情绪低落、萎靡不振或烦躁不安，影响工作和学习；而心理不健康往往会导致冠心病、高血压、糖尿病和癌症等生理疾病，还会使人的社会适应能力遭到破坏，甚至无法进行正常的家庭生活和社会生活，影响社会功能。

一、何为健康

（一）健康的概念

健康是人们生存的根本，如果没有健康，一切智慧、力量、才能将无法施展。世界卫生组织前总干事马勒曾指出："必须让每个人认识到，健康并不代表一切，但失去健康便失去一切。"因此，健康需要得到每个人的重视。健康是一个具有强烈时代感的综合概念，会随着社会的发展、医学和科学的进步而逐步深化。

传统意义上的"健康"主要是指"身体"和"生理"上的健康。身体健康是指人的身体作为整体以及各组织、器官所处的一种完全良好的状态，简言之就是指人体结构的完整性及其各部分功能的正确性。在医院做检查时医生所说的"器质性病变"就是指身体健康方面的问题；生理健康是指人的身体在有物质和能量供应的情况下正常发挥其功能的状态。生理健康不同于身体健康，它要求人体的各功能器官在功能"正确"的基础上发挥"正常"的功能。即把人体作为一个整体，要求其各部分的功能活动相互协调、相互制约，从而能在复杂多变的环境中维持正常生命活动的状态。医生在诊断时常说的"××功能紊乱"就是指生理健康方面的问题。长期以来，人们对健康的认识还停留在浅层的机体生理方面，片面地认为身体没病就是健康，因而只单纯注重身体健康，而忽视了心理健康。

进入20世纪，人类对健康的认识和理解发生了很大的变化，许多人认识到，健康不仅包括"身体"健康，还应包括"心理"健康。随着科学文化和社会的不断发展，传统的生物医学模式已经向"生物—心理—社会"医学模式转变。世界卫生组织明确指出："健康不仅是免于疾病和衰弱，而且是保持身体上、精神上和社会适应能力方面的完善状态。"由此可见，健康应包括生理、心理和社会适应能力3个方面。一个健康的人，既要有健康的身体，还应有健康的心理和行为；只有当一个人的生理、心理、社会适应能力都处在良好的状态时，才是真正的健康。

（二）健康的标准

世界卫生组织给健康下的正式定义是："健康是指生理、心理和社会适应都能保持良好的状态，而不仅仅是指没有疾病或体质健壮。"同时，为了加深人们对健康的认识，世界卫生组织还明确提出了健康的10条标准。

（1）有足够充沛的精力，能从容不迫地应付日常生活和工作压力，不感到过分紧张。

（2）处事乐观，态度积极，勇于承担责任，不论事情大小都不挑剔。

（3）善于休息，睡眠良好。

（4）能适应外界环境的各种变化，应变能力强。

（5）能够抵抗一般性的感冒和传染病。

（6）体重适当，身体匀称，站立时，头、肩、臀的位置协调。

（7）反应敏锐，眼睛明亮，眼睑不发炎。

（8）牙齿清洁，无空洞、无痛感、无出血现象，齿龈颜色正常。

（9）头发有光泽，无头屑。

（10）肌肉丰满，皮肤有弹性。

可见，健康包括生理健康和心理健康两个方面，人体健康是生理健康和心理健康的统一。

二、何为心理健康

（一）心理健康的概念

世界卫生组织公布的一项调查结果显示，到2020年，心理疾病将成为继心脏病之后人类面临的第二大常见疾病。心理问题已成为一个普遍的社会问题，严重影响着人们的健康。

古今中外的心理学家进行了长期的艰苦探索，对心理健康的含义给予了不同的表述。心理学家英格里希（H. B. English）指出，心理健康是指一种持续的心理状态，当事者在该状态下，能做良好的适应，具有生命的活力，而且能充分发挥其身心的潜能，这乃是一种积极的状态，不仅仅是免于心理疾病而已。精神病学家孟尼格尔（Karl Menniger）认为，心理健康是指人们对于环境及相互之间具有最高效率及快乐的适应情况。心理健康者应能保持稳定的情绪、敏锐的观察力、适于社会环境的行为和愉快的心态。社会工作者波姆（W. W. Bochm）指出，心理健康是合乎一定水准的社会行为：一方面能为社会所接受，另一方面能为自身带来快乐。国际心理卫生大会（1946）指出，心理健康是指在身体、智能以及情感上能保持同他人的心理不相矛盾，并将个人心境发展成为最佳的状态。虽然人们所站的角度不同，对心理健康的理解有一定的差异，但都比较倾向性地认为：所谓心理健康是指生活在一定的社会环境中的个体，在高级神经功能正常的情况下，智力正常、情绪稳定、行为适度，具有协调关系和适应环境的能力及特性。

（二）心理健康的标准

一个人的心理怎样才算是健康的，心理健康的标志又是什么，心理健康的标准如何确定？一般而言，心理健康的人都能善待自己、善待他人，适应环境，情绪正常，人格和谐。心理健康的人并非没有痛苦和烦恼，而是他们能适时地从痛苦和烦恼中解脱出来，积极地寻求改变不利现状的新途径。他们能够深切领悟人生冲突的严峻性和不可回避性，也能深刻体察人性的阴阳、善恶；能够自由和适度地表达、展现自己的个性，并且能与环境和谐相处；善于不断地学习，利用各种资源，不断地充实自己，享受美好的人生，同时也明白知足常乐的道理；不会去钻牛角尖，而是善于从不同角度看待问题。心理健康的人都拥有一个美好的生活。心理健康是一个非常复杂的问题，也是学术界研究的一个热点问题。

1. 中西方对于心理健康标准的观点

（1）美国著名的社会心理学家马斯洛和麦特曼提出10条心理健康标准。

①有充分的自我安全感。

②能充分了解自己，并能恰当地估量自己的能力。

③生活、理想切合实际。

④不脱离周围现实环境。

⑤能保持人格的完整和谐。

⑥善于从经验中学习。

⑦保持良好的人际关系。

⑧能适度地宣泄情绪和控制情绪。

⑨在符合团体要求的前提下，能有限度地发挥个性。

⑩在不违背社会规范的前提下，能适当地满足个人的基本要求。

（2）德国精神病学家舒尔兹提出5项心理健康标准。

①能够控制自己的生活。人无法永远保持理性，但起码应能有意识地引导自我的行动，并能接纳自己的命运。

②能认识自己是怎样的一个人。能充分了解自己的长处和短处，宽待与悦纳属于自己的一切，让自己保持本来面貌，绝不加以伪装。

③能正视现实。

④能向新目标或新经验挑战。即对于富有挑战性的新目标或新经验的渴望以及对寂静而安定的人生的期待。

⑤有独特性的人格特质。

（3）世界心理卫生联合会提出的心理健康标准。

①身体、智力、情绪十分和谐。

②适应环境，人际关系中彼此能谦让。

③有幸福感。

④在工作和职业中能充分发挥自己的能力，过高效率的生活。

（4）我国现代学者的心理健康标准。

中国心理卫生协会心理治疗与心理咨询专业委员会首任主任委员许又新提出

过评估心理健康的3条标准：

①体验标准。体验标准是指一个人的主观体验和内心世界的状况，主要包括是否有良好的心情和恰当的自我评价等。

②操作标准。操作标准是指通过观察、实验和测验等方法考察心理活动的过程和效应，其核心是效率，主要包括个人心理活动的效率和个人的社会效率或社会功能。例如，工作和学习效率的高低，人际关系和谐与否。

③发展标准。发展标准是指着重对人的个体心理发展状况进行纵向考察和分析。既要了解一个人过去的经历，又要估计他未来发展的可能性和趋势。

许又新认为，在衡量心理健康时，不能孤立地只考虑某一条标准，要把这3条标准联合起来综合考察。

综上所述，由于人的社会生活和遗传因素是多样的，人的社会背景和个体差异是多方面的，所以人的心理健康的表现形式是多种多样的，衡量人的心理健康标准也应是相对的和多样的；另外，心理健康的标准又具有共性，心理学家普遍地把正常的自我意识、适应环境的能力、挫折的耐受能力作为心理健康的标准。当我们掌握了心理健康标准，就可以以此为依据进行自我或对他人心理健康程度进行判断，并有针对性地采取调整措施，以期达到心理健康的水平。如果评估自我或判断他人的心理状态已严重地偏离心理健康标准，就要及时就医，得到专业的心理治疗。

三、心理健康与心理不健康

如果问你一个问题："你有心理困扰吗？"你会怎样回答？有心理困扰就是心理不健康吗？其实，每个人都会有心理困扰，只是出现的时间不同，严重程度不同。每个人都会在不同的发展阶段出现不同程度的心理问题，并不代表一定是心理不健康。心理健康的人不是没有心理问题，而是能够积极有效地解决心理问题。

从静态的角度看，心理健康是一种心理状态，它在某一时段内展现着自身的正常功能。而从动态的角度看，心理健康是在常规条件下，个体为应对千变万化的内外环境，围绕某一群体的心理健康常模，在一定范围内不断上下波动的相对平衡的过程。在非常规条件下，当心理活动变得相对失衡，而且对个体生存发展和稳定生活质量起着负面作用，那么，这时的心理活动便称为"心理不健康"状态。"不健康心理活动"涵盖一切偏离常规模式而丧失常规功能的心理活动。

区分心理健康与心理不健康可从以下几个方面着手：

首先，心理不健康与有不健康的心理和行为表现不能等同。心理不健康是指一种持续的不良状态，偶尔出现一些不健康的心理和行为并不等于心理不健康，更不等于已患心理疾病。所以，不能仅凭一时一事而简单地给自己或他人下心理不健康的结论。

其次，心理健康与不健康之间没有绝对的界限。从良好的心理健康状态到严重的心理疾病之间有一个广阔的过渡带。所以，在某些情况下心理健康与不健康主要是程度上的差异。

再次，心理健康的状态不是固定不变的，而是动态变化的过程。随着人的成长、经验的积累、环境的改变，心理健康状况也会有所改变。所以，对个体所作的每一次判断只能反映其某一段时间内的心理健康状态。

最后，心理健康的标准是一种理想尺度。它不仅为我们提供了衡量是否健康的标准，而且为我们指明了提高心理健康水平的努力方向。每个人都应追求心理健康和心理发展的最高层次，充分发挥自身的潜能，促进自己的全面发展。

四、心理不健康的分类

心理学将心理不健康状态分为一般心理问题、严重心理问题、神经症性心理问题（可疑神经症）。

案例分析

李某属于哪种心理不健康状况？

李某，男性，30岁，公务员，硕士学位。一日，因会议安排问题与领导发生冲突，领导让他写检查，并说他想法不成熟。李某认为事情并没有那么严重，自己的主张也没错，不想写检查。回想以前也曾经有过类似事情，愈发觉得领导太霸道，给自己穿小鞋，无法与之相处，可又无解决办法。好心的同事都劝他不要和领导较真。李某为此心情烦躁，情绪较为低落，经常失眠、头痛，注意力无法集中，吃饭不香，但工作和生活并未受太大影响。

（虚构案例，教学使用）

（一）一般心理问题

诊断为一般心理问题，必须满足如下四个条件：

第一，由于现实生活、工作压力、处事失误等因素而产生内心冲突，冲突是常形的，并因此而体验到不良情绪（如厌烦、后悔、懊丧、自责等）。

第二，不良情绪不间断地持续一个月，或不良情绪间断地持续两个月仍不能自行化解。

第三，不良情绪反应仍在相当程度的理智控制下，始终能保持行为不失常态，基本维持正常生活、学习、社会交往，但效率有所下降。

第四，自始至终，不良情绪的激发因素仅仅局限于最初事件；即使是与最初事件有联系的其他事件，也不引起此类不良情绪。

综合描述，可给出如下定义：一般心理问题是由现实因素激发、持续时间较短、情绪反应能在理智控制之下、不严重破坏社会功能、情绪反应尚未泛化的心理不健康状态。单就不良情绪症状来看，与上述条件相类似的临床案例是大量存在的，但只要从刺激的性质、反应的持续时间、反应的强度和反应是否泛化这四个维度出发，就可以区分和鉴别哪些属于一般心理问题，哪些不属于一般心理问题。

（二）严重心理问题

诊断为严重心理问题，必须满足如下四个条件：

第一，引起严重心理问题的原因，是较为强烈的、对个体威胁较大的现实刺激。内心冲突是常形的。在不同的刺激作用下，求助者会体验到不同的痛苦情绪（如悔恨、冤屈、失落、恼怒、悲哀等）。

第二，从产生痛苦情绪开始，痛苦情绪间断或不间断地持续时间在两个月以上、半年以下。

第三，遭受的刺激强度越大，反应越强烈。在大多数情况下，会短暂地失去理性控制；在后来的持续时间里，痛苦可逐渐减弱，但是，单纯地依靠"自然发展"或"非专业性的干预"，却难以解脱；对生活、工作和社会交往有一定程度的影响。

第四，痛苦情绪不但能被最初的刺激引起，而且与最初刺激相类似、相关联的刺激，也可以引起此类痛苦，即反应对象被泛化。

综合描述，可给出如下定义：严重心理问题是由相对强烈的现实因素激发，初始情绪反应强烈、持续时间较长、内容充分泛化的心理不健康状态。严重心理问题有时伴有某一方面的人格缺陷。

在心理咨询临床上，对严重心理问题的诊断并不困难，但关键问题是需要与神经症进行鉴别。根据许又新关于神经症诊断的论述，鉴别的要点是"内心冲突的性质"和"病程"。即严重心理问题的心理冲突是常形的，持续时间限在半年之内。临床上，社会功能破坏程度，也可以作为参考因素予以考虑。如果在出现严重心理问题后的一年之内，求助者在社会功能方面出现严重缺损，那么就必须提高警惕，应作为可疑神经症或其他精神障碍对待。

（三）神经症性心理问题（可疑神经症）

这一类型的心理问题概念比较模糊，一方面它已超出了严重心理问题的标准，个体体验到的内心冲突不再是常形冲突，而是变形冲突（内心冲突脱离了现实处境的实际情况）；另一方面却还达不到神经症的确诊标准，只能说已接近神经症或是神经症的早期阶段。

五、对心理不健康的误解

首先，心理困扰、心理不健康不是"神经病"。在现实生活中，当有人情绪或行为反应过度时，人们可能会说他们是"神经病"，认为他们的表现不同于正常人。实际上，神经病专指神经系统疾病，包括由于感染、外伤、血管病变等原因引起的脑血管疾病等。

其次，心理困扰、心理不健康不是"精神病"。有心理困扰的人有充分的自知力，社会适应能力基本没有缺损，通常会主动寻求帮助。而精神病患者缺乏内省,很难正常融入社会生活。

再次,心理困扰、心理不健康不是"思想问题"。例如,有的职工在上班时出现注意力不集中,容易出现安全生产的隐患,不是不积极要求上进的思想问题,可能是由于内部或外部的一些因素造成心理压力过大,致使其难以集中注意力。

最后,心理困扰、心理不健康不是"不治之症"。一方面,人人都会出现心理困扰,不必羞于承认,讳疾忌医;另一方面,如果出现心理困扰,主动自我调节,严重时寻求专业帮助,是可以改善的。

无论是自我调节还是寻求专业帮助,及早进行比拖拉、延误有更好的效果。

第四节 心理正常与心理异常

一、正常心理活动的功能

正常心理活动是指人们在面对外界刺激、处理信息、应对压力和困难时所表现出来的一系列心理反应和行为。这些心理活动通常是自然而然、无意识的,符合个体文化背景和社会习惯的规范与价值观。正常心理活动包括:情感的调节,情绪的表达和情感的体验;思维的认知和逻辑思维的应用;注意力的集中和分配;自我意识和自我评价;社交和人际关系的处理等。这些活动能够使人适应社会环境,处理人际关系,应对挑战和压力,保持心理平衡和健康。正常心理活动的表现形式是多样的,每个人的心理活动也因人而异,但它们都是符合常规和文化背景的基本心理过程。正常的心理活动具有如下功能:

第一,保障人顺利地适应环境,健康地生存发展。

第二,保障人正常地进行人际交往,在家庭、社会团体、机构中正常地肩负责任,使社会组织正常运行。

第三,保障人正常地反映、认识客观世界的本质及其规律性。

在心理学中,通常使用"异常心理"或"变态心理"这样的术语来描述与常态不同或不符合常规的心理过程和行为。变态心理学把丧失了正常功能的心理活动称为异常。

二、心理正常与心理异常的区分

（一）李心天（1991）的判别标准

我国著名心理学家李心天提出了区分正常心理和异常心理的四个标准，分别为：

1. 医学标准

在这种标准下，精神障碍是躯体疾病。如果一个人的某种心理或行为被疑为有病，就必须找到它的病理解剖或病理生理变化的根据，在此基础上认定此人有精神障碍；其心理或行为表现，则被视为疾病的症状，其产生原因则归结为脑功能失调。这一标准为临床医师广泛采用。他们深信，有精神障碍的人的脑部，应当有病理过程存在。有些目前未能发现明显病理改变的精神障碍，可能在将来会发现，患者的大脑中，已发生了精细的分子水平上的变化。这种病理变化，才是区分心理正常与心理异常的可靠根据。医学标准将精神障碍纳入了医学范畴，这种做法对精神障碍的研究，曾经作出过重大贡献。

2. 统计学标准

在普通人群中，人们的心理特征，在统计学上服从正态分布。这样，一个人的心理正常或异常，就可根据其偏离平均值的程度来决定。以统计数据为依据，确定正常与异常的界限，多以心理测验为工具。

统计学标准提供了心理特征的量化资料，其操作简便易行，便于比较，因此受到很多人欢迎。但是，这种标准也存在一些明显的缺陷，例如，智力超常或有非凡创造力的人在人群中是极少数，但很少被人认为是病态；再者，有些心理特征和行为也不一定服从正态分布，而且心理测量的内容同样受社会文化的制约。所以，统计学标准的普遍性也只是相对的。

3. 内省经验标准

内省经验涵盖两个方面：一是当事人的内省经验，如自己觉得有焦虑、抑郁或说不出明显原因的不舒适感，自己觉得不能控制自己的行为等。二是观察者的内省经验，如观察者把被观察者的行为与自己以往经验相比较，从而对被观察者作出心理正常还是异常的判断。

这种判断具有很大的主观性，不同的观察者有各自的经验，所以评定行为的标准也就各不相同。当然，如果观察者通通接受同一种专业训练，那么，对同一种行为，观察者也能形成大致相近的看法，甚至对许多精神障碍仍可取得共识，但对某些少见的行为，仍可能有分歧，甚至意见截然相反。

4. 社会适应标准

在正常情况下，人能够维持生理和心理活动的稳定状态，能依照社会生活的需要，适应环境和改造环境。因此，正常人的行为符合社会的准则，能根据社会要求和道德规范行事，这时，他的行为是一种社会适应性行为。如果由于器质的或功能的缺陷，使得某个人的社会行为能力受损，不能按照社会认可的方式行事，就会被认为此人有精神障碍。这一判断，是将此人的行为与社会行为相比较之后得出的。

（二）郭念锋（1986、1995）的判别标准

中国心理卫生协会副理事长郭念锋（1986、1995）认为，区分心理的正常与异常，应该从心理学角度切入，以心理学对人类心理活动的一般性定义为依据。只有这样，才能使该问题明朗化。根据心理学对心理活动的定义，即"心理是脑对客观事物的主观反映"，郭念锋提出如下三条原则，作为确定心理正常与异常的依据。

1. 主观世界与客观世界的统一性原则

心理是客观现实的反映，因此任何正常心理活动或行为，在形式和内容上必须与客观环境保持一致。如果一个人坚信他看到了或听到了什么，而客观世界当时并不存在引起他这种感觉的刺激物，那就可以认定，其精神活动不正常，产生了幻觉；如果一个人的思维内容脱离现实，或思维逻辑背离客观事物的规定性，并且坚信不疑，则可以认定，其精神活动不正常了，产生了妄想；如果一个人的心理冲突与实际处境不相符合，并且长期持续，无法自拔，就可以认定，其精神活动不正常了，他产生了神经症性问题。这些都是观察和评价人的精神与行为的

关键,又称它为统一性(或同一性)标准。人的精神或行为只要与外界环境失去同一性,必然不能被人理解。

在精神科临床上,常把有无"自知力"作为判断精神障碍的指标,其实,这一指标已涵盖在上述的标准之中。所谓无"自知力"或"自知力不完整",是指患者对自身状态的错误反映,或者说是"自我认知"与"自我现实"的统一性的丧失。另外,还把有无"现实检验能力"作为鉴别心理正常与异常的指标,其实,这一点也包含在上述标准之中。因为若要以客观现实来检验自己的感知和观念,必须以认知与客观现实的一致性为前提。

2. 心理活动的内在协调性原则

虽然人类的精神活动可以被分为知、情、意等部分,但是它自身是一个完整的统一体。各种心理过程之间具有协调一致的关系,这种协调一致性,保证人在反映客观世界过程中的高度准确和有效。

人们遇到高兴的事,就会产生愉快的情绪,手舞足蹈,欢快地向别人述说自己内心的体验,这正是当时情境下正常的精神与行为。如果不是这样,而是用低沉的语调向别人述说令人愉快的事,或者对痛苦的事做出快乐的反应,就可以说他的心理过程失去了协调一致性,称为异常状态。

3. 人格的相对稳定性原则

在长期成长发展中,每个人都会形成自己独特的人格心理特征。这种人格心理特征一旦形成,便有相对的稳定性,在没有重大人生变故的情况下,一般是不易改变的。

然而,如果在没有明显外部原因的情况下,一个人的人格相对稳定性出现问题,则要怀疑这个人的心理活动出现了异常。这就是说,可以把人格的相对稳定性作为区分心理活动正常与异常的标准之一。例如,花销仔细的人,突然挥金如土,待人接物很热情的人,突然变得很冷漠,如果在他的生活环境中找不到足以促使他发生改变的原因,可能其精神活动已经偏离了正常轨道。

综上所述,我们已经厘清了心理正常与心理异常、心理健康与心理不健康的定义、判断标准,作为本节的总结,我们通过下图将这四部分的关系予以强调。

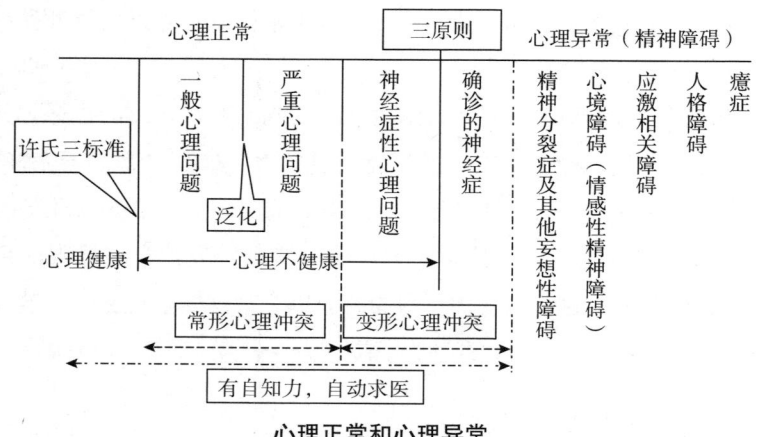

```
心理正常                 三原则        心理异常（精神障碍）
   ┌────┬─────┬──────┬────┐  ┌──────┬──────┬──────┬──────┬────┐
   │一般│严重 │神经症│确诊│  │精神分│心境障│应激相│人格障│癔症│
   │心理│心理 │性心理│的神│  │裂症及│碍（情│关障碍│碍    │    │
   │心理│问题 │问题  │经症│  │其他妄│感性精│      │      │    │
   │问题│     │      │    │  │想性障│神障碍│      │      │    │
   │    │泛化 │      │    │  │碍    │）    │      │      │    │
   └────┴─────┴──────┴────┘  └──────┴──────┴──────┴──────┴────┘
   许氏三标准
   心理健康    心理不健康
              常形心理冲突  变形心理冲突
              有自知力，自动求医
```

心理正常和心理异常

图中关于心理状态的划分，首先是按照心理正常与异常来比较进行的，这也是区分个体是需要心理咨询还是去精神科治疗的界限。根据精神卫生法律的规定，心理异常是精神科治疗的范畴，也就是要去专科医院进行医学方面的治疗；而心理正常范畴中的心理不健康可以由心理咨询负责。

对工会干部来说，对职工所做的多是心理疏导工作，心理疏导的对象是心理正常的人群。有些职工只是需要了解自己、帮助自己提升，或者仅仅是为了某个突发事件的一时之情绪，前来进行谈心谈话和心理疏导；而心理不健康的人群，在自愿的前提下，需要接受的是专业人士的定期咨询，且咨询的过程应符合心理咨询的设置和要求。

工会干部需要让职工明白，如果职工本人或其同事去做心理咨询、心理疏导，并不意味着他们就是精神病、是不正常的，反而恰恰说明他们有自我觉察的"自知力"，属于正常范畴，才可能主动去寻求心理专家的帮助。如果心理类别到了异常状态，则需要转介到心理专科医院做进一步诊断，那就不是心理咨询师或工会干部可以解决的范畴了。

必须强调的是，工会干部不能为职工做心理健康或心理问题的判别或诊断，这些需要借助具备资质的心理咨询师、心理治疗师或精神科医师的专业力量。工会干部掌握心理健康与否、心理正常与否的识别标准，对于工作最大的帮助就是能够在服务职工时做到心里有底才能心中有"术"，学会基本的心理疏导方法并清楚通过何种方式、何种渠道能够对接到支持资源及寻求专业人士的帮助。

第五节　常见的心理问题与障碍

一、焦虑情绪与焦虑症

焦虑情绪与焦虑症不是一个概念。焦虑情绪是一种源于内心的紧张、压力感，焦虑是人们在日常生活中一种普遍的情绪反应倾向，当人们面对潜在或真实的危险时，处于紧张状态都会产生焦虑，那是可以理解的，适度的焦虑情绪属于正常的焦虑反应。焦虑对人的工作、学习与机体的生理功能等各方面产生影响，轻度或适度的焦虑，会使大脑和整个机体处于适当的觉醒水平或兴奋状态，促使个体思维敏捷，判断准确，迅速作出决定，使机体保持充沛的体力。德国精神病学家 Gebsattel 曾说：没有焦虑的生活和没有恐惧的生活一样，并不是我们真正需要的。

焦虑症是指持续地无具体原因地感到紧张不安，或无现实依据地预感到灾难、威胁或大祸临头，伴有明显的自主神经功能紊乱及运动性不安，常常伴随主观痛苦感或社会功能受损。其特点包括：一是焦虑情绪的强度并无现实的基础或与现实的威胁明显不相称；二是焦虑导致精神痛苦和自我效能的下降，因此是一种非适应性的；三是焦虑是相对持久的，并不随客观问题的解决而消失，常常与人格特征有关；四是表现为以自主神经系统症状为特征的紧张的情绪状态，包括胸部不适、心悸、气短等，预感到灾难或不幸的痛苦体验，对预感到的威胁异常痛苦和害怕，并感到缺乏应对的能力。

根据《中国精神障碍分类与诊断标准（第三版）》（CCMD-3）的分类，焦虑症包括广泛性焦虑及发作性惊恐状态两种临床相，常伴有头晕、胸闷、心跳异常、呼吸困难、口干、尿频、尿急、出汗、震颤和运动性不安等。焦虑并非由实际威胁所引起的，其紧张程度与现实情况很不相称。

📖 案例分析

李女士，35岁，某事业单位职工。她在过去的几个月里开始感到越来越焦虑和不安，常常伴有心跳加速、呼吸困难、胸闷和头晕。逐渐地，李女士开始避免一些社交场合，因为她担心别人会评价她的外貌或能力；害怕离开家，经常担心发生不幸或者严重疾病，这导致她无法集中注意力、失眠和食欲不振。李女士曾尝试过一些自我帮助方法，如冥想和深呼吸，但这些方法并没有帮助她减轻焦虑症状。她决定寻求专业的帮助，去见了心理医生。在一系列心理测试和面谈后，她被确诊为广泛性焦虑症。李女士接受了认知行为疗法和药物治疗。心理医生为她制定的治疗目标是看到自己的负面思维和行为模式，建立自我放松技巧，增强解决问题的能力，以及逐渐扩展活动范围和社交圈。治疗持续几个月后，李女士的焦虑症状得到了显著缓解，她学会充实自我并找到了生活的乐趣。

（虚构案例，教学使用）

二、强迫与强迫症

强迫是个体处于特定的思维和行为模式中，个人有努力抑制这些思维，但往往会引起更多的痛苦。例如，有些人可能会有反复检查门窗是否关好的强迫冲动，但这并不一定是强迫症。

强迫症是一种精神障碍，是以反复出现强迫观念、强迫意向或强迫行为等强迫症状为主要表现，以有意识的自我强迫和自我反强迫同时存在为特征的神经症，其二者之间的尖锐冲突使个体焦虑和痛苦。强迫症状是一种患者明知道不必要、无意义、不合理的，但反复出现的观念、表象或冲动，如反复洗涤、强迫检查、强迫询问、强迫计数等。

强迫症的临床表现主要是在思维、情绪意向和行为等方面表现出强迫症状。

（一）强迫观念

表现为反复而持久的观念、思想、印象或冲动念头，患者明知这些想法、表象或意向，如强迫疑虑、强迫对立观念和穷思竭虑的出现是不恰当、没有现实意义、不必要或多余的，却仍然表现为紧张不安和痛苦。患者意识到这些都是自己的思想，很想摆脱，但又无能为力，因为无法摆脱而出现紧张烦恼、心烦意乱、焦虑不安，甚至会出现一些躯体症状，因而非常苦恼。

（二）强迫情绪

出现某些难以控制的不必要的担心，如担心自己丧失自制会违反法律或社会规范，会做出不道德的行为甚至是伤天害理的事，或害怕自己会发疯、会精神失常等。

（三）强迫意向

感到内心有某种强烈的内在驱使力或立即行动的冲动感，但从不表现为行为，患者明知这种念头与当时情况相违背，却不能控制这种意向的出现，从而使患者深感紧张、担心和痛苦。

（四）强迫动作

又称强迫行为，患者屈从或对抗强迫观念，为求减轻内心焦虑而表现出来的重复的、目的性的、根据特定的原则或方式进行的刻板行为或仪式动作，如强迫洗手、强迫眨眼、强迫摇头、强迫咬指甲、强迫检查、强迫计数、强迫性仪式动作等。

强迫症状多种多样，既可为某一症状单独出现，也可为数种症状同时存在。在一段时间内症状内容可相对固定，随着时间的推移，症状内容可不断改变。患者常有不能自行克制地重复出现某种观念、意向和行为，而又无法自拔。由于强迫症状的出现，患者可伴有明显的不安和烦恼，但有强烈的求治欲望，自知力保持完整。患者体验到这些观念和意向的出现是源于自我的，但违背自己的意愿，深知这些观念、行为的持续存在没有任何现实意义，且是不必要、不合理的，虽极力抵抗，却无法控制或摆脱从而引起强烈的紧张不安和严重的内心冲突。患者企图通过强迫行为以减轻强迫观念引起的焦虑，减轻其内心的紧张不安，意识中的自我强迫和反强迫并存，二者强烈冲突使患者的焦虑和痛苦更为加剧，并导致患者的日常生活、职业功能或人际关系受损。

📖 案例分析

张先生，26岁，公司职员，发现自己有一些强迫思想和行为。例如，他总是认为自己可能会被感染某种疾病，因此每天会花费两个小时来清洁房间，尤其是厨房的锅具。此外，他还会频繁地洗手和消毒，每天都要用热水、肥皂、消毒液洗手至少10次,每个手指头都要清洗干净。这些强迫症状占据了他大量的时间和精力,每天不管多疲惫,下班再晚他都要立即清洁房间,严重影响了正常的生活和社交。他的朋友和家人也注意到了这些行为,他们认为这些行为有点奇怪。张先生也为此苦不堪言,明知道这么做很离谱,但不做他会感到焦虑,更难受。他曾试图控制这些强迫行为,却无法停止。后来,他寻求了医生的帮助,经过评估和诊断,被确诊为强迫症。

(虚构案例,教学使用)

三、恐惧与恐惧症

恐惧是一种对于客观确认的外部危险的理性反应,这种情绪能促使人逃跑或发起以自我防御为目的的攻击。

恐惧症或恐怖症是一种以过分和不合理地惧怕某些外界客体或处境为主的神经症,且恐惧的程度与实际危险不相称。患者对某些特殊情境、客观事物,或在与人交往时,产生异乎寻常的恐惧与紧张不安的内心体验,可表现为脸红、气促、出汗、心跳异常、血压变化,甚至恶心、无力、昏睡等症状,因而出现回避反应。患者明知恐惧对象对自己并没有真正的威胁,明知自己的这种恐惧反应没有必要且是极不合理、不必要的,但在相同场合下仍反复出现,难以控制,不能防止其再次发作,以致极力回避所恐惧的情境或客观事物,影响其正常活动。恐惧发作时往往伴有显著的焦虑和自主神经症状,如头痛、头晕、心慌、颤抖、出汗等。患者极力回避所害怕的客体或处境,或是带着畏惧去忍受,往往在接触恐惧客体或境遇之前,即为之担忧,而出现期待性焦虑。例如,害怕动物、广场、闭室、登高或社交活动等。具体有如下几个方面的表现。

(一)社交恐怖症

主要是害怕出现在众人面前,特别是对于被人注意更为敏感。他们不敢到公共场所,是一种缺乏自信的心态,害怕自己发抖、脸红、出汗或行为笨拙、手足无措,引起别人的注意。因此,总是不愿从安静的会场走出去,不敢在餐馆与别人对坐吃饭,从不与人面对面就座,尤其回避与别人谈话。赤颜恐怖是较常见的一种,患者只要在公共场合就感到害羞、局促不安、尴尬、笨拙、迟钝，怕成为人们耻笑的对象。有的患者害怕看别人的眼睛，怕跟别人的视线相遇，称为对视恐怖。

（二）单纯性恐怖

单纯性恐怖是常见的一种，儿童时期多发。如对蜘蛛、蛇或高处、黑暗、雷雨等发生恐怖。对雷雨恐怖者，不仅对雷雨觉得恐怖，而且对可能发生雷雨的阴天或湿度大的天气也可能产生强烈的不安。更有甚者为了解除焦虑主动离开这些地方，以回避雷雨发生。

（三）广场恐怖

患者不仅对公共场所恐怖，而且担心在人群聚集的地方难以很快离去，或无法求援而感到焦虑。这些公共场所包括火车站、超级市场以及理发室和影剧院等。因此患者喜欢待在家里，不轻易出门，以免引起心神不定、烦躁不安。

（四）旷野恐怖

患者在经过空旷的地方时产生恐怖，伴有强烈的焦虑和不安。因此害怕越过旷野，严重时害怕越过任何建筑，如害怕跨越街道、桥梁、庭院和走廊等。与此相反的是幽闭恐怖症，即害怕较小的封闭空间，如怕乘电梯、地铁、火车、客船等。患者多慢性起病，持续多年，多数会逐渐改善，一般起病急者易缓解。

📖 案例分析

小李是个内向的人，为了改变人们对她的这种印象，她参加了单位组织的一次演讲赛。但小李在这次演讲中闹了个大笑话，引得会场的同事哈哈大笑。虽然事后同事安慰小李，那个小插曲给大家带来了快乐，小李心里也知道同事并无恶意，但自那次演讲后，小李就再也不敢在公共场合发言了。甚至开会的时候只要一发言，她就觉得所有的眼光都在看着她，似乎同事都会对她评头论足，或者谈论她在上次演讲比赛出丑的笑话。后来，情况越来越糟，小李不愿意去上班，经常迟到，甚至连同事的聚餐都不愿参加。看到同事跟她打招呼，就会感到羞愧，觉得那些同事一定在背后曾谈论她的那次糟糕的演讲。小李越来越内向，越来越害怕别人的眼光，她发现自己连与人正常交流都很有困难，跟陌生人在一起更是连头也不敢抬。工作中，很多次重要的客户工作和沟通都严重受到了小李个人状态的影响，与人交往上的困难使她不得不被人力资源管理部门调岗。

（虚构案例，教学使用）

四、抑郁情绪与抑郁症

抑郁也称情感低落，表现为心情异常低落，心境抑郁，自我感觉不良，兴趣减退。由于抑郁发作频繁，且几乎人人都在一生的某些时间中或多或少地体验着，因此，抑郁情绪也被形容为"心理感冒"。

抑郁症属于心境障碍，又称抑郁障碍或抑郁发作，是以情绪低落为主要特征的一类心理疾病，其症状比抑郁稍严重些。抑郁症的具体表现如下。

首先，核心症状是情绪低落、兴趣缺失、精力减退，常自罪自责，甚至自伤和自杀。每个人都在过去或某个时候经历过丧失亲人、朋友的悲哀，或者经历过没有达到想要达到的目标的沮丧。这些悲哀的情绪都是轻度抑郁症核心症状的体现。

其次，心理症状群常表现为轻度或持续性的焦虑、认知偏差，导致自罪自责、注意力和记忆力下降等症状。由于一些个人的期望和要求不能满足，或承认真实的或符号化的损失使一些敌意情绪重新活跃起来，从指向他人转而指向自身，这些都会造成抑郁的特性表现，从而使其往往低估正反馈而高估负反馈，出现抑郁的症状。

最后，躯体症状群常表现为晨重暮轻。出现头昏脑胀、周身不适、肢体沉重、心慌气短、不易入睡、早醒现象，有时也会出现食欲紊乱和胃肠功能紊乱等症状。

人的大脑中有一种叫作5-羟色胺（5-HT）递质的物质，如果这种神经递质紊乱或缺乏了，就可能导致抑郁症。抑郁症是人对生活中的一切丧失了兴趣和基本欲望，是一种精神障碍。然而，抑郁情绪就是心情不好，大脑中的神经递质没有病变。因此，抑郁是不高兴，而抑郁症是想高兴但高兴不起来。打个比方，抑郁是能跑但不想跑，抑郁症是想跑起来，但无奈骨折了，没办法跑了。抑郁是由一些生活事件所引起的情绪低落，是一种心理亚健康状态，通过自我调节放松或者心理咨询，心情会逐渐转好。抑郁症是一种由生理不适引起的心情不好，它可能和生活事件有些关系，但也可能没关系，它是需要治疗的。

📖 延伸阅读

抑郁症患者的"三无、三低、三自、一失"

1. "三无"

（1）无助：抑郁症患者感觉自己就像掉在大海中间或者一个巨大的黑洞底部，不仅出不去，别人也救不了自己，感到自己简直就是全世界最倒霉的人。

（2）无望：抑郁症患者觉得一切都没有希望，经常觉得前途灰暗，看不到光明。

（3）无用：抑郁症患者的表现为没有自尊和自信，觉得自己的存在没有价值，觉得自己简直是个废人。

2. "三低"

（1）情绪低落：抑郁症患者对以前感兴趣的事情，现在一点兴趣都没了。例如，抑郁症患者原来很喜欢美食，现在却没有食欲。

（2）思维减低：抑郁症患者表现为记忆力减退，甚至智力都会下降，没有思考能力，"连想都不会想"，脑子里空空洞洞的。

（3）行动减少：抑郁症患者表现为"懒"，这种懒超出寻常，是什么也不想干，连起床、洗脸等小事儿都不想做。

3. "三自"

（1）自罪：抑郁症患者在回顾过去时感到自己一无是处，罪孽深重，觉得自己是个罪人。

（2）自责：抑郁症患者从心里很感激家人和朋友的好意，但是看到自己没有一点好转，便很容易觉得惭愧和内疚，觉得自己对不起他们，感到自责。

（3）自杀：抑郁症患者常常产生消极自杀的念头或自残、自杀行为，觉得活着没有意义，再加上身体的痛感，强化了这种自杀的念头。

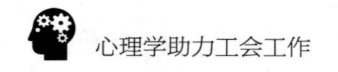

4."一失"

"一失"是指失眠或者嗜睡,有的人可能会有失眠症状,整宿睡不着觉;也有的人可能会早醒,如原先能一觉睡到天亮,现在早早就醒了;也有可能嗜睡,整天都无力,想睡,头昏脑胀。

五、疑病障碍(疑病症)

疑病障碍又称疑病症,是指患者以担心或相信自己患有某种严重身体疾病的持久性优势观念为主,因此反复就医,各种医学检查为阴性和医生的解释均不能打消其疑虑。主要临床表现是担心或相信自己身患重病,其对身体症状的关注程度与实际健康状况很不相称。有的患者确实存在某些身体疾病,但不能确切解释患者所述症状的性质、程度或患者的痛苦与优势观念。对身体畸形(虽然根据不足甚至毫无根据)的疑虑或先占观念(又称体变形障碍)也属于本症。

不同疑病障碍患者的症状表现不尽一致,有的主要表现为疑病性不适感,常伴有明显焦虑、抑郁情绪;有的疑病观念突出,而身体不适或心境变化不显著。有的怀疑的疾病较模糊或较广泛,有的则较单一或具体。患者的疑病观念很牢固,虽然缺乏充分根据,但不是妄想,也从未达到荒谬的程度。患者大多知道患病的证据不充分,但同时又坚信自己患有该种疾病,因而希望通过反复的检查以明确诊断并进一步治疗。患者常为自己所罹患的某种疾病感到苦恼,而非对疾病的后果或继发性社会效应感到苦恼。

案例分析

刘先生,48岁,工程师。一年前,单位老领导因脑中风住院,瘫痪于床,半个月后去世。刘先生听闻此事后,精神压力很大,常为此惶惶不安。某日,他突然觉得气从胸部直冲头顶,顿时头痛头晕,左侧肢体发麻,同时感到胸闷。当时他认为自己可能"中风了"或"心脏病"发作了,非常紧张,立即去医院就诊。医院所有检查结果都未发现异常,可刘先生半信半疑,第二天又去另一家医院检查，仍然未见有病。之后他反复去了多家医院，结果都没发现任何器质性疾病，但他依然怀疑。由于一直检查不出病因，刘先生坚信问题复杂了、严重了，并更加紧张，整天烦恼苦闷，求医心切，希望能早日明确诊断，及早治疗。

（虚构案例，教学使用）

第六节　关注抑郁症

在知乎，曾有一位抑郁症患者的母亲提问："我的女儿自杀了，我该怎么办？"有这样一句高赞回答："您的女儿是病逝的，请不要用自杀这个字眼折磨自己了。"据世界卫生组织2022年的统计，抑郁症已成为全球常见疾病，全球有超过3.5亿人罹患抑郁症。尽管世界上如此之多的人受到抑郁症的困扰，但面对抑郁症，很多人依旧持以误解和偏见，甚至羞于言说。据《2022年国民抑郁症蓝皮书》调研发现，目前我国确诊抑郁症人数为9500万，这意味着平均每13人中就有一个是抑郁症患者。每年有20万~30万人的生命被"自杀"夺走，而没有得到妥善治疗的抑郁症是导致自杀的一大罪魁祸首。抑郁症，如今离我们每个人都越来越近。世界卫生组织指出，抑郁症是最能摧残和消磨人类意志的疾病，它对人类生命和财富造成的损失是灾难性的。

抑郁症如此凶猛，可是迄今为止，在世界范围内，人类对抑郁症的认知还是比较初级的，抑郁症的发病机理、治疗途径、预防预后，对于大多数公众来说，仍是一个黑箱。

一、抑郁症的诊断

与其他精神和心理疾病一样，抑郁症的诊断目前尚无客观的特异性实验室证据，而是根据患者的病史和临床表现判断。抑郁症状的主要特征是情绪（心境）低落，它往往还出现许多伴随症状，常见的有以下9项表现：一是对日常活动丧失兴趣，无愉快感；二是精力明显减退，出现无原因的持续疲乏感；三是精神活动性迟滞或激越；四是自我评价过低，或自责，或有内疚感，可达妄想程度；五是联想困难或自觉思考能力显著下降；六是反复出现想死的念头，或有自杀行为；七是早醒，或睡眠过多；八是食欲不振，或体重明显减轻；九是性欲明显减退。

如果一个人出现情绪低落的同时伴有上述症状中的4项时，就可以确定其存在抑郁症状了。有抑郁症状并不能被诊断为抑郁症，因为正常人遇到不愉快的事时也会感到忧郁、悲伤。据统计，15%~30%成年人在一生中某一时期曾出现过抑郁症状或有过抑郁体验，但不一定都是病态的。一般来说，只有抑郁症状达到一定的严重程度和时程，影响其社会功能或给本人造成痛苦，才算病态。

这就是诊断抑郁症必须具备的病程标准和严重程度标准，即抑郁症状持续至少两周，以及由此造成患者社会功能受损，或者给患者造成痛苦或不良后果。此外，诊断抑郁症时还要排除许多其他疾病。这是由于至今为止还没有一项可靠的实验室指标可用于抑郁症的临床诊断，而抑郁症状却可见于许多疾病，如脑器质性精神障碍、身体疾病所致精神障碍、精神活性物质与非依赖性物质所致精神障碍及精神分裂症等，因此，在最后作出抑郁症的诊断之前，必须排除上述疾病。这就需要通过了解患者的病史和生活史，进行全面的体格检查、有关的心理测验、必要的实验室检查（如血生化检查、心电图、B超、神经电生理、神经影像学等）才能排除相关疾病。

总之，临床上并不是简单地根据抑郁情绪、抑郁心境，或者是心里不高兴来诊断抑郁症的，而是要全面、系统、综合地分析患者的情况后方可诊断。

二、有关抑郁症的误解

（一）性格软弱的人才会得抑郁症

"每个人都有压力，同样会面对这些事情，怎么别人就没事，你就这么没用？受挫能力太差了吧！"

抑郁症的病因比较复杂，与基因、成长经历、性格等有一定关系，但不能说患抑郁症就是因为性格不好，有些性格很好的人一样患抑郁症，二者之间不存在必然联系。一般来说，具有敏感、细腻、要强、爱面子、追求完美、苛求自己、容易内疚、老好人、不自信、害怕冲突、不敢发脾气、悲观、脆弱、爱计较、爱琢磨、过分在意他人评价的性格特质的人，比乐观、自信、积极、开放、大大咧咧的人患抑郁症的概率大。许多人认为患有抑郁症是不够坚强、不够积极的表现，事实上，抑郁症的发病原因十分复杂，学者们认为病因既与神经生物递质的改变相关，也与个人早年经历和成年遇到的生活事件相关。

（二）乐观外向的人，就不会患抑郁症

"爱笑的人运气不会太差。"

大众普遍认为乐观外向、积极向上的人不会患抑郁症，当喜剧演员确诊抑郁症后，人们往往会感到十分惊讶。电影《守望者》里，面具守望者罗夏就讲了这样一个故事：一个男人去看心理医生，说他很沮丧，感觉人生很无情，很残酷，很孤独。医生说："伟大的小丑帕格里亚齐来了，去看看他的表演吧，他能让你振作起来的。"谁知男人突然大哭起来："但是医生，我就是帕格里亚齐啊。"在现实生活中，也有搞笑博主、喜剧演员表面上嘻嘻哈哈，实际上或多或少地存在心理问题的例子。有人会有疑问，"他们这么快乐，怎么还要看心理医生？""他们每天都在讲笑话，怎么可能有心理问题？"

其实，由于工作、面子、礼节、责任的需要，很多人会用微笑来隐藏自己内心深处的真实感受。

（三）心情低落就是抑郁了

"我这两天心情特别低落，估计是得抑郁症了。"

常常听到周边的朋友用开玩笑的语气说起这话。现在"抑郁症"似乎被过度使用了。真正的抑郁症，"心情低落"要持续至少两周，并且严重影响社会功能（如学业、工作、社交等），而且对事物缺乏兴趣，做什么事情都觉得没意思，感觉很累。

此外，还会在饮食、睡眠、体重等方面也有影响（如体重严重下降、失眠易醒等）。在日常生活中，人的情绪或多或少都会因为工作、学业压力，家庭突发变故等而受到影响，这往往是抑郁状态、抑郁情绪，而非抑郁症。因此，心情低落并不一定就是抑郁症。

（四）抑郁症靠心理咨询、治疗就够了

"吃药会带来副作用，所以我只需要心理咨询就足够了。"

有些人认为抑郁症通过心理咨询、治疗就能治愈，有些人担忧药物的不良反应从而不愿服药。如果只是轻中度抑郁症，心理咨询、治疗会很有帮助；如果是重度抑郁症，甚至已经有自残、自杀意念或行为，转诊精神科进行药物治疗等是必要的。学界一致认同，药物治疗和心理治疗同时进行，效果最佳。如果特别担心药物的不良反应，可以与主治医生充分沟通，不适时及时向医生反馈，医生与患者也是同一战线的。

（五）抑郁了和亲朋好友聊一聊就能好

"每个人都有不开心的时候，别想太多了，要放松，好好调节一下，你看你就是想太多了。"

有些人认为，抑郁症只是心理问题，是平时压力太大，没向他人宣泄，没好好自我放松和调节的缘故。甚至有人会说，患抑郁症就是因为想太多，只要多和朋友聊聊天，情绪得到了疏解，自然就会好了。

其实抑郁情绪和抑郁症是很不一样的，特别是重度抑郁症，往往需要同时进行心理治疗和药物治疗。除了有些人对抑郁症的认知不全，还有人明明被确诊了抑郁症，却总觉得自己能够调整好。也有很多人存在"病耻感"，觉得如果去做心理咨询或者去医院开药，自己可能就是"神经病"了，别人也一定会带着异样的眼光看待自己。我们应该谨记，亲朋好友的社会支持固然重要，但是专业的治疗对抑郁症才是最有效的。

（六）抑郁症不过是弱者的自怨自艾

现代文化推崇的是意志力和自我强大，所以往往会轻易地就给退缩的人贴上"弱者"的标签。然而，患有抑郁症的人并不懒惰或仅仅是自责，他们也不能让抑郁症远离。抑郁症是一种精神疾病，它伴随着脑部的改变，和其他疾病一样，在恰当的治疗之后，是能够缓解其症状的。

（七）抑郁症基本治不好

现实是，那些主动采取行动缓解抑郁的人，多数成功恢复了健康。在一项大型研究中，70%的患者在治疗后症状全部消失了，不过，不是所有人都可以借助现代医学之力的。研究还显示，疗效最好的治疗方法是药物治疗结合心理治疗

（八）得了抑郁症就需要吃一辈子药

要知道，药物并不是缓解抑郁症的唯一途径，寻求帮助也并不意味着必须服用精神类药物。研究显示，心理治疗对于轻中度抑郁症的治疗效果和药物治疗效果相当。即使必须服用抗抑郁药，也不必服用一辈子，医生会根据患者的病情决定何时减药、停药。

（九）生活再也不会变好了

在严重的抑郁状态下，人们会觉得生活再也不会变好了。这种绝望是疾病的一个症状，而非事实。经过治疗，积极的想法会逐渐替代消极的想法，睡眠问题和食欲问题也会随着情绪的好转而被改善。经过心理治疗的患者，将获得更多的应对方式，在未来情绪低落的时候，更好地处理生活压力。

（十）抑郁症只是悲伤、矫情

"抑郁症就是伤春悲秋，矫情。"

抑郁症是一种严重的疾病状态。然而，它常常被拿来与正常的"悲伤""矫情"混为一谈。和一般的情绪波动不同，抑郁症患者的大脑影像扫描会显示出异常的状态；此外，大脑中用来在神经细胞间传递信息的化学物质也出现失衡，总的来说，抑制性的物质要多于兴奋性的物质。

（十一）抑郁症专找成功人士

"这年头，不得个抑郁症，都不好意思跟人打招呼。"

很多人认为，抑郁症专找成功人士，全球范围内很多知名人士如政府官员、商业精英、明星等都曾自曝过罹患抑郁症的经历。其实，抑郁症并不是"势利眼"，普通人得抑郁症或者因为抑郁症自杀的也有很多，只不过成功人士患病更容易被关注罢了。

抑郁症是一种疾病，和感冒、胃病一样，患者可以通过专业医生的治疗摆脱抑郁症，治疗过程是安全有效的，副作用也在可控的范围内。药物治疗不会让人形成药物依赖，更不会使人失忆或失智，因此不要抗拒医生的帮助。对于抑郁症患者来说，最难过的关就是消除对这个病的误解，敢于走进医院，

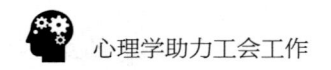

接受治疗，缩短从患病到走进医院这条"心"路，这可能比治疗本身更有意义。

三、抑郁症职工的疏导

在与一名工作状态不佳的职工交谈时，你听到了如下的对话，身为工会干部，你该怎么理解和做出回应？

（一）"我最近感觉有点抑郁。"

错误回应：你有什么好抑郁的？你工资高，工作轻松，婚姻幸福……
正确回应：怎么了？你告诉我，我可以尽力帮你。

大部分人对于抑郁的认识存在偏见，认为抑郁形成的主要原因是受到不好的刺激或者生活压力大，并在此偏见基础上提出错误的假设：只要生活幸福就不会得抑郁症，或者提高生活幸福程度就可以治疗抑郁症。现实并非如此。抑郁症的形成原因有很多，其中生物学因素常常是被忽略的一个重要原因，如产后抑郁、经期抑郁的产生大概率与身体生理上的改变有关。作为工会干部，能够做到的是适度理解，不进行评价。当职工、同事痛苦时，并不是想要一个解决方案，而是理解和支持。当然，最好的方法是寻求医生的帮助。

（二）"这几天我睡得不太好。"

错误回应：你总是躺在床上玩手机，肯定睡不好啊，少玩点手机就好了。
正确回应：具体是怎么睡得不太好？很难入睡，还是很容易醒？

抑郁症往往会导致睡眠问题，睡眠问题不只是睡不着，也可能是睡得过多、入睡困难、睡眠不稳或者早醒等。试想一下，当睡不好的时候，人们一定会做一些轻松的事情来缓解睡不好带来的压力，对人们来说，最为轻松和方便的事情可能就是刷手机。因此，有时候并不是刷手机导致睡眠问题，而是睡眠问题引起了痛苦，刷手机是为了缓解痛苦。当然，刷手机不是解决睡眠问题的科学方法，药物治疗、心理治疗和物理治疗才是科学有效的方法。具体哪种治疗方法适合，建议咨询医生。

（三）"我每天都感觉好累啊……"

错误回应：你做公务员的，整天就坐办公室，有什么可累的？

正确回应：来喝杯水，跟我聊聊你今天发生的事情。

抑郁症患者经常会出现乏力的情况，即使没有做任何体力劳动，也会频繁表示自己很累。其实这里的"累"和我们平时说的"累"不是一个概念，平时的累，往往通过做一些放松活动就可以缓解，如洗个热水澡、逛街、看个电影等。这里的"累"是指活力不足。

活力不足的典型特点，就是疲劳感，这种疲劳感即使通过充分休息也无法恢复，而且会导致患者像泄了气的皮球、像没有汽油的汽车，停滞不前，什么都不想做。简而言之就是身心俱疲的感觉。

（四）"我每天都起不来床，一整天什么都不想干，只想躺平。"

错误回应：我有时候也犯懒，整天躺在那儿没用的，多出去走走就好了。

正确回应：为什么会有这种感觉？有什么担忧的事情吗？

抑郁症会使患者出现"兴趣减退"的症状，患者会对很多事情提不起兴趣，甚至包括以前喜欢的事情。例如，以前喜欢打游戏，现在变得不想打了；以前喜欢看书，现在甚至不想拿起书等。在情况严重时，患者甚至会对基本的生理需求缺乏兴趣，如对吃喝拉撒都没有兴趣，丧失性兴趣等。这种表现与懒惰不同，懒惰是单纯不想做自己不感兴趣的事，但对自己喜欢的事情仍想去做。

（五）"我有时候会无缘无故地哭，非常难过。"

错误回应：你只是心情不好，分散一下注意力，想开点就好了。

正确回应：听起来你状态不太好啊，你觉得我做些什么会对你有所帮助？

很多人都会有类似的错误认识——"我们的情绪和想法是能够自主控制的"，这些人很难理解为什么有人会情绪崩溃。他们认为一定是想得太多或者太消极才导致情绪不好的，所以经常会劝对方不要想太多或者通过分散注意力达到"不要想太多"的目的。但如果分散注意力真的有用，患者本人早就不难过了。切记不要说"分散注意力""想开点"这样的话，不仅没有用，还可能让患者陷入更深的无助。

（六）"我不想说话……（沉默）"

错误回应：你有什么心事，快点说出来发泄一下就没事了。

正确回应：怎么了？现在不想说也没关系，想说的时候再告诉我，反正我都在。

沉默并不是抑郁症的症状表现，但沉默经常在患者心情不好、感到无助的时候出现。很多人都会误以为心情不好是因为内心压力无处释放，平时没有宣泄的途径、憋屈导致的。因此，很多人经常劝患者要多说话多交流，把自己的苦闷发泄出来。其实，导致沉默的原因有很多，没有必要去探寻具体原因，作为工会干部的我们应该耐心等待、倾听、不评价。

（七）"我感觉压力好大，我太难了。"

错误回应：你难，你有我难吗？大家都一样，谁压力不大呢？

正确回应：你不是一个人，有什么困难你提出来，我们一起想想办法。

因为长期的活力不足，抑郁症患者可能连简单的日常活动都力不从心（如没有力气去散步）。一次、两次、三次……多次无法胜任简单的活动，患者的自信心会慢慢被消磨殆尽。在煎熬的过程中，患者会向身边的人发出求救信号，但是往往因为身边的人不理解抑郁，他们对患者给予的错误回应无异于雪上加霜。患者逐渐会感觉没有人能够帮助自己，绝望感逐渐加深。绝望到极致，就可能产生自杀的意图。

（八）"我连球都不想打了，觉得活着没意思。"

错误回应：看你那点出息，你父母听到这话会伤心的，你对得起家人吗？

正确回应：单位对每个职工都很珍视，对我们这个团队来说，一个都不能少。

出现自杀意图往往是一个非常危险的信号，自杀风险程度需要专业的评估，当发现患者出现自杀意图时，应立刻寻求医生的帮助。工会干部可以在有限的范围给予积极的支持，如帮助和鼓励职工去看医生。

大部分人在面对自杀问题时会谈虎色变："你怎么能这么想""千万不要这么想""想想其他开心的事情就好了"。这样的做法往往会忽视患者寻求帮助的意图，反而让患者更加绝望，认为没有人能够帮助自己。因此工会干部遇到此类情况，首先要劝说患者寻求医生的帮助；其次要积极回应，在医生的指导下与患者讨论自杀的问题；最后要情感支持，表达作为领导和同事的担忧。

（九）"心理测验报告上显示我是重度抑郁啊。我是不是完蛋了？"

错误回应：我感觉你没那么严重啊，可能是测验不准，别在意了。

正确回应：我们还是去咨询医生这个结果是什么意思吧，咱们也不太懂。也许看上去很可怕，其实事实并非如此。

在精神科或者心理科门诊，患者都会接受常规的心理测验。针对性评估抑郁症状的测验，常用的有SDS（抑郁自评量表）和HAMD（汉密尔顿抑郁量表）。这些测验只能反映患者最近一周的情绪状态，不能只根据这一条就判断患者为轻度或者重度抑郁症。具体的严重程度需要参考诊断标准，由医生根据实际情况作出判断，我们不能自行轻易去判断症状是否严重，或者是否需要接受治疗等。

（十）"我有点不想吃抗抑郁药物。"

错误回应：是药三分毒，能不吃就别吃了吧！我听说办公室的王娟也得过抑郁症，后来没吃药接受了×××偏方就好了。改天你也试试吧。

正确回应：你吃了药之后，感觉怎么样？吃药这事我们都不懂，我们还是咨询一下医生吧，听从他们的建议更靠谱。

抑郁症虽然并非绝症，但是它具有高复发性，超过2/3的患者有复发史，甚至17.1%的患者终身患病。大量的科学研究表明，引起复发的最主要原因就是不遵医嘱服药，包括多服药、少服药等。造成不遵医嘱服药的原因有很多，最常见的原因就是大家对药物治疗的误解，如"是药三分毒"，过分夸大药物副作用；还有"一旦吃了抗抑郁药，就会戒不掉"，过分夸大药物依赖。

现实情况是，抗抑郁药的副作用一般不大，并且可控，绝大部分患者也不会形成药物依赖，安全性高。具体的副作用是什么，取决于服用的具体药物，这里就不一一列举了，建议咨询医生。关于偏方，强烈建议患者不要轻易把自己当小白鼠。因此，与药物治疗有关的疑问，建议患者寻求医生的帮助。

抑郁症的反义词不是"开心"，而是"充满活力"，不要再把抑郁症单纯地理解为不开心了。抑郁症的形成原因有生物学因素，也有心理因素。它是一种疾病，我们需要科学面对，寻求专业医务工作者的治疗才是正确的选择。

延伸阅读

为什么抑郁者不能"乐观一点"？

抑郁，不只是心理学界的重点话题，也是大众最耳熟能详的话题之一。我们偶尔会听到认识的人抱怨自己"抑郁了"，尽管他们不一定真的符合抑郁症的诊断，但他们想表达的感受却是真实的：低落、悲观，感到无助或无望。

有时候，这个"抑郁了"的人不是别人，而是我们自己，我们便会经常听到别人劝解自己："想开一点嘛""你要乐观一些"，对此，抑郁者会感到愤怒，觉得这些劝解者是饱汉不知饿汉饥，"你以为我不想吗？"

是啊，为什么抑郁者不能"想开一点"呢？这是因为那个负责"想开"的器官已经生病了——大脑"支棱不起来"了，而非意志力不足。在精神障碍诊断与统计手册（DSM-5）中，这种特征被表述为"丧失兴趣或愉悦感""感到自己毫无价值，或过分的、不适当的内疚感"。

就像一个感冒的人，鼻子堵塞、味觉失灵，并不是他不想吃点可口的美味，而是他失去了感受美味的能力——所有的食物都变得寡淡无味，即便是那些自己曾经最喜欢吃的东西。有抑郁者描述这种感觉为"就像被浓重的、灰蒙蒙的雾包裹着"。

抑郁者是如何"想不开"的？

我们来假设一个场景，如你理完发第二天出门，朋友或同事遇到你，跟你笑嘻嘻地打招呼："哟！换造型了？"对于这种发问，你会作何感想？是觉得自己的新发型很好看，要表扬一下托尼老师，还是觉得"新头丑三天"，被人看到了很尴尬？

这是一个模糊的情景，仅凭这些信息你无法准确地得知朋友或同事对你的看法，但抑郁者在解释这种模糊情景的时候，会倾向于作出负面的、消极的推断："我真是丑爆了""我简直糟透了""他一定是不喜欢我"……

这些片面、僵化、悲观的思维和归因方式被称作认知扭曲，它是抑郁者，特别是合并有创伤议题的人常会有的认知特征,在DSM-5中被表述为"认知与心境持续的负性改变"。

如果你觉察到自己有这样的思维方式,那将是值得警惕的现象,意味着你可能处于疲惫、压力的状态中。抑郁者常见的认知扭曲如下:

(1)妄下定论:如别人没及时回我电话,那一定是他瞧不起我。

(2)灾难化思维:总是高估坏事发生的可能性,或者夸大负面事件的影响。

(3)不合理的期望:如我绝不应该犯错,否则我就不是个合格的人。

(4)承担不属于自己的责任:如父母离婚了,一定是因为我做得不好、不够听话。

(5)给自己贴标签:如我这次考试成绩不理想,那说明我就是个没能力的人。

(6)非黑即白:以"全好"或"全坏"的视角看待人和事。

认知扭曲不只是单纯地对事情的反应,它还与抑郁者的自我相连——他们会有一个关于自我的负面立场,认为自己很差劲、没有价值,因而更容易注意到事情的消极部分。

当所做的事情没有达到自己的预期(这些预期往往标准很高)时,他们不是觉得自己做了一件失败的事,而是认为自己就是一个失败的人。

乐观,真的有用吗?

在心理学中,乐观与悲观并无好坏对错,"悲观"是一个中性词汇,注意到事情潜在的负面后果并不总是意味着功能失调或者适应不良。

例如,有一种人叫作"防御性悲观者",他们总是想到所有最坏的后果,然后提前准备好应对方案,把所有能想到的口子都堵上,这在管理风险、应对突发状况的时候是有益的。

美国职业棒球大联盟曾有一位主教练就是防御性悲观者,他总觉得自己要输掉比赛了,比赛前总是焦躁不安地思考各种战术变化,而这种"悲观"的能力是与现实相适应的,甚至可以说是他的优势,实际上他是一位非常成功的主教练。

放在抑郁的话题上也是如此,对事情作出负面的解释并不等于"有问题",有问题的地方是"只有这一种解释"——抑郁者的功能失调不在于悲观,而在于缺乏灵活性,并且在面对与自己信念不一致的证据(如别人指出他在某方面其实非常优秀）时，他们也拒绝改变对自己的偏见。

说到这里你也许就能明白，为什么劝人乐观是没用的，"多往好处想"并不能解决抑郁的问题，能解决问题的是"多往其他方面想"，打破认知扭曲的关键在于注意到事情有很多种可能性，也许真相并不是自己以为的那样。

这其实也是认知行为疗法（CBT）的核心思路，认知行为疗法不仅挑战、驳斥那些扭曲的观念，还会促进认知上的灵活性，使人在适应生活环境和人际关系的时候更加灵活变通，因而带来长久的改善。

当我们感到自己有情绪方面的困扰，或者需要调整自己的心态时，也可以秉持同样的思路：同时注意到正面和负面的信息，并有意识地去检验它们。特别是要注意到与自己负面观念不一致的信息，如你一直觉得自己相貌平平，但有不少人都告诉过你，你长得很好看，此刻你会思考也许他们说的是真的，而不只是奉承你。

正面与负面的信息常常是不矛盾的，例如，你某次考试成绩并不理想，其实你在学习的时候发现了自己具有优势的部分，这些部分没能在此次考试中反映在分数上，这并不意味着你丧失了这些优势，同理，做了一件失败的事也并不等于你是个失败的人。

当这些正面与负面的特质灵活地融合在一起时，才是一个更准确、真实的你。最后再回顾一下结论：打破抑郁状态的关键不在于乐观，而在于注意到事情有很多种可能性。

对于专业的心理咨询师而言，他们会做同样的事情：找出那些不为来访者所知的潜在信念，与来访者一起挑战旧的思维习惯，并通过持续的练习而发展出新的能力。只是他们的工作更加精准，也更加高效。

（文章来源：慧心荣德心理）

第二章

职工维权中的心理策略

中国工会以忠诚党的事业、竭诚服务职工为己任，坚持"组织起来、切实维权"的工作方针，坚持以职工为本、主动依法的科学维权观，促进完善社会主义劳动法律体系，维护职工的经济、政治、文化和社会权利，参与协调劳动关系和社会利益关系，推动构建和谐劳动关系，促进经济高质量发展和社会的长期稳定，维护工人阶级和工会组织的团结统一，为构建社会主义和谐社会作贡献。在具体实践中，如何借助心理学的方法促进工会工作有效开展，打开本章也许会收获新的思维。

第一节　工会组建中的"双沟通"机制

一、什么是工会组建中的"双沟通"机制

为坚持"组织起来、切实维权"的工作方针，北京市总工会从规范化基层组织建设入手，摸索出职工沟通会、企业沟通会"双沟通"模式，简称"双沟通"机制。工会干部从过去坐在办公室等着职工来加入工会，到现今工会干部走出去，在职工经常出入的场所建立临时工作点，发展会员，推动工会组建。

（一）职工沟通会

职工沟通会是指各级工会干部深入社区、楼宇、园区、市场、工地等职工密集区域摆摊设点，利用职工休息时间，集中宣传工会的职能作用和会员服务内容；倾听职工心声，了解掌握职工动态，让职工了解工会，吸引职工自愿加入工会。

（二）企业沟通会

企业沟通会是指工会干部主动上门，进入企业，向企业负责人宣传工会在促进企业发展、维护职工合法权益方面的作用；充分了解企业需求，为企业量身定制"服务包"；搭建企业间交流的平台，争取企业支持建会。

发挥工人阶级主力军作用，维护广大职工合法权益，推动工会组建，重点在于走出去，有效发挥"双沟通"机制的作用。那么，从心理学层面，工会干部该如何做好有效沟通，促进工会组建呢？

二、有效沟通策略

心理学的有效沟通既是"双沟通"机制的落地方法，也是促进工会组织建设的有效技能。有效沟通是指把某一信息成功地传递给沟通对象，沟通对象能够做出预期中回应的整个过程。有效沟通的关键在于共情、愿意分享权力，并使用

恰当的沟通礼仪，如有意识地努力传递清晰、直接的信息，认真倾听，即使出现争执仍保持礼貌和克制等。德国当代最重要的哲学家之一尤尔根·哈贝马斯（Jürgen Habermas）曾提出过沟通有效性理论，认为要形成共识，必须有理想沟通情境和沟通有效性两个前提。其中沟通有效性包括可领会性、真实性、真诚性、行为规范正确性。

（一）沟通的基本类型

松下幸之助有句名言：伟大的事业，需要一颗真诚的心与人沟通。

依据不同的划分标准，沟通可以分为言语沟通和非言语沟通。言语沟通是建立在语言文字的基础上的，又可细分为口头沟通和书面沟通两种形式，人们之间最常见的沟通是口头沟通，包括正式的一对一对话和会议交流。非正式的沟通包括传闻和小道消息传播。非言语沟通指通过某些媒介而不是通过讲话或文字来传递信息，令行禁止的红绿灯、慷慨激昂的语调都属于此类。在会议中，一个人的衣着打扮、谈话时的一举一动，无不向别人传递了某种信息。非言语沟通的内涵十分丰富，包括身体语言沟通、副语言沟通、物体的操纵以及空间距离等。

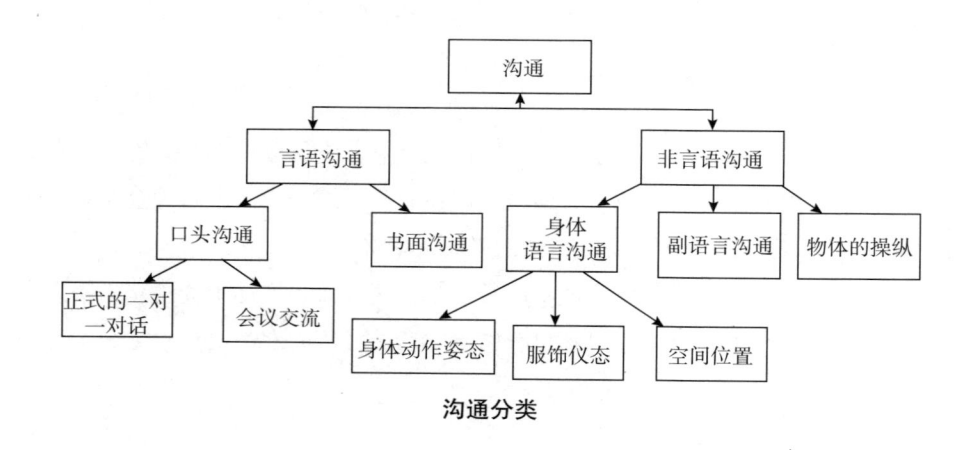

沟通分类

1.言语沟通

（1）口头沟通。绝大部分的信息是通过口头传递的，口头沟通灵活多样，可以是正式的磋商，也可以是非正式的聊天。口头沟通是所有沟通中最直接的方式，它的优点是快速传递和即时反馈，信息可以在最短时间内被传递，并在最短时间内得到对方回复。但是口头沟通也有缺陷。信息从发送者口中发出,在一段段接力式的传送过程中,存在着巨大的失真可能性。每个人都以自己的偏好增删信息,以自己的方式诠释信息,当信息经长途传送到达终点时,其内容往往与最初的涵义存在重大偏差。如果组织中的重要决策通过口头方式,沿着权力等级链上下传递,则信息失真可能性相当大。

(2)书面沟通。书面沟通具有有形展示、长期保存、法律保护等优点。如果对信息的内容存疑,后期的查询是完全有可能的。此外,把东西写出来,可以促使人们更加认真地思考自己要表达的东西。因此,书面沟通显得更加周密、逻辑性强、条理清晰。它较好地减少了情绪、他人观点等对信息的影响。当然,书面沟通也有自身的不足,相对于口头沟通,书面沟通耗费时间较长,同等时间的交流,口头沟通比书面沟通所传达的信息要多得多,事实上,花费1小时写的东西只需15分钟左右就能说完。书面沟通的另一个主要缺点是不能及时反馈,其结果是无法确保所发出去的信息能被接收到,即使被接收到,也无法确保接收者对信息的解释正好是发送者的本意。

2.非言语沟通

一位作风专断的主管一面拍桌子,一面宣称从现在开始实施参与式管理,听众都会觉得言辞并非这位主管的本意。我们应如何接收这些言行不一的信息呢?在言语只是一种烟幕的时候,非言语的信息往往能够非常有力地传达"真正的本质"。扬扬眉毛、有力地耸耸肩头、突然离去,能够交流许多具有价值的信息。激动人心的会议备忘录(甚至一字不漏的正式文件)使人读起来十分枯燥,因为它们抽去了非言语的线索。据有关资料表明,在面对面的沟通过程中,那些来自语言文字的社交意义不会超过35%,换言之,有65%的内容是以非言语信息传达的。人们非常希望用非言语沟通的方式,诸如面部表情、语音语调等,来强化言语沟通的效果,但也并不是总能做到这一点。显然,非言语沟通既能强化语言沟通的效果,也能起相反的作用,关键在于沟通人员对它的掌握和运用。

非言语沟通的内涵十分丰富,熟为人知的领域是身体语言沟通、副语言沟通、物体的操纵等。

(1)身体语言沟通。身体语言沟通是通过动态无声性的目光、表情、手势语言等身体动作或者静态无声的身体姿势、空间距离及衣着打扮等来实现沟通。人们首先可以借由面部表情、手部动作等身体姿态来传达诸如攻击、恐惧、腼腆、傲慢、愉快、愤怒等情绪或意图。例如，在你一日最忙碌的时刻，有位职工来造访，讨论一个问题。你和他在把问题解决之后，这位职工却站着不走，并把话题转向社会时事，在你的内心，很希望立即终止这个话题而去继续工作，可是在表面上你却很礼貌、专注地听着，然后，你把椅子往前挪了一下，并坐直了身子且整理你桌上的公文。不管这个举动是潜意识的抑或故意的，它们都反映出你的感觉并暗示这位职工"是该离开的时候了"，除非这位职工没有这个意识或太专注于自己的话题，否则谈话很可能因彼此不默契而结束。

沟通中人与人之间的空间位置关系，也会直接影响人与人之间的沟通过程。沟通中空间位置的不同，会直接导致不同的沟通影响力，有些位置对沟通的影响力较大，同一种发言，站在台上讲与在台下自由发言所引起的作用是不同的，站在台上的发言台本身就具有某种权威性。

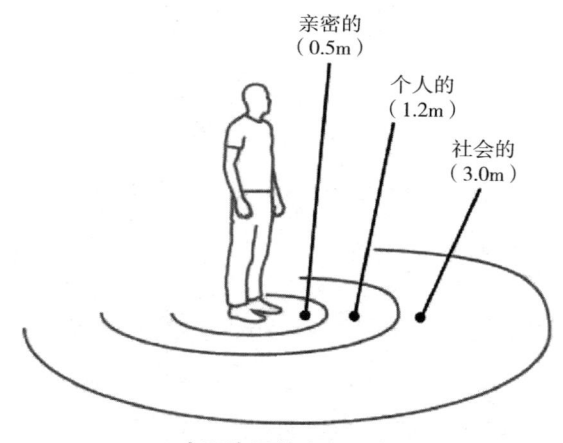

人际沟通的空间距离

亲密的（0.5m）
个人的（1.2m）
社会的（3.0m）

沟通者的服饰往往也扮演着信息发送源的角色。有位学者在经过广泛的调查研究后指出，在企业环境中，组织成员所穿的服装传送出关于他们的能力、严谨性和进取性的清晰的信号。换句话说，接收者无意识地给各种服装归结了某些定型的含义，然后按这些认识对待穿戴者。例如，该学者坚持认为，黑色雨衣会给有抱负的男管理者带来不利影响。他声称，黑色雨衣标志着"较低的中等阶层"，而米色雨衣在公司内外会得到"管理者"的待遇。出于同样理由，他强烈反对女管理者穿厚运动衫。当对该项研究的正确性难以评价时，有一点很清楚，人们首先从他人穿戴的服装上看到某种信息。

（2）副语言沟通。副语言沟通是通过非语词的声音信号，如声音、声调、哭、笑、停顿来实现的。心理学家称非语词的声音信号为副语言。心理学研究成果揭示，副语言在沟通过程中起着十分重要的作用。一句话的含义往往不仅决定于其字面的意义，而且决定于它的弦外之音。语音表达方式的变化，尤其是语调的变化，可以使字面相同的一句话具有完全不同的含义。例如，一句简单的口头语"真棒"，当音调较低、语气肯定时，"真棒"表示由衷的赞赏；而当音调升高，语气抑扬时，"真棒"则完全变成了刻薄的讽刺和幸灾乐祸。

（3）物体的操纵。物体的操纵也被称为道具操控，是指通过物体的运用和环境的布置等手段进行的非言语沟通。例如，某厂长与某车间主任谈话时，心不在焉地拾起一小块碎砖，并未说明是为什么。而厂长离开后，车间主任就要求全体员工加班半小时打扫车间卫生，实际上厂长并未提及关于打扫车间卫生的任何一个字。这就是通过物体的操纵而进行的沟通。

（二）有效沟通的关键点

1. 共情

在工会组建的"双沟通"过程中，共情是非常重要的。共情是指站在对方的角度了解对方的思维模式和感受。共情的本质不是要求工会干部去赞同对方，而是在情感和理智上充分而深入地理解对方，要求工会干部要用眼睛看，用心灵去体会。

在职工沟通会上，沟通的对象是广大职工及工会会员，此时，共情职工就是要了解职工，掌握他们的状况与需求，在此基础上介绍工会基本情况，加入工会成为工会会员的权利和义务，加入工会后可享受工会提供的各种服务，如北京市总工会开展的技能助推、法律服务、文体推介、医疗互助、健康促进、职业健康、意外保障、心理关爱、困难帮扶、母婴关怀等十大品牌服务项目。

在企业沟通会上，沟通的对象是企业负责人、企业部门负责人等相关人员。根据具体情况，工会干部可采用以下沟通方式：一是个别沟通，即对企业负责人采取"面对面""一对一"的沟通形式；二是群体沟通，即根据企业建会情况，将部分未建会的企业组织在一起，集体沟通，其间，一定要注意选择企业的情况，避免相互干扰。在群体沟通中，可邀请已经建会的企业分享建会的经验，分享建立工会给企业发展带来的益处，更容易引起未建会企业的共情，引发未建会企业的深度思考，促进建会。企业沟通会的内容非常丰富，可结合企业的实际情况介绍，例如，什么是工会；工会如何发挥民主管理的作用，如何促进企业文化建设，如何为企业困难职工提供帮扶、医疗救助等，解除职工的后顾之忧，为企业分忧解难；为企业职工提供暑期子女托管服务，让职工安心工作；工会如何主动作为，为小微企业提供"贴息"小额贷款等。总之，工会干部要事先了解企业的基本情况及未建会的原因，进而有针对性地开展建会工会。

2. 分享权力

在"双沟通"会上，工会干部切忌居高临下地说教，应平等地沟通，双方在互相尊重的前提下，全方位看待问题，借助情感发展关系。事实上，无论多么聪慧的思想者，只要不能在人的层面上与他人建立联系，沟通就会碰壁。

建立并维持信任关系，这是双方能够密切交往和彼此理解的基础。如果工会干部想把最初的融洽的关系转化为真正的信任，就需要付出真心。例如，在与非公企业主的沟通过程中，工会干部应先"了解对方"，先与对方沟通其感兴趣的内容，随后"拿出诚意"，放低姿态，以职工服务者的身份去进行沟通，让企业主认识到工会是保障职工合法权益、稳定企业职工队伍的组织，这样才能降低非公企业建会的难度，让更多职工加入工会大家庭。

3. 恰当的沟通

（1）选择恰当的沟通时间和地点。工会干部要了解职工及企业的时间安排，选择方便职工及企业的时间召开沟通会，如利用职工午休时间，利用企业任务不重的时间段，选择方便职工和企业的地点，而不是工会干部方便的时间和地点。例如，某地区总工会走进街乡举办职工沟通会，小微企业职工代表来到现场咨询。在活动现场，工会相关负责人为大家耐心解答加入工会的好处，工会干部为大家发放"入会宝典""建会秘籍"等工会宣传册，让职工了解自己能享受的各项服务。

再如，有的工会干部利用职工午休时间，向职工宣传工会知识、工会工作、工会维权和工会服务，增进职工对工会的了解，动员、吸引职工自愿加入工会。

某区总工会走进街乡举办职工沟通会

同时，工会干部要与企业相关负责人沟通座谈，在了解企业情况、职工人数后，工会干部就相关政策法规和工会组织的性质、职能，以及企业建会或职工加入工会后的好处等进行讲解，同时以"服务"为侧重点，就普惠服务、工会工作品牌项目以及目前所开展的各项服务项目等进行介绍，让企业充分了解工会的性质、地位及服务职工的作用，并根据企业提出的加入工会后的企业收支成本、工会经费缴纳、员工福利等问题，给予详细解答。通过这种有效沟通，企业相关负责人对工会组织有了进一步的认识和了解，提升了建会意向。

（2）沟通前充足的准备。首先要明确沟通的目的，清楚开展此项工作的理由，如相关的法律规定、相关的工作责任，以及如果建会，会给企业带来的正面价值；如果不建会，会对企业造成的负面影响等；其次是准备相关资料，如法律文件、工会服务项目介绍等，服务项目可事先做成宣传册，随时发给参与沟通的相关人员；再次是尽可能多地了解对方的情况，在沟通中根据这些情况，有的放矢地介绍对方想了解的或者感到困惑的内容。

（3）共赢的心态。在博弈论中，有一个有意思的游戏——囚徒困境，通过多次重复囚徒困境游戏发现，最佳策略是选择共赢，能让双方利益最大化。在"双沟通"中，时刻抱着双赢的心态开展工作非常重要。要别人同意你的意见，用争辩或显示权威或引用相关法规坚持你的观点，常常收不到好的效果，要用友善和赞赏的方法。古话说，"一滴蜜比一桶毒药所捉住的苍蝇还多"，对人亦是如此。工会干部要想取得他人的认同，先要使他相信你是他的一个朋友，就如同一滴蜜吸引住他的心。此外，要站在对方的角度思考问题，才有可能达成目标。

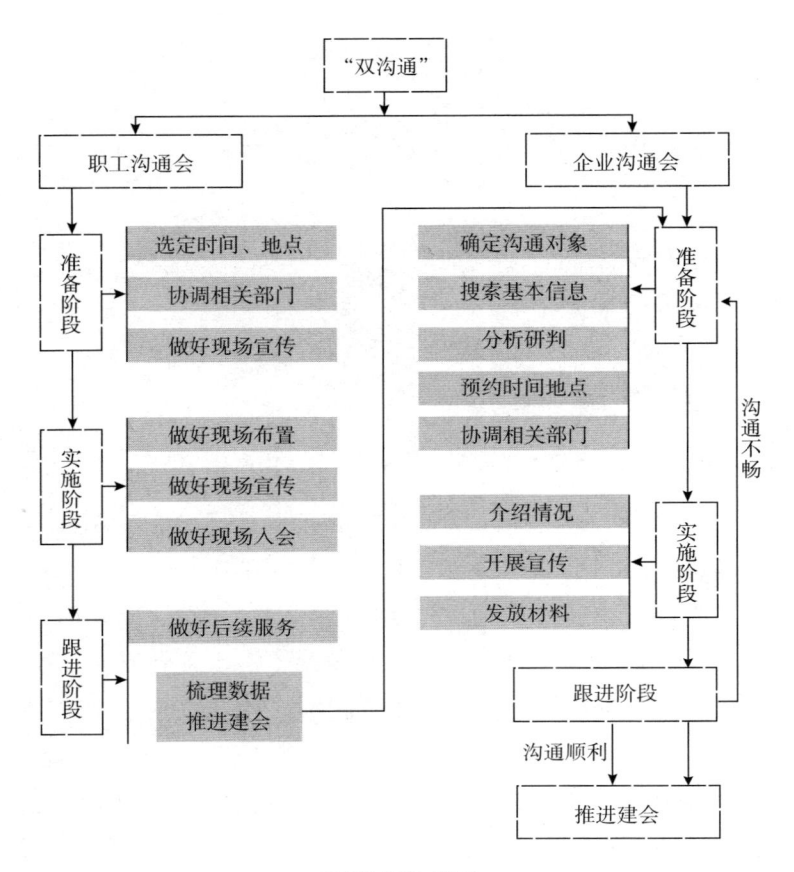

```
                          "双沟通"
                    ┌─────────┴─────────┐
                职工沟通会            企业沟通会
                    │                     │
                 准备阶段              ┌─确定沟通对象
                    ├─选定时间、地点    │ 搜索基本信息    准备阶段
                    ├─协调相关部门     │ 分析研判          │
                    └─做好现场宣传     │ 预约时间地点      │沟通
                    │                  └─协调相关部门      │不
                 实施阶段                                   │畅
                    ├─做好现场布置     ┌─介绍情况          │
                    ├─做好现场宣传     ├─开展宣传     实施阶段
                    └─做好现场入会     └─发放材料          │
                    │                                       │
                 跟进阶段                                 跟进阶段
                    ├─做好后续服务                          │
                    └─梳理数据                        沟通顺利
                      推进建会                             │
                                                        推进建会
```

"双沟通"流程

（4）灵活的方案。永远不要只给对方一个答案。准备几套方案，包括首选方案、备选方案、第三选择方案，在现场灵活处理，根据企业真实需求并与之共同探讨哪个方案合适或者可以继续调整。

三、"双沟通"中需要注意的事项

在"双沟通"会上，要达成有效沟通，工会干部还需要注意几点问题。

（一）认真倾听

在沟通中，听比说重要。首先，倾听是一种礼貌，愿意倾听别人说话表示工会干部乐于接受别人的观点和看法，会让说话者有一种备受尊重的感觉，有助于建立和谐、融洽的人际关系。其次，鼓励对方先开口可以有效降低交谈中的竞争意味，因为倾听可以培养开放、融洽的沟通气氛，有助于双方友好地交换意见。最后，鼓励对方先开口说出他的看法，工会干部就有机会在表达自己的意见之前，了解对方的观点。工会干部在表达的时候，可以采用对方更愿意接纳的方式，从而使沟通变得更和谐、更融洽。

（二）克服自己的羞怯

在开展"双沟通"工作时，走出去"摆摊设点"使有些工会干部感觉"难为情"，而这些心理恰恰是阻碍工会干部与企业及职工有效沟通的障碍。所以工会干部要摆脱这种心理。当产生羞怯心理时，就会形成"思维障碍"，在工作时会感到力不从心，往往造成某一个谈判或者沟通转向对自己不利的方向，造成难以挽回的结果。羞怯感是每个人生来就有的，是人性的弱点。在沟通中，要分析是什么原因导致了羞怯，是成长经历中的某些事件导致的人格表现，还是由于相关知识储备不足，或是社交技能欠缺，了解这些，可有的放矢地做出针对性弥补。

（三）多用开放式问句

沟通中常常可以采用开放式提问或封闭式提问。开放式提问通常使用"为什么""如何"等词汇，提问的内容极其宽泛，允许回答者有相对自由的空间来决定提供多少信息量以及如何回答。与开放式提问相对应的是封闭式提问，封闭式提问通常使用"是不是""对不对""要不要""有没有"等词汇，而回答往往也是由"是""否"构成的简单答案。封闭式提问常被用来收集资料并加以条理化，一般在提问者想要明确某一问题时使用，旨在澄清事实，获取重点并进一步缩小讨论范围。在"双沟通"中，工会干部要多用开放式提问，可以更多地了解职工及企业对组建工会的想法及遇到的困难，如不想建立工会是因为工会经费问题，还是因为工作量问题，了解情况后可以有针对性地解决问题。

（四）聚焦核心问题

在"双沟通"中，特别是在企业沟通会上，不同企业会有不同的建会困难。在具体工作中，工会干部要抓住主要核心问题开展工作，消除顾虑，促进建会。例如，某科技园区基层工会了解到未建会企业建立工会的阻力以及对建立工会存在的顾虑，工会干部抓住企业方主要担心的问题，跟企业方充分讲解中国工会的性质和特点，打消其顾虑，促进建会。再如，对以货车司机、快递小哥、保安等为代表的新就业形态劳动者群体来说，权益维护、服务保障是他们的主要需求，也是工会工作的重点和难点，为此，工会通过开展"双沟通"工作，走基层、访企业，听取职工诉求，有针对性地解决他们的急、难、愁、盼问题，不断增强工会组织的凝聚力和影响力。

（五）回应避免负面表达

在沟通中，有效回应非常重要。法国作家拉封丹写过一则寓言：有一天，北风和南风比威力，看谁能把行人身上的大衣脱掉。北风自恃力大，先刮起了寒冷刺骨的大风。结果，为了抵御北风的侵袭，行人便把大衣裹得紧紧的。与北风不同的是，南风不慌不忙地徐徐到来，顿时风和日丽，行人感到温暖惬意，始而解开衣扣，继而脱掉大衣。于是，南风获得了这场比赛的胜利。这则故事形象地说明了一个道理：温暖胜于严寒。当对方表达完自己的观点、想法、意见或建议后，工会干部可以用赞许的方式突出对方身上美好的特质，让对方感到身心愉悦。在沟通中，当工会干部想要表达自己的思想，同时又希望对方能够欣然接纳的时候，要注意：一是只评价事，不评价人，即生活中常常说的"对事不对人"。二是只谈自己的感受，不谈对方的动机。不要动不动就去追究对方的动机，这就容易把对方定性为有意为之，很容易产生矛盾。三是利用认知协调改变人。首先要知道认知协调理论，即人的脑内存储着以往抽象的经验图式，包含了我们的观点、信念、态度等。

第二节 集体协商中的心理策略

一、什么是集体协商

集体协商是工会作为职工方代表与企业方就涉及职工权利的事项，为达到一致意见而建立的沟通和协商解决机制。建立集体协商机制，可以维护用人单位职工的具体权利。《中华人民共和国工会法》规定，工会通过平等协商和集体合同制度，协调劳动关系，维护企业职工的劳动权益。集体协商的内容包括职工的民主管理，签订集体合同和监督集体合同的履行，涉及职工权利的规章制度的制定、修改，企业职工的劳动报酬、工作时间和休息休假，保险福利，劳动安全卫生，女职工和未成年工的特殊保护，职工培训及职工文化体育生活，劳动争议的预防和处理，以及双方认为需要协商的其他事项。企业工会与用人单位建立集体协商机制，定期或不定期地就上述事项进行平等协商。经协商达成一致意见的，工会一方应当向职工传达，要求职工遵守执行；企业方也应当按照协商结果执行。由此可见，协商过程决定了签订集体合同的质量，进一步会影响职工权益的实现。

协商，可以说是一场精心策划的戏剧，需要积极地融合谈判的艺术。协商人员须博学多才，具有较高的涵养、丰富的想象力、敏锐的洞察力，有勇于拼搏的精神和坚定的意志力等。一旦坐到协商谈判桌前，秉持相互尊重的原则，协商双方即会开启智勇较量，但最终目的不是谁压倒谁，也不是置对方于死地，而是为了调整和妥协，使双方都能获得满意，达成一致的期望，实现最佳谈判目标。

二、正确认识协商谈判的特点

作为一种有组织的社会活动，协商谈判具有以下特点。

（1）协商是一种通过不断调整各自需求，最终使各个协商谈判方的需求相互得以调和、互相接近以达成一致意见的过程。例如，你去商店购买一套运动服，店主开价300元，你要求店主把价格压下来，店主开出280元，你提出230元，最终你们协商以240元成交。240元是你们双方各自在心理上所能承受的平衡，任何单方面的"让"或"取"都不能被看成协商谈判。

（2）协商谈判具有"合作"与"冲突"的二重性，是"合作"与"冲突"的对立统一。协商谈判的合作性表现在，通过协商谈判而达成的协议对双方都有利，各方利益的获得是互为前提的。而协商谈判的冲突性则表现在，协商谈判各方都希望自己在谈判中获得尽可能多的利益，为此要进行积极地讨价还价。为了很好地解决协商谈判中的这对矛盾，首先必须对此有深刻的认识；其次在制定协商谈判的战略方针、选择与运用谈判策略和战术时，就必须注意既要不损害双方的合作关系，又要尽可能地为本方谋取最大的利益，即在这二者之间找到平衡点。

（3）对协商谈判的任何一方来讲，协商谈判都有一定的利益界限。对此，美国谈判学会会长杰勒德·尼尔伦伯格（Gerard I. Nierenberg）有这样一段精彩的论述：洽谈人员的目光不能只盯着"再多要一些"，当接近临界点的时候，必须清醒觉察，毅然决断，当止即止。参与协商谈判的每一方都应该是有某些需要得到满足的，如果把其中任何一方置于死地，那么最终双方都会有损失。

（4）协商谈判既是一门科学，又是一门艺术，是科学与艺术的有机整体。首先，协商谈判作为人们协调彼此之间的利益关系、满足各自的需求并达成一致意见的一种行为和过程，协商谈判人员必须以理性的思维对所涉及的问题进行系统的分析和研究，根据一定的规律、规则来制定方案和对策。这充分体现了协商谈判科学性的一面。其次，协商谈判是人们的一种直接交流活动，洽谈人员的素质、能力、经验、心理状态以及思维的运用，都会直接影响协商谈判的结果，具有难以预测性。同样的协商内容、条件和环境，不同的人去协商谈判，其最终结果往往会不同。例如，近十年来，全国高校坚持举办"全国高校模拟集体协商（谈判）大赛"，尽管参赛各队（各个高校）拿到的资料是一样的，但是各队参赛的人员不同，对材料的解读不同，临场表现也不同，最终的协商谈判结果也不一样。评选出的最佳参赛选手在现场的表现通常有充满自信、情绪稳定、抓住重点、有理有据、表达清楚等特点。

三、协商谈判的基本原则

有人认为，协商谈判的成功与否完全取决于协商谈判个人综合水平的发挥和技巧的运用，没有什么必须遵循的原则可言。也有人认为，只要协商谈判能够达到自己预想的目的，可以不择手段，原则不原则的并不重要。这些看法显然是偏激的，协商谈判是有原则可循的。一般而言，协商谈判应遵循下列基本原则。

（一）客观真诚的原则

协商谈判取得成功的首要原则就是要遵循客观真诚的原则，也就是要服从事实，为了很好地做到客观真诚，掌握第一手材料，用事实说话很重要。俗话说，事实胜于雄辩。为了在协商谈判时本方有充足的根据，首先，工会干部应该从事实情况着手，在协商准备阶段全面搜集信息情况，做好有关资料、数据的收集和分析工作，包括与议题相关的其他企业或行业情况、本企业发展状况等；其次，工会干部要分析已有的资料，学会用企业劳动生产率、居民消费价格指数、政府发布的上涨工资指导线、本地区行业职工平均工资水平等数据说话，找到对本方协商较为有力的突破口，增强说服力。最后，工会干部还要了解一些法律规定，如最低工资标准、劳动保护等一些硬性指标。

（二）平等互惠的原则

协商谈判的双方没有高低贵贱之分，参与协商谈判的团队或个人，大家带着诚意、带着共同的愿望走到协商谈判桌前，双方的地位是平等的，任何凭借自己或他人的权势，在协商谈判桌上压制对方的做法都是不可取的；应考虑到协商谈判双方的需要，成功的协商谈判是在协商结束后，双方的需求都有所满足，即所谓协商的互惠原则。

（三）求同存异的原则

协商谈判作为一种谋求一致而进行的对话活动，各方都会有着利益上的一致和分歧。为了实现目标，协商谈判人员还应遵循求同存异的原则，即对于一致之处，达成共同协议；对于一时不能弥合的分歧，不求得一致，允许保留意见，以后再谈。为此，要正确对待协商谈判各方的需求和利益上的分歧。需强调的是，协商谈判的目的不是扩大矛盾，而是弥合分歧，使各方成为谋求共同利益、解决分歧的合作关系。要把协商的重点放在探求各自的利益上，而不是放在对立的立场观点上。任何从对立的立场出发的做法往往是没有好结果的，只有将协商谈判重点放在探求各自的利益上，通过利益的揭示，才能调和矛盾，达成协议。此外，要在利益分歧中寻求相互补充的契合利益，达成能满足双方需求的协议。

（四）公平竞争的原则

协商谈判主张合作，主张一致，但不是不讲竞争。所谓公平竞争原则就是主张通过竞争达到一致，通过竞争形式的合作达到互利，通过竞争从对方承诺中获得自己尽可能多的利益。这种竞争是指公平的竞争、合法的竞争、道德的竞争。公平竞争原则要求：一是双方都具有公平地了解和选择的机会。双方在协商谈判过程中，为了解决矛盾，一定会各自提出许多方案，那么双方在提供方案时，机会是均等的。另外，在具体选择方案时，双方具有平等选择的权利和机会。尊重双方的选择权，选出最优的方案，最大限度地满足双方的需求。二是在履行协议上，双方都具有公平的义务和责任，而不是一方擅作主张，如更改协议或不履行协议都是不被允许的。

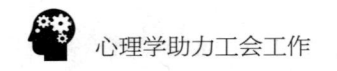

（五）讲求效益的原则

讲求效益是协商谈判中必须遵循的一个原则，工会在协商谈判过程中，应当讲求效益，提高协商质量，避免协商议题长时间难以达成一致。

四、集体协商中的策略

协商是一个过程，工会开展集体协商要注意把握运用好以下主要策略技巧。

（一）把握运用好协商策略

一是双赢策略。工会在协商中既要考虑职工方利益，也要考虑企业方利益，做到从企业实际出发，通过换位思考的协商，实现双方互利共赢。

二是进攻策略。若劳动力市场求大于供，要根据"物以稀为贵"的交易原则，借助有利条件抬高要价。若企业对人工成本投入的获利高于对实物成本或技术成本投入的获利时，可采取进攻策略。

三是退让策略。若劳动力市场供大于求，企业经济效益不好，无论增加何种成本投入，经济效益预期仍难预料，应采取退让策略，用暂时的让步，换取未来的回报。

四是坚守策略。若劳动力市场供求关系处于不稳定状态，企业内部人工成本和其他成本投入之间的效益比不稳定，可采取坚守策略，坚持不降工资标准，并力争有所提高。

五是迂回策略。当企业方要求降低工资增幅时，工会可要求降低劳动定额，或提高加班加点工资标准；当企业提出裁员时，工会可要求缩短工时等。

六是包容策略。要允许对方提出不同的观点、意见，认真倾听，理性思考，正确对待，求同存异，保证协商在文明、和谐、有序的氛围中进行，尽最大努力凝聚共识。

七是休会策略。当协商有较大分歧出现僵局时，建议休会，深入研究对策，征询上级工会和职工意见，寻找破解僵局的途径和办法。必要时请第三方加入协调。

八是四谈策略。即职工关心的热点问题重点谈；涉及职工切身利益的问题坚持谈；有争议的问题耐心谈；僵持不下的问题放后谈。

（二）把握运用好协商技巧

一是攻心术。一般人都喜欢与投缘的人协商。如果认为对方诚实、公道，就会愿意退让一步。因此在协商中要营造文明和谐的协商氛围，了解对方的心理，让对方感受到尊重，做好必要的了解、沟通、交流等工作，增进双方的信任感。

二是黑白脸交替。就是采取软硬兼施战术。按照"既要敢谈真谈、据理力争，又要有理有节、谈而不僵"的要求，首席协商代表扮演"和平使者"的"白脸"，非首席协商代表扮演较高劳动待遇要价和语言强硬的"黑脸"，以便协商有谈而不僵的回旋余地。

三是留有余地。向对方提出的要价应高于期望要求，留有一定的退让空间。当对方提出要求时，即使能满足，也不必立即表示接受，而应留有余地，以备对方讨价还价。

四是掌握细节。通常在协商中，最有说服力的人就是掌握细节的人，如果能在协商过程中有感人的故事，那么这些细节都会很有说服力。

在协商中，上述策略技巧可综合把握运用。需要说明的是，只要有利于协商攻坚克难、顺利进行，其他有效的策略和技巧都可大胆探索运用，用实践去检验。

五、做精明能干的工会协商人员

作为工会协商人员，必须有高度的责任心和事业心，自觉遵守组织纪律，维护组织利益；必须严守组织机密，不能自作主张，毫无防范，口无遮拦；要一致对外，积极主动。优秀的工会协商人员的理念是：一旦坐到谈判桌前，协商谈判就要彼此尊重，并在此基础上展开智勇较量。但最终目的不是谁压倒谁，也不是置对方于死地，而是为了沟通和调整，使双方都能满足己方的基本要求，达成一致。双方以这样的高境界的积极行为，力求达到公平合理的谈判结果。此外，工会协商人员还需从以下方面自我提升。

（一）工会协商人员应具备的人格特征

高水平的协商谈判，对工会协商人员的自我意识水平、气质类型、性格特征、能力等都提出了较高的要求，良好的素质是协商成功的保证。所谓自我意识是指工会协商人员对自己身心活动的认识和控制，包括对自己生理条件即自己的仪表、姿态等的认识；也包括对自己心理特征的认识，即对自己的兴趣、爱好、情感、态度、能力、经验、性格、气质等的认识；同时还包括对自己和协商对手关系的认识。

自尊心是构成工会协商人员自我意识的一个重要成分，在协商中起着重要的作用。自尊心是指工会协商人员尊重自己的人格，珍惜自己的荣誉，不向对方卑躬屈膝，不允许对方歧视和侮辱自己，维护己方的尊严和自己的情感体验。

同时自信心在协商中也起着重要作用。自信心是指工会协商人员对自己力量的充分估价。它是自我意识的重要组成部分。自信心强的工会协商人员，既不妄自尊大、盛气凌人，也不妄自菲薄、甘居人下。自信心是工会协商人员不可缺少的、必须具备的重要心理素质。

（二）工会协商人员应具备的气质特征

气质是指人生来就有的心理活动的动力特征。动力特征是指人们进行心理活动时的速度、强度、灵活性、稳定性和指向性。由于人们进行心理活动时的速度、强度、灵活性、稳定性和指向性不同，所以，人们的心理活动染上了不同的色彩。

人的气质类型没有好坏、优劣之分，但因为不同的工作对人的气质提出了不同的要求，在协商工作中也不例外。一般选择那些思维灵活、逻辑严谨、有较强自制力、能较好把握事情分寸和火候、情绪稳定、办事沉着冷静、责任心强的人加入协商团队。

（三）工会协商人员应具备的性格特征

所谓性格是一个人比较稳定地对待客观现实的态度和习惯化的行为方式，它是一个人稳定的和具有核心意义的个性心理特征。人的行为是主导性格的产物，即"主导性格＋情境＝行为"。性格在人格差异中居核心地位，这就决定了它是形成人格的主要内容。协商工作对工会协商人员各个方面的性格特征都提出了较高的要求。

（四）工会协商人员应具备的能力特征

协商的才能，靠单一能力是不行的，它必须有表达能力（包括语言表达能力、文字表达能力和形体表达能力）、综合分析能力、判断推理能力、系统运筹能力、决策能力、公关能力等，几种能力的综合才能构成谈判者的才能。

有人说，工会协商人员应该具备哲学家的思维、经济学家的头脑、管理学家的才干、政治家的胸怀、外交家的谋略、企业家的胆识、军事家的果断、宣传家的技巧、战略家的眼光、幻想家的想象、律师的善辩、新闻记者的敏锐等。工会协商人员应该是"一专多能"的。一个合格的工会协商人员，应着重培养以下能力。

1.观察判断能力

工会协商人员不但要善于察言观色，还要具备对所见所闻作出正确分析和判断的能力。观察判断是协商谈判中了解对方的主要途径。

2.灵活的现场调控能力

善于应变、机动进取是工会协商人员必备的能力。随着双方力量的变化和协商谈判的进展，协商谈判中可能会出现比较大的变动。如果工会协商人员墨守成规，那么协商谈判要么陷入僵局，要么破裂。所以，优秀的工会协商人员要善于因时、因地、因事，随机应变。

3.巧妙的语言表达能力

协商谈判重在谈，协商谈判的过程也就是谈话的过程，得体的语言表达能力至关重要。所以，工会协商人员必须能娴熟地驾驭语言。古今中外，许多著名的谈判大师也都是出色的语言艺术家。

4.创造力

优秀的工会协商人员除了要有丰富的想象力、勇于拼搏的精神、坚定的意志和顽强的毅力，往往还要具备一定的创造力。他们愿意接受不确定性，敢于冒险，把协商谈判看成一个竞技场，要大展身手，与对手好好较量一番。

5.心理承受能力

工会协商人员宽广的心胸和良好的修养能为双方在进行观点表述时搭建一个稳固的平台。工会协商人员在谈判顺利时不骄不躁，不目中无人；在不顺利时更要保

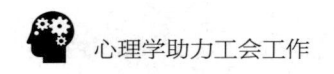

持良好的进取心态，不把自己的缺点和错误强加给别人，宽大为怀，以智应对。

6.注重礼仪礼节

礼仪礼节作为一种道德规范，是人类文明的重要表现形式。任何行业都有一定的礼仪规范。在协商谈判中，礼仪礼节作为交际规范，是对对方表示尊重的基本礼貌，也是工会协商人员必备的基本素养。在协商谈判桌上，工会协商人员彬彬有礼、举止坦诚、格调高雅，往往能给人带来赏心悦目的感觉，能为协商谈判营造一种和平友好的氛围。反之，工会协商人员的无知和疏忽，不仅会使谈判破裂，而且还会产生恶劣的影响。因此，协商谈判的不同阶段要遵循一定的礼仪规范。

第三节　劳动争议调解中的心理策略

人类的行为总是基于一定的目的，出于某种特定的心理。因此，只有遵循人的心理活动规律才能提高人的实践活动的效果。心理学也正是以提供人的心理活动规律来为人类各个实践领域服务的。在多元化纠纷解决机制的大势所趋之下，调解作为一种最为平和的纠纷解决方式，发挥着化解矛盾、稳定情绪、建立信任、促进社会和谐的重要作用。调解工作归根结底是在做人的工作，是在心理因素的基础上对预期行为的控制过程。在调解过程中，有各种各样的因素在影响和支配着调解员以及双方当事人的行为，包括认知、情感、意志、气质、性格、兴趣、需要、动机、理想、信念、世界观、价值观及心理状态等，这些因素相互作用，共同构成了一个有机的整体，影响着调解结果能否最终顺利达成。因此作为调解员，应适当掌握一定的心理策略，这将有助于工作方法有规律可循，使解决问题的效率更高。

一、识别当事人的个性特征

调解员、劳资双方是劳动争议调解的主要参与者，三方当事人的个性特征对争议调解的方式、风格、成效都有着较大的影响。气质是个性特征中最为典型和稳定的心理特征，体现了个体心理活动的动力特性，即心理过程的强度、稳定性和灵活性等特点。"江山易改，本性难移"，气质的特点是在个体的行为方式中表现出来的。因此，调解员学习和认识不同的气质类型，将有助于提高其对调解过程的适应性和判断分析能力，从而有利于自己创造性地开展工作并争取最佳的调解结果。

气质是个人典型且稳定的心理特征，体现了个人心理活动的动力特性，即心理过程的强度、稳定性和灵活性等特点。这里所说的气质与人们在日常生活中所指的"某人很有气质"的含义是不同的，后者所指的气质是对某人的风格、风度及职业特点等方面的整体感觉，而前者指的是个体与生俱来的稳定的心理特征。

气质的概念是由古希腊医生希波克里特提出的，他观察到人有不同的气质类型，并按照不同体液（血液、黄疸液、黏液、黑胆汁）所占有的优势将气质分为四种类型，即多血质、胆汁质、黏液质、抑郁质。希波克里特的血液学说解释了人的行为活动的个性特征。随着科学的不断发展，俄国著名生理学家巴甫洛夫在对人的高级神经活动进行了系统的研究后，对气质作出了科学的阐述。巴甫洛夫根据神经系统的强度、平衡性、灵活性的特点，把人的高级神经活动类型分为四种：强、不平衡的兴奋型；强、平衡、灵活的活泼型；强、平衡、不灵活的安静型；弱型，指沉静型。这四种类型与希波克里特的血液学说划分的类型是一致的。活泼型相当于多血质，安静型相当于黏液质，兴奋型相当于胆汁质，沉静型

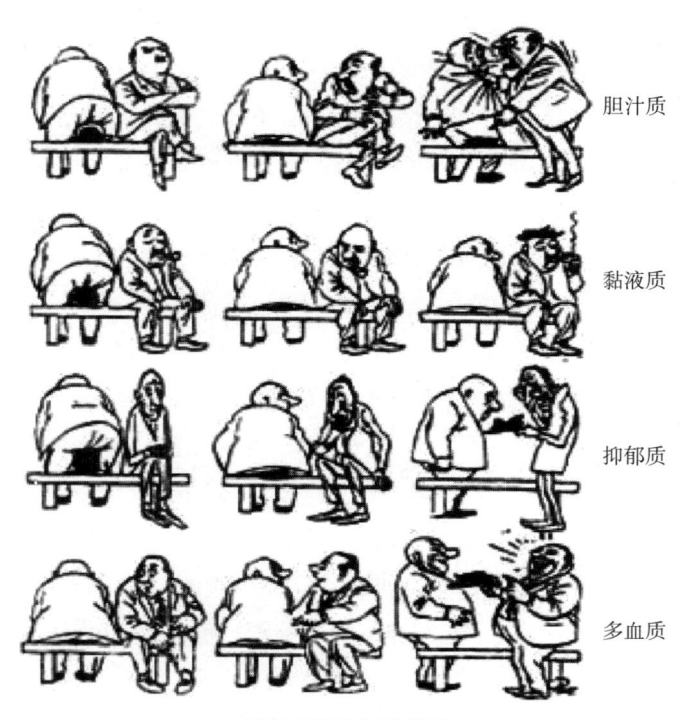

四种不同的气质类型

相当于抑郁质。巴甫洛夫的理论将气质学说建立在了科学研究的基础上，使该理论广泛地为人们所接受。

（一）多血质

多血质的个体，其思维灵活，反应迅速，但对问题的理解往往是肤浅的。情绪容易表露于外，变化无常的心理状态时时刻刻地从眼神和面部表情中显露出来。遇有不顺心的事很容易哭泣，但稍加安慰，又可以破涕为笑。敏捷好动，喜欢参加各种活动，表现得匆匆忙忙，显得毛躁。

调解中多血质的当事人，其行为表现为活泼好动，精力充沛、善于言谈，应变能力强、反应迅速、动作灵敏，但情绪易起伏波动，注意力分散。所以，具有这种气质的当事人能够快速进入状态，比较容易同对方相处，能够活跃现场气氛，思维活跃，处理问题也比较灵活，富于创造性，并能积极主动地寻找解决问题的途径。在困难和挫折面前比较乐观，有自信心。弱点是注意力不易持久，善变，不注重沟通中的某些细节，看问题有时流于表面，不够深刻。总体来讲，这种气质的人善于与人相处，对调解工作是有所助益的。

（二）胆汁质

胆汁质的个体，其心理过程具有迅速而突发的色彩。思维非常灵活，但理解问题有粗枝大叶、不求甚解的倾向。在情绪方面，无论是高兴或是忧愁都表现得非常强烈，迅速且突然，如暴风雨似的凶猛，但能很快地平息下来。在行动上总是生机勃勃，工作表现得顽强有力。

调解中胆汁质的当事人，其行为表现为热情直率，精力充沛，对事物反应迅速但不灵活，心境变化剧烈，情绪容易急躁、冲动。在调解中，具有这种气质的当事人会全神贯注，直接主动地提出问题和建议，但也易言行莽撞，脾气急躁，忍耐性较差、易怒。此外，胆汁质当事人的另一个突出的特点就是对自己的目标绝不动摇，也绝不轻易改变自己的决定，常常为某个小问题或微不足道的细节而争执不休，不肯轻易让步。因此，当遇到这种气质的当事人时，言行一定要慎重，态度要平和、友好，决不能用言语刺激对方，同时也要尽可能地体谅他们的某些过火言行。总之，与这种气质的当事人沟通时，往往气氛紧张，然而一旦得到对方认同，则会很迅速达成调解结果。

（三）黏液质

黏液质的个体，其思维灵活性较低，但考虑问题细致，能够沉着而坚定地执行已采取的决定，但不容易改变旧习，也难以适应新环境。情绪兴奋性比较微弱，经常心平气和，很难出现波动的情绪状态，面部表情微弱，姿态举止缓慢而镇定。

调解中黏液质的当事人，其行为表现为安静稳重，反应缓慢、沉默寡言，情绪不易外露，注意力稳定，善于忍耐。因此，在调解中能够从容不迫，很少显露出紧张、慌乱的神态。善于控制自己，有较强的自信心和影响力。对所调解的争议问题及其细节思考周密、言行谨慎。而且一旦作出决定，则不会轻易受到外界因素的干扰，遇到困难和挫折也难以轻易动摇。具有这种气质的人由于有较强的内倾性，不喜欢过多地表现自己。因此，在交谈中常能聆听别人的讲话，观看别人的"表演"，从而有更多的机会观察对方，分析其特点，并审时度势、伺机而动。总之，这是一种较为理想的"谈判型"气质。当然，由于这类人不善于交际，在某种情况下表现比较被动，缺少热情，有时也会错失一些和解的机会。

（四）抑郁质

抑郁质的个体，其情绪状态比较单调，但对生活中遇到的波折容易产生强烈体验，并经久不息。对事物的反应有较高的敏感性，能够觉察和深刻体验一般人觉察不出来的细节。在任何活动中很少表现自己，他会尽量摆脱抛头露面的工作，但工作起来非常认真细致，如果没有做好工作则会感到很痛苦。平日不喜欢交际，显得孤僻。

调解中抑郁质的当事人，其行为表现为行动迟缓、疑虑沉默，但观察问题深入细致、洞见深刻。具有这种气质的人考虑问题慎重多疑，往往能够发现一般人不容易察觉到的细微之处，对争议事项更是千思万虑、反复推敲，不轻易下定论。在决定时犹豫反复，拿不定主意。他们对外界的反应比较敏感，也容易受到其他因素的干扰。因此，与这类人沟通时，耐心、谨慎和细心都是很有必要的。

综上所述，我们分析了四种典型的气质类型在调解中的行为特点，然而实际情况远比这四类情形要复杂得多，因为气质类型除上述四种典型分类外，还存在很多介于各种类型间的中间型，加上各种外界因素的影响，使气质特征表现出来的机会也不相同。调解员学习个体气质类型和行为特点的目的，重点在于揭示人

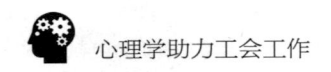

们行为特点的内在规律，探讨这些行为特征对调解工作所造成的影响，从而更好地服务于调解过程，实现调解目标。

二、调解过程中的沟通技巧

（一）积极引导

调解伊始，调解员在清楚地说明调解程序以后，往往会要求一方当事人针对自己申请调解的事由、目的及诉求进行陈述，接着也会请另一方当事人陈述自身的立场与想法。此时，调解员所要掌握的一大技能就是积极地引导当事人进行陈述，让双方当事人之间得以开展积极、有效的对话，协助双方当事人围绕核心主题展开对话，并在对话当中更为明白彼此的想法，而非各说各话。

（二）有效倾听

为了保证调解员能够在工作中及时、准确、恰当地接受或反馈信息，必须掌握调解中"听"的技巧。在调解中，了解和把握双方观点与立场的主要手段与途径就是倾听。实践证明，只有在清楚地了解双方观点和立场的真实含义之后，才能准确地提出相应的调解策略。从心理学和日常生活的经验来看，当我们专注地倾听别人讲话时，就表示我们对发言者的观点很感兴趣或很重视，从而使其产生一种满足感和信赖感。作为调解员，一定要学会如何"听"，并在认真、专注倾听的同时，积极地对发言者的话做出反应，以便获得较好的倾听效果。

那么，调解员该如何锻炼和实践"听"的技巧呢？

1. 调解员需要关注的"应做"

（1）应专心致志、集中精力地听。一是专心致志地听。即要求调解员在听双方发言时聚精会神，同时，还要配以积极的态度去倾听。要做到专心致志，就要避免心不在焉、"开小差"的现象发生。即使是自己了然于胸的内容，也不可充耳不闻，万万不可将注意力分散到思考应对策略上去，因为万一发言者的内容有隐含意义，调解员没有及时领会或是理解错误，则会使工作陷入被动。二是集中精力地听。这是倾听艺术中最基本、最重要的问题。据心理学统计，一般人说话的速度为每分钟120~200字，而听与思的速度，大约要比说话的速度快4倍左右,往往是说话者话还没有说完,听者就大部分都能够理解了。这样一来,听者常常由于精力的富余而"开小差"。也许恰是这时,当事人讲话的内容与调解员理解的内容产生了偏差,或传递了一个重要信息而调解员没有理解或理解错误。因此,调解员应时刻注意集中精力倾听双方当事人的发言,并用积极的态度去听,而不是消极地或是精神不集中地去听,这样的倾听效果最好。在倾听时应注视发言者,主动地与之进行目光接触,并做出相应的表情以鼓励发言者,如可扬一下眉毛,或是微微一笑,或是赞同地点点头,抑或否定地摇摇头,也可不解地皱皱眉头等,这些动作可帮助调解员精力集中并起到良好的倾听效果。

(2)应养成及时记录的工作习惯。通常,人们当场记忆并将内容全部保留的能力是有限的,为了弥补这一不足,可以在倾听过程中及时做好记录。记录的好处在于:一方面,笔记可以帮助回忆和记忆,有助于当事人在发言完毕就某些问题进一步澄清,同时,还可以帮助调解员做充分的梳理,分析双方当事人发言的实质诉求;另一方面,通过记笔记,可以给当事人留下重视其发言的印象,会对其产生一种鼓励作用。对于争议调解这种信息量较大且较为重要的工作来讲,一定要做记录,过于相信自己的记忆力而很少动笔做记录,对工作是不利的。毕竟在调解过程中,人的思维在高速运转,大脑要接受和处理大量的信息,加上调解现场的气氛很紧张,对每个问题都必须认真对待,所以只靠记忆是很难办到的。

(3)应有所鉴别地倾听当事人的发言。在认真听的基础上,为了达到良好的倾听效果,可以对他们的发言进行鉴别。通常情况下,人们说话时总是边说边想,表达上难免烦冗,从表面上听,根本听不出什么是重点,因此,调解员就需要在用心倾听的基础上,鉴别传递过来的信息,去粗取精、去伪存真,这样才能抓住重点,收到良好的倾听效果。

(4)应克服先入为主的倾听障碍。先入为主地倾听,往往会扭曲当事人的本意,忽视或拒绝与预判相左的意见,这种做法实为不当。因为这不是从当事人的立场出发来分析对方的讲话,而是按照自己的主观预判来听取对方的发言,其结果往往使听到的信息变形地反映到自己的认知中,导致信息不精准而造成判断决策上的失误。所以必须克服先入为主的倾听障碍,将当事人的意图"听"明白。

(5)应创造良好的调解氛围,使双方当事人都能够顺畅地交流。调解员应尽量选择较为"中性"的沟通场所,避免由于场地优势而使其中任何一方感到压力。同时,还应积极创造有利于调解的和谐氛围,并帮助双方当事人尽快适应环境。

2. 调解员需要关注的"不应做"

(1)不应抢话、急于表达而放弃倾听。在调解过程中,抢话是一种轻视和不尊重发言者的表现,百害而无一利。因为这不仅有失修养和诚意,更重要的是会降低发言者的表达意愿,导致信任丧失,从而增加了调解难度,甚至还可能招致当事人的敌意,导致调解破裂。然而,在调解中抢话的现象是经常发生的。抢话不同于问话,问话是由于某个信息或意思未能记住或没有理解而要求对方给予澄清或重复,因此问话是必要的。抢话是急于打断做出纠正或用自己的观点来取代他人的观点,是一种不尊重他人的行为。抢话往往会阻塞思想和感情交流的渠道,对创造良好的调解气氛非常不利,对良好的倾听更是不利。事实上,调解员把当事人的发言听得越详尽和全面,调解时就越准确且有力;反之,则会使调解陷入被动,对工作十分不利。

(2)不应使自己陷入争论。在调解过程中,若双方当事人发生意见分歧甚至冲突,调解员要保持中立,避免使自己陷入争论的旋涡中,难以发挥居间调停人的职责。同时,当内心不认同发言者的观点时,也不能充耳不闻,必须牢记角色和立场,不能有失公允而出现任何偏颇,使调解工作更加被动。

(3)不应为了急于判断问题而耽误倾听。在当事人发言时,调解员不要急于作出判断分析,因为这样会分散精力而耽误听取后续的发言,可能会遗漏对调解工作而言很关键的信息点。

(4)不应回避问题。在调解中,往往会涉及一些诸如法律法规、政策、文件、经济、技术以及人际关系等方面的问题,可能调解员一时回答不上来。此时,不可持充耳不闻的态度,而是要有耐心、有勇气去面对双方当事人所提出的每一个问题。只有诚心领会当事人所提问题的真实用意,才可能找到摆脱难题的应对之策。同时,为了能更好地处理调解中的各项议题,调解员应把功夫用在平时,熟练掌握相关知识技能,多加思考,这样才能在真正遇到问题时处变不惊、泰然处之。

(5)不应逃避调解责任。作为除双方当事人之外的第三方,调解员应切实履行所肩负的使命和职责,积极引导劳资双方的沟通调解。不能以"事不关己、高高挂起"的心态敷衍了事,更不能在调解陷入冲突、双方各执己见的僵局中畏难逃避,失职于调解员的工作要求。

(三)鼓励倾诉

在双方当事人陈述过程当中,调解员不时会通过如微微点头、专注的神态来向当事人表示鼓励与赞许。微微点头等肢体语言往往能够反映出调解员对当事人陈述的接纳与鼓励,让当事人能够继续表达其想法。而专注的神态通过眼神、手势、姿态及适当的言辞反映出调解员对案件事实的重视及用心,更是鼓励当事人自由自在地表达其观念和想法,让当事人产生安定感。不管是一个多么紧张、愤怒或冲动的场面,当一方在专心倾听的时候,整个紧绷的气氛无形中就被缓和了。

(四)适时干预

在调解过程中,尽管基本上调解并无限定时间,但为了避免调解时间过于冗长,提高调解的效率,调解员往往会视一方当事人的陈述情况酌情予以截断,并且让另一方当事人开始或继续叙说。另外,在调解过程中,双方当事人可能使用具有高度情绪化的用词或者话语,调解员需要及时、主动地制止他们无效的沟通方式,以避免双方当事人之间的冲突和矛盾升级,并请当事人务必将陈述的核心聚集于调解主题上,方能有效促进调解继续进行,鼓励当事人针对彼此的诉求直接沟通。与此同时,调解员应当多使用正向、积极的词汇,及时肯定当事人之间存在的向好表现。

(五)肢体表现

在调解过程中,调解员要注意使用姿势、手势、表情和语调等肢体语言,以此来增加工作的亲和感和调解的有效性。例如:

热情握手——和对方见面时,表示友好的最普遍的方式就是热情而较有力地握手,不仅象征着友好,而且可以带来和谐平等的氛围。

保持微笑——微笑是友好、愿意和别人交谈的表示。当你笑脸迎接对方时,通常对方也会报以微笑。当你笑脸热情问候对方时,你会发现对方的态度也会很友好。

91

开放姿势——开放姿势是一种欢迎别人和你交谈的姿态。具体而言，你的手不要托着下巴，或遮住嘴巴，双臂不要在胸前交叉，要自然摆放，和对方的距离适中，眼睛看着对方。这样的姿势和神态清楚地向对方展现出你有意愿倾听和交流。

身体前倾——和对方讲话时，身体要稍微前倾，尤其是坐下的时候。这表示你对其讲话内容有兴趣，说明你在专心听对方讲话。

视线交流——眼睛是传递非语言信息最有效的渠道。听对方讲话时，你的眼睛要自然、大方地看着他，表示你对讲话的内容感兴趣。

点头示意——对方发言时，应经常点头表示赞同或自己在认真听。对调解员而言，这种肢体语言更加重要。

（六）换位思考

调解员应针对当事人的调解主张，以反向思考的方式，置身于当事人的立场，例如，"如果我是当事人，碰到此问题，我会如何解决？我会提出哪些要求和主张？""如果我是另一方，我会采取何种对策"等。调解员及时换位思考，才能将心比心，站在当事人的角度思考问题，进而从双方当事人的利益着眼，考虑双方当事人的利益，拟定适当的调解方案，促成调解，进而解决当事人的争议问题。经过换位思考，调解员会明白当事人为何对某些事情有所坚持，对于某些事情愿意让步，而且也有助于调解员与当事人建立信任合作关系，从而使调解员的观点、建议更易于被当事人所接纳。

（七）循环提问

在双方当事人开始不断陈述的同时，调解员需要专注倾听并且从中探讨及询问与双方当事人相关的问题，目的是能够从中探究出双方当事人冲突或问题的症结所在。调解员的探究过程往往会通过"循环提问"的方式，即调解员在当事人陈述的过程中，常常会将双方当事人的注意力引导到同一个问题上，再轮流询问双方当事人的意见，目的是尽可能地让双方当事人的陈述能够聚焦在某一具体问题上。

（八）确认澄清

调解员往往会借助双方当事人在陈述中所透露出来的信息，依据其调解经验与认知，形成对拟调解解决的核心问题的初步意见，并以精简的语言再次向当事人进行确认，以确保理解不偏误。此外，调解员也会针对双方当事人在陈述中较为模糊不清之处，再加以询问与确认；有的调解员也会运用所收集的资料信息，向当事人确认其具体需求。

（九）情绪疏导

有的当事人在陈述的过程中往往会有强烈的情绪反应，或愤怒，或偏执，或歇斯底里，或哭泣等，调解员应尽可能地充分理解当事人心情，使其能充分表达情感，如此亦可以激发双方当事人多倾诉、多表达观点。当然，在当事人表露情绪的同时，调解员也应恰当地安抚当事人，并对其某些激动的情绪反应予以疏导。人们都会受到自己情绪的牵引，因此调解过程中要公开地处理情绪，承认情绪的存在。为了防止冲突升级，调解员可以建立讨论规则，如不讲脏话、不打断发言等。

（十）正向转念

如双方当事人在调解过程中提及了痛苦的行为或经验，调解员往往会将当事人所提及的不好的行为，重新诠释赋予新的意义，用正向的词汇，指出当事人经历中的正向部分，积极引导当事人朝向正面、理性的方向思考，帮助当事人将负面的情绪转化为调解成功的动力。调解员经常会遇到当事人具有极强的胜负欲的情况。在调解中，如果一方觉得没法赢过对方，通常会选择息事宁人。对于这样的当事人，调解员反而容易沟通。但是，如果一方一心想赢或非赢不可，在当事人的信念中一定胜券在握，得理不饶人。对于这样的当事人，调解员可以选择先予以肯定，然后再设法引导当事人转换思路，多角度地考虑问题。具体来说，如果当事人在调解中得理不饶人，以压迫式姿态出现，调解员首先要尊重当事人的选择，其次应当强调利益的多元化，通过调解赢得的并非仅仅是金钱等物质利益，同时也包括权力、地位、信用、名誉，甚至还包括理念、社会评价等要素。

（十一）分而"治"之

当双方当事人对于调解协议一时无法达成共识，调解员往往会分开调解，通过分别与双方当事人商谈避免调解走进僵局。当调解员认为双方可能对调解方案存有误解，或者是不适合在面对面的场合下向双方一并明说之时，先将双方当事人分开，然后再就彼此间的诉求或分歧分别去讨论，分析相关利弊得失。如此一来，当双方再度回到同一场合调解时，可能就比较容易促成协议达成。

若在面对面调解中，当事人之间敌对情绪过于激烈，调解员需要中止面对面调解，立刻与个别当事人进行单独会谈，给予他们一个安全的思考环境。如果一方当事人因对法律或其他证据的误解而产生对调解方案的抵触，那么调解员可让其继续思考另外可行的调解方案后，重新返回现场，继续进行调解。在分开调解的过程中，调解员除了向当事人分析利弊得失，往往会在自身的能力范围内，适当地提供信息和辅导，以利于当事人正确地对待调解。这么做可以使调解员有机会运用适当的调解技巧，平衡调解当事人权力的失衡，保障各方的合法权益；同时对于因重大挫折而感到失望或沮丧的弱势方，调解员也有机会给予必要的鼓励和支持。

（十二）找到共识

调解员在聆听双方当事人陈述有关案情后，应尝试总结及指出双方没有争议的事实及立场，例如，用人单位曾经对劳动者的关怀，或者劳动者曾经为用人单位所做出的个人贡献，或者双方都不希望支付不必要的诉讼费用等。调解员可以向双方指出，这些共识（无争议的事项及立场），往往会因对立或缺乏沟通而被忽略，这么做可以营造友好的调解氛围，为争议协商奠定良好且具建设性的基础，从而加快谈判的速度。

（十三）语言重组

调解员既是调解程序的主导者，又是双方当事人之间信息沟通的传递者。在调解过程中，调解员往往需要在双方当事人之间穿针引线，不断地传递各自的立场和态度，而在信息的传递中，语言能力特别是语言重组技巧显得至关重要。语言重组指的是在转述非本人的发言内容时，出于一定的目的对原话的内容或表达形式进行重新组织的行为。语言重组的主要作用是缓冲（修正原话的形式，缓和气氛，减低语言的攻击性）、确认（针对原话表达不明确的情况，根据原话内容进行分析，从而明确和确认原话的基本意思）、揭示（对原话内容背后隐藏的更深层的内涵进行提取并予以揭示）。

（十四）自我暴露

"自我暴露"指的是调解员在适当的情境下，将自己的经验、行为、感受及想法向当事人进行分享的做法。在逐渐明白了双方当事人之间的争议原因及冲突症结后，调解员可以适时地与当事人分享自己的经历或类似案件的处理经验。除向当事人表达同理心外，亦借机鼓励双方当事人应该试图朝向化解彼此冲突、解决争议纠纷的目标努力，而非继续加深彼此的对立与对抗。

三、调解过程中的肢体语言

一个人决定要不要接受另外一个人所说的话，有7%来自对方所说的内容（是否易懂），有38%来自对方说话的声音和语调（是否好听），有55%来自对方的外形和肢体语言（是否顺眼）。也就是说，有效沟通中信息的理解与判断的依据，有7%是说话的内容，有38%是说话的语调，有55%是外形与肢体语言。由此可见，对肢体语言的理解和运用对调解过程中实现有效沟通何其重要。

有声语言与姿态、动作等肢体语言均可传递信息，但是从这两种语言的发出者与控制者的角度来看，他们在对这两种语言的控制与利用方面是有很大区别的。通过有声语言这种方式来传递信息，对信息发出者来讲，是可以控制的，但是通过无声的姿态和动作语言来传递信息，其信息的发出者有时是难以控制的。因为有声语言本身是人们有目的、有意识地发出来的，而姿态和动作等肢体语言虽然人们可以有意识地去控制，但更多的是在人们无意识之中进行的。可以肯定地说，人们在无意识或潜意识中完成的姿态和动作语言，其传递的信息往往是比较真实可信的。因此，对争议双方当事人姿态和动作的观察、分析，是调解员获得劳资双方信息、了解当事人的一项极为重要的方法和手段。

如果需要判断双方通过有声语言传递的信息是真是假、可信度如何，调解员可以通过对当事人动作、姿态和表情（特别是讲话时的肢体语言）的观察来证实。动作和姿态所传递出来的信息相对有声语言更具可信度，所以对当事人动作和姿态的分析就有着重要的意义。

（一）面部表情

面部表情主要是由眼睛、眉毛、脸色和嘴巴实现的。在调解过程中，要注意观察双方当事人面部表情的变化。

1. 眼睛

在人的身体姿态语言中，眼睛是最能传达人的心理信息的。俗话说"眼睛是心灵之窗"，眼睛里表露出来的信息往往不是能刻意掩饰的，人的瞳孔是根据人的情感、情绪和态度自动发生变化的。眼睛传达心理信息的方式与含义如下。

（1）眼睛直视，表示关注和坦诚。若以诚挚的目光，直视对方的眼睛，则传达出积极倾听的信号，期待进一步沟通。如果对方的目光直视你，眼中略呈湿润，面部表情轻松，表明对方对你的话感兴趣或表示欣赏。但直视时间过长，则带有攻击的意味，这一点要注意。

（2）在听取发言时眨眼睛，是表示赞同，或眼帘略为低垂，是表示默认。

（3）沉默中眼睛时而开合，表明对方对你的话语已不感兴趣，甚至已厌倦。

（4）若目光左顾右盼，表明对方已对你的话语心不在焉。如斜眼视人，则可能存在消极的思维，并有藐视之意；在听对方说话时，未听完就看旁边的东西，则表明不完全同意对方所说的话。

（5）若对方说话时望着你，表明对自己所说的话有把握；如果不望着你而望向别的地方，目光闪烁不定，表明有隐匿的成分。

2. 眉毛

眉毛和眼睛的配合是密不可分的，二者的动作往往共同表达一个含义，但单凭眉毛也能反映出人的许多情绪变化。当人处于惊喜状态时，眉毛上耸，即所谓"喜上眉梢"；处于愤怒或气恼状态时，眉角下拉或倒竖，人们常用"剑眉倒竖"形容这种发怒的状态；眉毛迅速地上下运动，表示亲切、同意或愉快；紧皱眉头，表示人处于困窘、不愉快、不赞同的状态；表示询问或疑问时，眉毛会向上挑起。

3. 脸色

一般情况下，大多数人会不自觉地把情绪反映在脸上，对此要细心观察。

（1）对方面红耳赤往往是激动的表现，脸色苍白可能是过度激动或身体不适，脸色铁青是生气或愤怒。

（2）用笔在纸上随意乱写乱画，眼皮不抬，脸上若无其事的样子，表示厌倦。

4. 嘴巴

嘴巴也是反映人的心理的一个重要部位。观察嘴巴要注意嘴的张合，嘴角的挪动，与眼睛、面部肌肉进行综合观察，判断会更准确。

（1）嘴唇肌肉紧张表明态度上的拒绝，或有防备、抗御的心理。

（2）嘴巴微微张开，嘴角朝两边拉开，脸部肌肉放松地微笑，是友好、亲近、善解人意的表现。

（3）嘴巴呈小圆形张开，脸部肌肉略为紧张，有吃惊、喜悦或渴望之意。

（4）嘴巴后拉，嘴唇呈椭圆形地笑，是狞笑，有奸诈之意潜藏于后。

（5）撅起嘴，常表示生气或赌气，是不满意和准备攻击对方的表现。

（6）撇嘴，常表示讨厌、轻蔑。

（7）咂咂嘴，常表示赞叹或惋惜。

（8）努努嘴，常表示暗示或怂恿。

（9）嘴角稍稍向上拉，表示听者是比较注意倾听的。

（10）嘴角向下拉，是不满和固执的表现。

（11）紧紧地抿住嘴，往往表现出意志坚决。

（12）遭受失败时，人们往往咬嘴唇，这是一种自我惩罚的动作，有时也可解释为自我嘲解和内疚的心情。

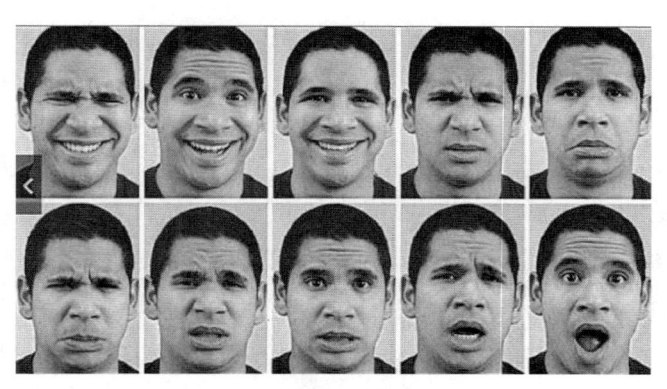

不同的面部表情

（二）身体姿态

1.手

（1）一般情况下，摊开双手手掌表示真诚，给人一种胸怀坦诚、实话实说的感觉。把放松的双手手掌自然摊开，表示对对方信任，不设防，愿意开诚布公，乐于听取对方的意见。

（2）除非双方是亲密的朋友，不然，与对方保持一定的距离，双手交叉于胸前，则表示具有设防的心理；若交谈一段时间后，仍出现这样的手势和姿态，则表明其对对方的意见持否定态度，这时如果同时攥紧拳头，那么否定的态度则更加强烈、难以忍受。

（3）用手抚摸下巴、捋胡子等动作姿态，往往表明对提出的问题、材料感兴趣并进行认真的思考。

（4）两手的手指顶端对贴在一起，掌心分开，表示高傲自负和踌躇满志，或显示自己的权威感。

（5）身体后仰，两手交叉托住后脑勺，显示的是如释重负的自得心态，若有一方感到自己在调解中处于支配地位，能驾驭谈判局面时往往会做出这样的姿态。

（6）在调解中自觉或不自觉地把手扭来扭去，或将手指放在嘴前轻声呼气，则意味着心理状态的紧张不安。

（7）手与手连接放在胸腹部的位置是谦逊、矜持或略带不安的心情的反映。

2.腿、足

腿、足的动作较易为人们所忽视，但其实腿和足往往是最先表露潜意识情感的部位，也正因如此，人们在某些场合下总习惯于用桌子和讲台来遮掩腿、足的位置。腿、足主要的动作和所传达的信息如下。

（1）摇动足部，用足尖拍打地板，抖动或夹紧腿部，都表示焦躁不安、无可奈何、不耐烦或欲摆脱某种紧张感的意思。

（2）双足交叉而坐，对男性来讲往往表示从心理上压制自己的情绪，如对某人或某事持保留态度，表示警惕、防范，尽量压制自己的紧张或恐惧。对女性来讲，如果再将两膝盖并拢起来，则表示拒绝对方或有防御的心理状态，这往往是比较含蓄而委婉的举动。

（3）表面专注倾听，而双腿却在不住地变换姿势或用一只脚的脚尖去摩擦另一条腿的小腿，则表明此人其实已经很不耐烦了。

（4）分开腿而坐，表明此人很自信，并愿意接受对方的挑战。如果一条腿架到另一条腿上就座，一般在无意识中表示拒绝对方并保护自己的势力范围，使之不受他人侵犯。如果频繁变换架腿姿势，则表示情绪不稳定、焦躁不安或不耐烦。

3.腹部

（1）凸出腹部，表现出自己的心理优越、自信与满足感，可谓腹部是意志和胆量的象征。这一动作也反映了扩大势力范围的意图，是威慑对方，使自己处于优势或支配地位的表现。

（2）男士解开上衣纽扣露出腹部，表示开放自己的势力范围，对对方不存戒备之心。

（3）抱腹蜷缩，表现出不安、消沉、沮丧等情绪支配下的防御心理，调解中弱势的一方常常这样做。

（4）腹部起伏不停，反映出兴奋或愤怒，情绪极度起伏，意味着即将爆发的兴奋与激动状态。

（5）轻拍自己的腹部，表示自己的风度、雅量，同时也包含着经过一番较量之后的得意心情。

4.其他

（1）从容而谨慎的言谈表示说话者充满自信、舒展自如。勉强的笑容、较快的语速或支吾的言语表明说话者紧张、犹豫、坐立不安、缺乏自信。

（2）0.5～1.2米是个人空间，0～0.5米是亲密空间。在交谈中判断距离恰当不恰当，要看自己谈话时在距离上是不是感到舒服。

（3）把自身周边的物品收好，整理衣物或头发，表明做好结束会谈的准备。

以上是调解中常见的肢体语言及其所传达的信息。当然，这些肢体语言仅仅是就一般情况而言的，不同的民族、地区，不同的文化背景及个人修养，其动作、姿态及所传达的信息都是不相同的，应在具体环境下区别对待。另外，调解员在观察当事人的动作和姿态时,不能只从某一个孤立的、静止的肢体语言去判断,而应分析和观察其连续的、一系列的动作,特别是应结合对方讲话时的语气、语调等进行综合分析,这样才能得出比较真实、全面、可信的结论。

四、调解的障碍与应对策略

调解过程是一个理性决策的过程。而在调解的过程中,当事人的心理活动有其自身的原因,理性可能无法全然知晓。但了解当事人相关行为背后涉及的主要心理现象,并利用心理学的基本原理指导调解员与当事人,克服调解中的心理认知偏差所造成的障碍,将有助于调解的达成。

很多类型的冲突本质上是人性驱动的现象,每个人都以自己独特的方式对待争议,每个人解决这些争议的方法又反映了其自身特有的人生经验,而人类思维的有限理性必然会影响人们对法律的判断和决策。因此,了解调解背后的心理活动,掌握调解中的心理反应,对提高调解的成效大有裨益。

(一)主要障碍

一般而言,在调解工作中常常会遇到以下主要障碍:一是调解员在调解准备期对案情缺乏了解且对相关法律法规生疏;二是在调解过程中,一方当事人只关注自己说,不注意倾听对方说;三是调解过程过于僵硬,缺乏适度的灵活性;四是在调解过程中,调解员不注意观察当事人的情绪变化,有可能在情绪化的驱动下,导致调解失败。

(二)应对策略

1.调解前期做好准备工作

首先,调解员要了解案子情况,熟悉相应的劳动法律法规。细心调查,找准原因,消除误解。深入调查是调解成功的前提,没有调查就没有发言权。调解工作也是一样,不能单听一方诉说,只有深入调查,掌握翔实的第一手材料后,才能在调解时有理有据,避免说话时授人以柄,处于被动局面。

其次，调解员要做好相应的调查工作，了解当事人的个性特征。对于过度自信的当事人，调解员可以提供一些参照物，如类似的法院裁判、调解案例等，引导当事人进行对比，促使当事人调整心态，正确定位。

2.调解过程中有"说"，更要有"听"

调解在一定程度上可谓倾听。

第一，倾听有助于调解员理解对方。调解归根结底是施加影响，是调解员在试图转变他人的想法，要是连别人怎么想都不知道怎么能转变他人的想法呢？所以倾听是关键。

第二，倾听有助于调解员与他人建立关系，有助于彼此之间产生信任和认同；倾听表达了调解员对他人诉求的关切，每个人都需要被倾听。

第三，倾听所表达的诚意会换来他人的尊重，从而使其变得更有意愿来了解调解员所说的内容，使调解得以达成。

总之，倾听可能是调解员在调解过程中可以去做的成本最低的让步，不费一文，却价值无限，是开启调解良性互动的金钥匙。

那么该如何倾听呢？倾听不仅要听对方说出了什么，更要去听"弦外之音"。也就是说，不仅要去听对方说出的言辞表意，更要听到语言背后的深意、暗藏的情绪、感受和需要，从而弄清楚对方的真实诉求——真正想要什么？此外还需谨记的一点是，倾听别人要先倾听自己。

3.抓住重点，设定弹性目标

在调解过程中，如果双方当事人之间的解释效果有限，而且双方都不愿意首先让步，则有可能陷入调解僵局。此时，调解员可以选择单独会见当事人并向其提供对方行为的合理解释；或者，调解员也可以通过自己提出解决条款来增加双方的可接受度，从而促使调解过程朝着期待的方向迈进。

事实上，通过提出明显合理的替代解释，调解员就可以动摇当事人的确信性。在有待调解的大多数冲突中，只有一小部分来自绝对的矛盾分歧，而其余大部分冲突的外在则包裹着各种各样的误解。调解员的干预旨在帮助当事人把关注点从立场转移到利益之上，进而为寻找或创造性地发掘双方的共同利益提供可能，并消除当事人的愤怒和伴随的恶意情绪。

4. 以情动人，以理服人

"归因偏差"增加了当事人的愤怒程度，而这种情绪很可能并没有客观的依据，从而将调解置于风险之中。当这种情况发生时，各方都可能采取恶意的态度，很难为达成调解而进行必要的妥协。"归因偏差"往往会导致当事人形成管道思维，在调解过程中困于情绪和立场，从而割断联系、回避沟通。因此，双方所讨论的问题经常集中在各自的立场而不是利益上。

当面对由"归因偏差"所导致的调解僵局时，调解员该如何回应呢？首先，调解员可以向各方解释"归因偏差"及其危害。其次，调解员应鼓励双方相互解释其行为的原因，避免把重点放在情绪化的指责上。至少在调解开始时，调解员可以帮助各方更好地了解彼此所面临的情境约束，从而减少愤怒。此外，在一方陈述的同时，调解员要鼓励另一方积极地倾听，在极端对立的纠纷中，倾听本身就是一种善意的回应。

5. 引入第三方观点

人们都有从众心理，可以从其亲属、朋友、社区干部等人员入手，先做好这些人员的工作，让他们接受调解并积极建议当事人以适度的目标接受调解。在调解现场，可以问当事人如果这件事发生在别人身上，你会怎样建议他，或者你想想家人会期望你怎么做，家人期望的最终目标是什么等，以此来引导当事人进行理解和思考。

总之，在调解过程中，调解员应具备"五心"，即爱心、耐心、信心、诚心和公心。爱心就是爱岗敬业，心里装着当事人，有为保一方平安而无私奉献的精神，有为当事人排忧解难、一案未结就寝食难安的为民意识。耐心就是要养成"听得进、忍得住、拖得起"的好性子。在"听"中劝说，在"忍"中明理，在"拖"（在当事人情绪激动时，最好保持冷静，避免矛盾激化）中化解矛盾。信心就是要有自信心，以顽强的毅力克服困难、知难而上，借助各种有利条件及采取有效的措施做好调解工作。诚心就是要以优质高效的服务，真心实意地为当事人排忧解难，设身处地、感同身受地为当事人着想，以实际行动赢得当事人的支持和信赖。公心是贯穿在调解过程中的"公平、公开、公正"的原则，即要求调解员在工作中秉持着当事人的法律地位、权益、人格一律平等，排除亲疏、好恶、内外等因素，以理服人。

第四节　劳动保护中的心理干预策略

2021年新修订的《中华人民共和国安全生产法》第四十四条明确规定，"生产经营单位应当教育和督促从业人员严格执行本单位的安全生产规章制度和安全操作规程；并向从业人员如实告知作业场所和工作岗位存在的危险因素、防范措施以及事故应急措施。生产经营单位应当关注从业人员的身体、心理状况和行为习惯，加强对从业人员的心理疏导、精神慰藉，严格落实岗位安全生产责任，防范从业人员行为异常导致事故发生"。这是《中华人民共和国安全生产法》首次将"从业人员的心理因素对安全生产的影响"予以强调。工会依法维护职工的安全健康权益，在工作中发挥工会劳动保护监督检查的作用，加强对职工心理健康的关注，可有效防范生产事故的发生。

一、情绪对安全行为的影响

我们常说"高高兴兴上班来，平平安安回家去"，说的正是人们的情绪。高高兴兴是一种积极情绪，当人们带着积极平稳的情绪上班时，其行为更加可控，不容易出现不安全行为；相反，当人们带着不良情绪上班时，常常容易引发不安全行为，导致安全生产事故发生。

心理学家认为，人的情绪是指当事人受到某些外部环境条件影响或某一种事件的打击、冲击而出现的忧郁、恐惧、厌倦、不满、烦躁、兴奋等多种心理特征。如果把这些情绪带到生产中来，很容易引发不安全行为，甚至发生事故，这是非常危险的。

在日常工作中，尤其是高危险作业以及节奏比较快或精准度要求比较高的岗位，职工的情绪良好对安全生产起着十分重要的作用。如果职工工作时精神状态不佳，精力不集中，就难以发现事故隐患，或者当事人本身就是事故隐患，导致发生重大事故的风险增加。

（一）情绪与安全

良好的情绪对安全生产、预防事故发生起着非常重要的作用。在生产中，职工保持良好的情绪，避免情绪的大起大落与生产效率、安全生产有很大的关系。心理学家曾在一家企业观察到，在良好的情绪下，职工工作效率提高了0.4%~4.2%，而在不良情绪下，工作效率降低了2.5%~18%，而且事故明显增加了。

1. 不安全的情绪

（1）急躁情绪与烦躁情绪。急躁情绪表现为干活利索但太毛糙，求成心切但不慎重，工作起来不仔细，有章不循，手、心不一致，这种情绪易随环境的变化而产生。如节日前后，探亲前后，重大事件发生前后等。烦躁情绪表现为沉闷、不愉快，精神不集中，严重时身体协调性下降，有些还有躯体症状。

（2）情绪变化与操作行为。当人体情绪激动水平处于过高或过低状态时，人体操作行为的准确度在50%以下，因为情绪过于兴奋或抑制都会引起人体神经和肾上腺系统的功能紊乱，从而导致人无法集中注意力，甚至无法控制自己。因此，人们从事不同程度的劳动，需要有不同程度的劳动情绪与之相适应。

（3）情绪激动与安全行为。如下图所示，只有情绪激动水平处于适中状态的时候，安全操作水平才能达到较高水平。因此，安全管理应控制职工的过高情绪激动水平和过低情绪激动水平，创造稳定的心理环境，积极引导用理智控制不良情绪，可以大大减少因情绪失调而诱发的不安全行为。

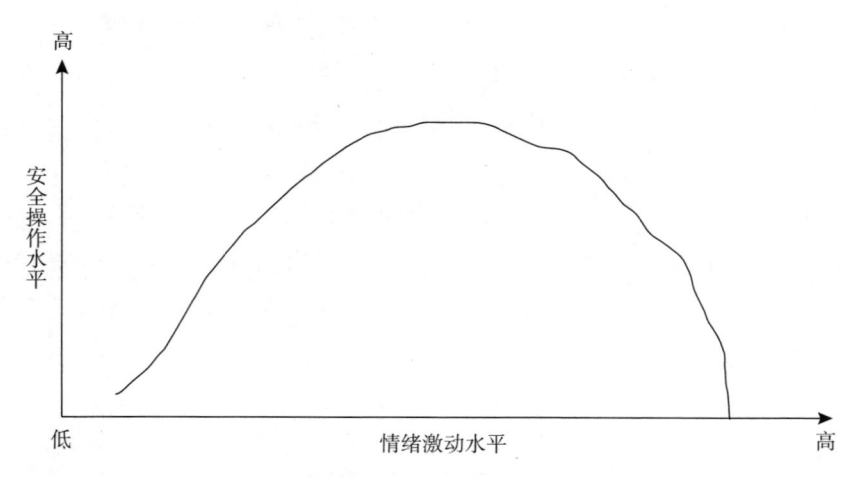

安全操作水平与情绪激动水平的关系

2.情感与安全

（1）责任感的情感体验。责任感是一个人所体验的自己对社会或他人所负道德责任的情感。责任感的产生及强弱，取决于对责任的认识。这种认识包括两方面的内容：其一是对责任本身的认识与认同。责任范围、责任内容是否明确，制约着责任感的产生。责任不明，职责不清，不知道哪些事该管，哪些事不该管，就不可能产生强烈的责任感。然而，即使已经明确了责任，如果没有被自己所认同，也不能产生责任感。例如，虽然领导委派自己去从事某项工作，但自己心里不愿接受，或者心存疑虑，总想把任务推出去，在这种情况下，不可能产生较强的责任感。其二是对责任意义的认识或预期。责任本身的意义越重大，对责任意义的认识越深刻，对责任的情感体验也就越强烈。

（2）责任感的安全功能。责任感对安全影响极大，很多事故的发生与责任心不强有关。一些人上班时脱岗、值班时睡觉，领导者对下属疏于管理监督，对工作拖沓推延，作业时冒险蛮干、不遵守操作规程等，都是责任心不强的表现，极易导致事故发生。2006年2月15日，吉林市中百商厦发生特大火灾，造成54人死亡、70余人受伤，经济损失难以估量，对社会的负面影响更是难以用数字来形容。事后查明，导致这场特大火灾的直接和间接原因有三：一是火灾是由中百商厦员工于某在仓库吸烟所引发的；二是在此之前，中百商厦未能及时整改起火隐患，消防安全措施也没有得到落实；三是火灾发生当天，值班人员擅自离岗，致使商厦里的人员未能及时疏散，最终酿成了悲剧。这三个原因无一不涉及员工责任心问题。可见，责任心不强是肇事的根源。相反，具有高度责任感可防患于未然，减少和避免事故发生。

（3）挫折感与安全。人在生产、生活、工作和学习中并非总是一帆风顺的，有时会遇到障碍，出现失败产生挫折。所谓挫折，在心理学上是指个体在从事有目的的活动过程中，遇到障碍和干扰致使个人目的不能实现、个人需要不能满足时的情绪反应。挫折感的产生与个体容忍挫折的能力有很大的相关性。挫折感一旦产生，便会对人的情绪、行为等发生重要的影响。人在遭受挫折之后，常常会表现出情绪异常，出现如攻击、倒退、固执、妥协、替代等防御行为。总的来说，尽管不同个体遭受挫折后的反应不同，但是基本上可以分为两大类：一类是积极建设性的，另一类是消极破坏性的。

（二）重大生活事件对情绪的影响

1967年，霍尔姆斯（T. H. Holmes）和雷赫（R. H. Rahe）在美国对5000余人进行了关于生活事件（造成人们生活上的变化并要求对其适应和应付的社会生活

社会再适应评定量表（SRRS）

序号	生活事件	LCU	序号	生活事件	LCU
1	配偶死亡	100	23	子女成年离家	29
2	离婚	73	24	司法纠纷	29
3	夫妻分居	65	25	个人突出成就	28
4	牢狱之灾	63	26	妻子开始工作或离职	26
5	家庭成员死亡	63	27	初入学或毕业	26
6	外伤或生病	53	28	生活条件改变	25
7	结婚	50	29	个人习惯改变	24
8	失业	45	30	与上级有矛盾	23
9	复婚	45	31	工作时间或条件改变	20
10	退休	45	32	搬家	20
11	家庭成员患病	41	33	转学	20
12	怀孕	40	34	改变休闲方式	19
13	性生活问题	39	35	改变宗教活动	19
14	家庭添员	39	36	改变社会活动	18
15	调换工作岗位	39	37	小量借贷	17
16	经济状况改变	38	38	睡眠习惯改变	16
17	亲友死亡	37	39	家庭成员数量改变	15
18	工作性质改变	36	40	饮食习惯改变	15
19	夫妻不和睦	35	41	休假	13
20	借债超过万元（美元）	31	42	过圣诞节	12
21	负债未还，抵押没收	30	43	轻微的违法行为	11
22	改变工作职位	29			

情境与事件）对健康的影响的调查研究。他们将当时美国人生活中常见的43项生活事件列成表格，把每一项生活事件引起生活变化的程度或达到社会再适应所需努力的大小，称为生活变化单位（Life Change Unit，LCU），以此反应心理应激的强度。研究者认为，配偶死亡引起当事人生活变化的程度最大，所以规定配偶死亡的生活变化计量单位为100，其他生活事件的计量单位由每一位被调查者与前述标准对比参照自评，最后获得了被调查总体对43项生活事件自评的"生活变化单位平均值"，并由大到小按次序进行排列，编制了一张包括43项生活事件及相应的生活变化计量单位的目录表，称为社会再适应评定量表（SRRS）。霍尔姆斯对经历了不同事件的人进行了多年的追踪观察，认为生活事件与10年内的重大健康变化有关。如果在一年中，LCU超过200单位，则发生疾病的概率增高；如果LCU超过300单位，第二年生病的可能性达70%。这就提醒我们，从重大事件对人情绪的影响看，工会在做好劳动保护工作的同时，要关注员工生活中发生的重大生活事件，特别是高危行业，更是不能忽视。

（三）高危行业要特别关注情绪对安全行为的影响

以驾驶员情绪对安全驾驶的影响为例，驾驶员要注意避免以下情绪。

一是骄傲和急躁。骄傲自满是安全行车的大敌，在行车中易产生不正确操作，给驾驶员安全驾驶带来很大的威胁。

二是赌气斗殴。驾驶员在行车中，碰到不顺心或违背自己意愿的行驶车辆容易斗气，妨碍安全行车。

三是高兴与沮丧。驾驶员情绪过于高兴或沮丧都会严重影响安全驾驶。中枢神经无论处于兴奋状态或抑制状态，都可能导致危险的驾驶行为。

四是激动和愤怒。当驾驶员由于种种原因不能按计划运达时，极易产生急躁和愤怒的情绪，也极易通过极速驾驶的危险冲动行车，过高地估计自己的驾驶水平，忽略潜在风险，因而不能正确地认识和判断路面及车辆状况。

二、身心失调易导致事故

（一）导致不安全行为的主要心理因素

安全心理学主要通过对人的行为的分析，完成对人的心理活动的预测，并最终实现对人的行为的预测,从而有针对性地避免安全事故的发生。近年来,随着科技的发展,在企业生产中机器逐渐代替人工,但人仍然是主体,而人的一切行为都是受其心理活动支配的。通过对企业员工的操作及行为进行调查后发现,导致不安全行为的主要心理因素有以下几种。

1. 侥幸心理

侥幸心理是人们普遍存在的一种心理,有这种心理的人往往会感觉自己违规操作并不会导致严重的问题,因而会为省事或者偷懒做出一些不安全的行为,从而导致安全事故的发生,而这些行为与员工的技术无关。美国科学家海因里希通过对55万起事故进行调查后发现,违规操作有很大概率会导致事故的发生,长期存在侥幸心理的员工更容易出现安全事故。

2. 省能心理

省能心理是指人们在工作的时候总希望通过某种手段在最低的消耗下达到最好的效果,这种心理普遍存在。省能心理的主要表现就是怕麻烦、怕折腾、力图简便,而且有一种混日子的心态。这种心理与侥幸心理是共生的,即认为省事、违规操作不会对结果造成什么影响,殊不知这种心理极易造成事故的发生。

3. 麻痹心理

麻痹大意往往是由于人对安全生产的意识不强或者只浮于表面,做事不按照操作规程来做,马马虎虎敷衍,从而造成事故的发生。产生麻痹大意心理的原因主要有:长期重复性工作、对自己的技术和操作熟练度过于自信、对违规操作行为习以为常以及对工作的责任心不强等。通过调查,发现有麻痹心理的员工往往是工作达到一定年限的老员工。

4. 逞能心理

逞能心理的另一个释义就是争强好胜,在工作中适度的不服输精神可以促使员工进步,提高工作的积极性,但是过于逞能就会导致其在工作中做出一些不理智或冒险的事。有这种心理的人往往会表现出喜欢打赌、争强好胜和偏爱冒险等行为。

5.从众心理

从众心理简而言之就是指没有自己的想法,别人干什么自己就干什么,对自己的行为缺乏理性的判断。从众心理对安全生产的影响,往往要分人,即跟从的人的行为是安全可靠的,那么对安全生产就是有利的,否则就不利于安全生产。

6.无知心理

无知心理往往是指由于不熟悉作业操作规程而导致安全事故的发生,这种情况常常发生在企业新进员工或者新调岗的员工身上,这些员工由于对当前工作岗位的安全生产要求和标准理解不到位或是不清楚而容易出现安全事故。

(二)疲劳、单调与安全

1.疲劳

(1)疲劳的定义。疲劳是一系列复杂现象的综合体,是指人在活动过程中机体的有些部分或整体机能的下降或衰竭状态。这里的活动,既指人的动作活动,也指思维活动或精神活动。从生产劳动的角度来说,疲劳就是指人在从事生产劳动的过程中,由于体力的支出、能量的消耗导致身体机能下降进而影响工作效率的一种生理–心理状态。从心理学的角度来说,疲劳是多种感受体验的综合,这些感受包括无力感、注意力涣散、感觉失调、动觉紊乱、思维与记忆障碍、意志衰退、睡欲强烈等。事实上,上述感受都是人对疲劳的主观感受。

(2)疲劳的分类。按产生的范围划分,疲劳可以分为全身性疲劳和局部性疲劳。全身性疲劳是指个体由于营养不良或供氧不足而引起的疲劳,它表现出来的是全身性症状;局部性疲劳是指由于局部肌肉、肌腱的过度紧张或由于局部血液循环不良而引起的疲劳,其症状多限于局部范围。但人体本身是一个有机的整体,即使是一部分肌肉疲劳,仍可能引起周身的不适与疲劳。按程度划分,疲劳可以分为轻度疲劳、一般疲劳和过度疲劳,随着疲劳度增加,倦怠感强烈,动作紊乱,严重时甚至无法工作。按主客观体验划分,疲劳可以分为生理疲劳和心理疲劳。生理疲劳是机体能量消耗的结果,它属于机体的一种保护性机制,因而有着重大的生物学意义。它是对人发出的一种警诫信号,提醒人们要及时采取措施，注意适当休息，以免造成机体的更大损害。心理疲劳是指个体的心理机制发生变化，从而引起工作能力下降的一种现象。心理疲劳不像生理疲劳那样容易被客观地测定，一般以自我体察和自我感受来确定。但伴随着心理疲劳的出现，人外在的表情和动作方面也会有所表现，如心情不佳、懒散、不想干事，动作协调性变差、反应迟钝等。

（3）引起疲劳的因素。一是作业强度与持续时间，作业强度越大，持续时间越长，劳动者越容易疲劳；二是作业速度，作业速度越快越容易引起疲劳；三是作业态度，劳动者的精神面貌和工作动机对心理疲劳影响极为明显，劳动热情高，工作兴趣大，主观疲劳的感受就小；四是作业时刻，如夜班作业比白班作业容易疲劳；五是不良的作业环境，如不合适的照明、温度、湿度、粉尘、噪声等，都会增加人的疲劳感。

（4）疲劳与安全。疲劳对安全的威胁是显而易见的。既然疲劳意味着劳动者生理、心理机能的下降，而保证安全又需要劳动者必须保持一定的体力和良好的精神状态，那么疲劳也就因此成为对安全最大的威胁。事实上，生产中的事故在很大程度上是由疲劳所引发的。以疲劳对交通安全的影响为例。疲劳驾驶是指驾驶员长时间连续驾驶后，生理和心理机能失衡，驾驶技能客观上降低的现象。驾驶员睡眠质量差或不足，长时间驾驶车辆容易疲劳。疲劳会影响驾驶员的注意力、感觉、知觉、思维、判断、意志、决策和运动等。疲劳后继续驾驶，驾驶员会感到困倦、四肢无力、注意力不集中、判断能力下降，甚至出现恍惚或瞬间失忆、行动迟缓、操作停顿或矫正时间不当等不安全因素，容易发生道路交通事故。因此，疲劳后禁止驾驶车辆。

2. 单调

（1）单调作业对人的身心及生产安全的影响。单调作业的最突出特征是"感觉刺激缺乏"。这种状态对人的身心具有重要的消极影响。日本名古屋大学环境医学研究所曾对单调、无聊、枯燥对人的身心影响进行过一个著名的实验。在约6平方米的房中，一个人坐在简易的木板或椅子上，其中除水冲厕所外，没有任何其他的听觉、视觉刺激，让他在里面待3天。实验表明，几乎所有的人，随着时间的延长，最初正常的知觉状态、思考力都逐渐下降，并伴有回忆和白日梦、冲动行为增多等症状。到第三天，甚至连对这种环境反抗的欲望都消失了，失去了活力。可见，不只是繁重的体力或脑力劳动会导致疲劳，单调也可引起疲劳。

（2）单调会引发事故。在缺乏外界刺激的情况下，大脑难以维持较高的兴奋水平，极易造成注意力涣散，从而危及操作中的安全。例如，加拿大一位曾多次执行两万英尺（约6096米）高空飞行的空军飞行员，在一次飞行中由于单调而感到内心不安、视野变暗，导致飞机急速下降。据研究，问题就出在飞行过程中进入飞行员感觉器官的刺激过少，影响了正常的心理机能。和疲劳感一样，单调感除受作业性质、强度、速度等客观因素的影响外，和个体的主观因素也密切相关，并且存在较大的个体差异。有的人虽从事的是单调重复的工作，但可以从中找到乐趣，因而对他们来说，单调、枯燥、无聊的感受比其他人要轻一些。一般来说，智力较低的人对单调作业的枯燥感比智力较高的人要轻。

（三）倒班生物钟对安全的影响

由于工作性质的不同以及工作任务的变化，许多职工不得不在夜晚工作，白天休息。这样一来，这些人便把生活的规律颠倒过来，变成了"昼伏夜出"的夜班工作者。那么，夜班工作对人体有无影响，怎样保证夜班工作者的安全和健康呢？

1. 认识人的生物节律

昼夜节律及身体的适应研究发现，人体的生理活动具有一定的节律性。这种节律性在24小时内有一定的变化规律，如人的体温、内分泌、泌尿、呼吸、心血管、神经活动，甚至造血机能都表现出傍晚高潮而在凌晨陷入低潮的特征。一旦这种节律与外界变化不同，便会影响人的活动能力。造成这种情况的典型例子，便是上夜班。由于节律被打破，夜班工作者的睡觉时间被安排在白天，而白天睡觉时在光线、环境安静程度等方面均与夜间不同，因而夜班工作者睡眠质量差，易产生疲劳、心理压抑等反应。这与他们长时间无法和家人在一起，心理上的孤单等也有一定关系。从对夜班的适应能力来看，适应能力较强的人，一般可在2~3天内很快适应，但许多人需要更长的适应时间，有些人则根本无法适应；长期从事夜班工作的人受影响较小，而经常轮班者受影响较大。另外，从事体力劳动的人，对夜班适应力相对较强；从事注意力集中工作但运动较少的人，则很难适应。白天精神饱满的人，不如有"夜猫子"习惯的人更能适应夜班工作。夜班工作对人身体健康的影响，表现为夜班及轮班工作者疾病发生率增高。研究表明，糖尿病、呼吸道疾病、消化道疾病、高血压、癫痫、泌尿系统疾病等都与昼夜节律变化有关。

2. 夜班工作者的保健须知

由于工作的需要，上夜班无法避免。那么，如何做好保健工作，使损害降低到最小呢？首先，要按科学规律安排工作时间。目前，部分单位采取了早、中、夜班各1~2天，休息1~2天的方法，相对顺应了机体适应的时间规律，有利于消除机体的疲劳，效果较好。其次，要对上夜班的人员有所选择。对患有慢性疾病或心理状态不佳者，或平时就有睡眠障碍的人，不应安排夜班。再次，应创造良好的工作和生活环境。工作场所应照明良好、色彩鲜艳，利于身心；睡眠环境应安静、光线弱，利于睡眠。同时，应对其交通、业余生活等给予适当照顾。最后，夜班工作者本人也应注意保健。有些年轻人精力充沛，下夜班后成群结队去玩，晚上则继续上班，这样不利于身体健康。虽然年轻人精力好，储备能量较多，但长期下去，必定会使健康状况下降。另外，夜班工作者要注意饮食与营养，尤其睡醒后要多吃、吃好，并注意少吃食盐，不喝浓茶、咖啡等刺激性饮料。一旦发现不适，要及时到医院诊治，切勿乱服药。

三、违章操作与安全风险

（一）违章的心理特点

一是大多违章未发生事故，侥幸心理滋生。大部分违章没有直接后果或没有显见后果，从而使违章具有普遍性。如10次没戴安全帽没有出事，所以就会有20次、30次、50次违规不戴安全帽，直到最后一次发生悲剧。

二是无论有意或无意违章，不及时警示都潜藏危险。有意违章与无意违章比较难区分，或许本人是清楚的，或许本人是不清楚的。违章后果有潜在性，违章操作有较大潜在风险。某个违章当时没有承担后果，但它可能与其他违章或以后的违章在一定的条件下发酵，酿成事故。"不因恶小而为之"，必须引起警觉。

三是违章未必造成事故，动机再好也不可取。违章动机和效果存在不一致性，情境违章更为明显。有时好的动机却带来严重后果，如监护人离开监护去帮操作人员操作而导致事故。任何年龄、任何工龄、任何工种的人都存在违章，而且还可能重复同样的违章，所以必须重视。

（二）违章发生的规律

1. 违章的多发时间

（1）节假日前后。这时操作人员思想受到的干扰多，工作时注意力容易分散，常被节日的氛围和情绪所吸引，甚至被节日的各种外在信息所干扰，情绪化占上风，工作的理智性有所下降，这也是安全生产必须提醒和警惕的时期。

（2）交接班前后。交接班前后的一个邻近时间段，有人称之为"注意力低峰期"。交班者注意力放松，接班者还未完全进入"角色"。有时在交班前，为了赶在下班前完成某项任务，草草收尾，因而遗漏某个操作或有意违规，以达到加快完成任务的目的，结果导致严重的事故。在交接班前后，不但容易违章而导致事故，且一旦发生事故，由于不易做到指挥统一、协调一致，还可能扩大事故。

（3）凌晨生产时。凌晨3:00—6:00，通常是人最容易犯困、注意力较难集中的时刻，违章发生频繁。根据时间分布的统计结果，违章事故的发生率在凌晨这个时段出现峰值，这与职工在此时的生理疲劳有关。

2. 违章的多发作业

（1）高空作业，如在高层建筑、架桥、大型设备吊装作业。

（2）地下作业，如在煤矿井下、地下隧道作业等。

（3）带电作业，如在维修行业特别是在电气维修中更为普遍。

（4）有污染的作业，如在高噪声、含有毒物质、有放射性物质的环境下作业。

（5）在交叉路口、陡坡、急转弯、闹市区行车，雾天行车或飞机航行。

（6）复杂操作，如飞机起飞、着陆等复杂系统的操作过程。

（7）单调的监控作业。随着生产自动化程度的日益提高，许多操作可由机器完成，人只起监控作用。在绝大多数情况下，机器正常运行，监控人员的工作负荷很小，但又不能离开工作区域去做其他事情，此时监控人员非常容易产生心理疲劳从而导致违章。

（8）单独外出作业或工程队外出作业，由于缺乏现场监督而违章。

3.违章当事人的因素

（1）违章常在当事人生物节律临界或低潮期发生。
（2）责任心和安全意识比较差的人容易违章。
（3）对所从事的工作不感兴趣的人容易违章。
（4）有些违章出自事故当事人一时错误闪念。

（三）违章操作的表现

一是骄傲自大、好大喜功。自己能力不强，但信心过强，认为自己工龄长，虽有时感觉力不从心，但在众人面前争强好胜，贪慕虚荣，不计后果，冒险作业。

二是情感波动，心神恍惚。受社会、家庭环境等客观条件的影响，往往会产生烦躁、思想分散、顾此失彼、手忙脚乱，或有时出现高度兴奋、手舞足蹈、得意忘形等状态，从而导致不安全行为。

三是技术不精，遇险惊慌。操作技术不精，生产工艺不熟，面对突如其来的异常情况，正常的思维活动受到抑制或出现紊乱，束手无策，惊慌失措，错失安全自救良机。

四是思想麻痹，自以为是。青年工人和部分有经验的老工人，他们在安全规程面前"不信邪"，在领导面前"不在乎"，把群众提醒当成"耳旁风"，把安监人员的监督职责看作"找麻烦"，自以为是，我行我素。

五是不思进取，盲目从众。有的职工不愿学习操作规程，凭想象、凭经验，看别人违章作业没出事故就盲目效仿，时间久了便养成不良操作习惯，改之甚难。如将劳保眼镜装在口袋里，戴手套操作旋转机床等。

六是心存侥幸，明知故犯。有的违章人员不是不懂操作规程，也不是技术水平低，而是明知故犯。在他们看来，"违章不一定出事，出事不一定伤人，伤人不一定是我"。这实际上是把事故的偶然性绝对化了。在实际作业现场，以侥幸心理对待安全操作的人时有所见。

七是懒惰作怪，敷衍了事。作业时能省力便省力，能将就则将就，图省事，怕麻烦。有的操作工人为了节省时间，手握零件在机床上打孔，而不用虎钳或其他工具固定；有的宁愿冒险，明知设备运转不正常，也不愿停工检查，而是让它继续"带病工作"。

八是心不在焉，满不在乎。有些职工根本没有意识到危险的存在，认为什么规章制度都是领导用来管人的，对安全规程缺乏正确认识；有些职工对安全工作谈起来重要，干起来不重要；有些职工认为违章是不可避免的，胡搅蛮缠、肆意违章。

九是好奇乱动，无意酿祸。有些刚进厂的新职工看到什么都新鲜，乱动乱摸，致使一些设备处于不正常、不安全的运行状态；也有些老职工到其他岗位串岗，无意中乱动设备，危及本人、殃及他人。

十是工作枯燥，厌倦心烦。企业一线职工的工作往往是单调的重复操作，容易产生心理疲劳，久而久之便会形成厌倦心理。

四、改善工作环境，提高感知效果

感知是人类对于某些行为或者事物提前产生的一种感应，这种感应在工业生产中往往会给操作人员提供精准的预判而及时制止或者避免安全生产隐患的发生。为加深感知在安全生产中的应用，企业往往需要从以下几个方面入手。

一是通过改善工作环境，提高感知效果。如电子设备生产厂家和制造企业往往通过增加照明设备和通风设备来提高操作人员对环境和机械运行的感知能力，从而使得操作人员在操作时对自身以及他人的动作有清晰的了解，避免工作过程中发生不安全操作。

二是增强环境对比度，提高感知效果。在生产中，企业往往会通过增强环境的对比度，如衣服颜色或者预警灯光设置等来提高操作人员和管理者对于危险的提前感知。增强环境对比度还可以提高操作人员的注意力，避免因环境单一导致操作人员出现疲劳等状态。

三是提高人的感知能力和协调能力。企业管理者需要在日常工作中通过对操作人员进行应急模拟训练来提高他们对危险的感知力和灵敏度。

五、工伤事故对职工心理的影响

如果不幸发生了工伤事故，工会一定要注意对职工进行心理疏导。根据事故大小不同，采取相关的疏导方法，具体可参见本书心理危机相关章节的处理办法。

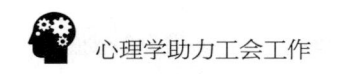

第五节　心理契约与工会工作

一、什么是心理契约

心理契约这一概念于 20 世纪 60 年代被引入管理领域，研究者使用这一概念是为了强调在员工与组织的相互关系中，除了正式的经济契约（体现为劳动合同等规定的内容），还存在着隐含的、非正式的、未公开说明的相互期望和理解，它们构成了心理契约的内容。两种契约均存在于组织环境中，不过两者的核心内容并不相同，下表是波特·马金等人概括的两种契约内容上的基本差异。

经济契约与心理契约内容上的基本差异

契约类型	员工关注的内容	组织关注的内容
经济契约	金钱	工作
心理契约	体谅	品德

总体来说，心理契约的内容具有义务的特征，因为关系中一方意识到另一方有一种义不容辞的责任去兑现这些期望。企业文化与组织心理学领域的开创者艾德佳·沙因（Edgar Henry Schein）在其《组织心理学》一书中，把心理契约界定为"任何时刻都存在于个体与组织之间的一系列没有明文规定的期望"，并明确指出它对于行为动机方面的重要意义。学者们发现，当雇主与雇员之间的期望越是匹配，雇员越对工作满意，而且工作效率更高，离职率更低。

完整的心理契约，应该包含员工的心理契约和组织的心理契约。员工的心理契约是员工对于相互责任的认知和信念系统；组织的心理契约是组织对于相互责任的认知和信念系统。

心理契约之所以称为"心理的"并与法定契约不同，就在于这种交换的实质建立在认知和理解的基础上，而不是建立在书面上的、明文规定的、双方均认可的协议基础上。英国心理学家盖斯特（D. E. Guest）认为，心理契约与法定契约的区别包括三个方面：首先，法定契约强调相互性，心理契约则是个体对于相互关系的认知；其次，法定契约规定契约的必要因素是存在一个双方的书面协议，而心理契约则不具备这种"协议"的核心要素。最后，法定契约的变更需要双方同意,而心理契约的变更则具有单方面的性质。美国心理学家罗梭(Rousseau)也对两者的区别进行了明确的界定:在定义上,心理契约是一方对和另一方之间的交换关系的理解。对相互关系的理解而非相互关系本身是心理契约的核心。法学家指出,对所有的承诺和有约束力的义务都必须在其出现的社会环境中进行理解,然而对心理契约感兴趣的学者对影响交易双方承诺的因素的心理过程进行解释,这又超越了社会所提供的答案,所以,心理契约是超越法定契约的概念。

二、心理契约的破裂和违背

(一)什么是心理契约的破裂和违背

心理契约不是一个一成不变的稳定产物,其内容可能随着时间和条件的变化而变化是其基本特征之一。

心理契约的破裂指的是个体对组织未能完成其在心理契约中应承担的责任的认知评价。

心理契约的违背指的是个体在组织未能充分履行心理契约的认知基础上产生的一种情绪体验,其核心是愤怒情绪,个体感觉组织背信弃义或自己受到不公正待遇。

事实上,契约满足和契约破裂是一个连续体的两端,一端说的是契约兑现的程度,一端说的是没有兑现的程度。研究表明,无论契约破裂还是契约违背,所产生的消极结果都是扩散性的,不仅影响员工的认知和情感,它所导致的员工后续行为最终还可能损害组织的利益。

(二)影响心理契约破裂的感知因素

一是组织的人力资源管理活动。一些研究发现,如果员工感到自己的组织推动了良好的人力资源管理活动,则更可能认为组织履行了心理契约中的责任,其中人力资源管理中畅通的沟通机制尤其重要,它让员工清楚地知道组织会做什么,以及应该做什么。

二是员工是否感受到自己得到组织或主管的支持。美国学者在纵向研究中发现感知到的组织支持(Perceived Organization Support,POS)可以预测心理契约的满足程度。换句话说，当员工相信组织是支持性的——通过组织所做的一些事情表明组织关怀员工的幸福安康，并在员工需要时愿意提供帮助，则员工更可能相信组织兑现了承诺，反之亦然。这中间可能存在的一种解释是，感知到的组织支持提供了一种预置的倾向性，会使员工忽视微小的破裂信号，并把严重的破裂情况视为特例事件给予原谅。

三是一些发生在组织之外或员工进入组织之前的事件。例如，若前任雇主没有兑现契约中的责任的话，这种雇佣经验的历史更容易使员工产生不信任感。他们会更敏感地监控当前的信息和线索，对微小的差异十分警觉。当员工感到自己有很多雇佣选择时，他们也可能更积极地监控组织的活动，因为一旦发现组织没能兑现契约责任，他们就会去寻求更好的雇佣机会。

（三）契约破裂的后果

研究表明，心理契约的破裂会导致员工对组织的信任感、责任感和忠诚度下降，工作满意度降低，离职意愿提高。在极端情况下，员工还会对组织进行报复，如消极怠工、偷窃、攻击行为，有研究者总结了契约破裂后员工在思想、情感和行为方面的反应。

契约破裂后果：员工在思想、情感和行为上的反应

情感	思想	行为
愤怒	我怎么能再相信这个组织	减少努力
暴力	我不会再对这个组织全心地付出了	不准备再在组织中待更长的时间
失望不满	如果他们这样来做事，对这个组织的忠诚还有何意义	拒绝做合同规定之外的任何工作
被背叛伤心	他们竟然这样对待我	报复，如迟到、早退、缺勤等

三、发挥工会作用，促进心理契约管理

如何激励员工，让员工在组织的发展中付出更多的努力，承担更多的责任；如何发挥工会围绕中心服务大局的作用，提高员工的满意度，减少流动性，增强其对企业的情感承诺，发挥好主力军作用，始终是工会的重点工作。综合前面的

研究，可以看出，心理契约可以作为一项管理工具，帮助企业形成和发展更加积极的雇佣关系，这也正是工会建立和谐劳动关系可以借鉴的。

（一）尊重双方责任的互惠原则

作为企业要想让自己的员工成为"好员工"，主动积极地为组织发展作出更多贡献，首先要考虑自己如何成为一个"好组织"，即要善待员工，满足员工各方面的合理需要。其中，提供经济报酬和物质利益的"规范责任"非常重要，它会影响员工对企业承担的责任以及员工对工作与组织的态度和行为，所以，工会代表职工跟企业开展的工资集体协商尤为重要。

（二）重视人际责任与发展责任

通过已有的实证研究发现，尤其在中国的文化背景下，增加组织对员工的人际方面的责任，如提供良好的人际环境、对员工尊重和认可、给他们人文关怀等，会积极影响员工对待组织的责任和工作的相关态度；增加组织对员工在发展方面的责任，如提供事业发展机会、培训机会等，会对员工的工作满意度产生积极影响，进一步提高他们的工作积极性。然而，现实的情况是，不少企业以"提供经济利益"作为主要雇佣手段，而忽视在"发展责任"与"人际责任"上的投资，这些也是近年来工会服务职工可以发力的重要方面。

（三）平衡员工期望与组织承诺

员工期望包括员工对于工作上或组织中希望的状态，例如，一个新员工可能希望得到高薪、快速提升、同事和睦相处、办公室宽敞明亮等，其中一些希望与现实差距很远，员工自己也知道组织不可能给他们提供这些内容，可能带来员工的失望。这不能成为心理契约。心理契约不仅有期望的性质，更重要的是包括那些对责任和义务作出承诺的内容。这些承诺包含直接的或隐含的，但它是员工相信自己应该得到的东西。有学者提出组织承诺包含五个维度：感情承诺、规范承诺、理想承诺、经济承诺、机会承诺。

在心理契约的管理中，工会协助企业可以从以下几个方面做出改进。

一是从三个方面关注组织对员工的责任，即不但要关注组织对员工的"规范责任"，而且更多关注组织对员工的"人际责任"和"发展责任"。

二是管理层与员工之间增加开诚布公的沟通和交流机会，缩小组织与员工在心理契约上的认知差距。

三是对员工增加有关组织文化和价值观的培训，使员工更多地了解组织的意图和动机。

四是对于新员工群体，还可以采取一定措施降低他们心理契约内容中一些不切实际的期望，减少心理契约的破裂和违背感。

（四）关注心理契约未来的发展

心理契约正在随着社会发展而发展。研究发现，组织内外环境及其他变革，很可能通过心理契约的变化而影响员工的态度和行为。通过心理契约的管理来改善雇佣关系，最终实现组织与员工的共同发展，这应该是未来的发展方向。未来在心理契约管理中，工会应注意破解契约内容清晰化的两难困境。心理契约毕竟是一种认知加工过程，它不可避免地带有主观和隐含性的特点。不少心理契约的内容如果不是因为契约最终破裂而引起人们的警觉，人们可能并不会去关注它，甚至意识不到它的存在。这也从另一个方面表明很难确保契约内容的清晰化，有学者提出心理契约管理过程中应该包括四个阶段。

一是信息交换阶段。在这个阶段，要加强信息沟通，契约双方明确向对方传达自己的需要，以及自己可以提供的内容。

二是协商阶段。在这个阶段，员工有组织地进行协商，并对他们打算为对方付出的内容达成协议。

三是监控阶段。在这个阶段，契约各方对另一方进行监控以确保契约的内容得以兑现，以及在承诺兑现中保持公平性。

四是重新协商或者退出阶段。在这个阶段，由于大环境的变化，雇佣双方的需求也在不断改变。对新出现的问题可通过重新协商来调整，或者其中一方决定退出这种相互关系。

第三章

职工服务中的心理关爱

近年来，北京市总工会找准服务企业、服务职工的着力点，突出强化服务职能。依托三级服务体系工作平台，树立精品，全力打造企业支持、职工欢迎、体现工会组织特点的"首都工会十大服务品牌"，主要包括：技能助推、法律服务、文体推介、医疗互助、健康促进、职业康复、意外保障、心理关爱、困难帮扶、母婴关怀。"首都工会十大服务品牌"项目提高了工会组织的影响力和美誉度，开创了首都工会工作的新局面。本章将着力探讨如何借助心理学的理论和方法更科学有效地开展职工服务项目，融入情感和温度，助力工会工作。

第一节　女职工的心理关爱

党的二十大报告指出，要"加强家庭家教家风建设""坚持男女平等基本国策，保障妇女儿童合法权益"，这些都体现了党对妇女事业发展的高度重视。工会女职工委员会是县以上妇联的团体会员，工会女职工工作是落实党和国家关心关爱女职工、维护女职工合法权益、服务女职工的阵地，特别是"三孩"背景下对女职工的关心关爱、工作家庭的平衡、女职工的个人成长等议题，都需要工会干部掌握一定的心理学理论和方法，更好地践行服务的本质。

在"首都工会十大服务品牌"中，"母婴关怀"是体现工会对女职工关心关爱的重要举措，项目内容是在北京市女职工人数较多、条件较成熟的机关企事业单位、经济园区、商务楼宇、工会服务站、职工之家建立母婴关爱室，为女职工安然度过特殊生理阶段，提供一个私密、干净、舒适、安全的场所，以便其休息、哺乳、交流和进行心理调适。

一、母婴关爱室背后的心理学

保障孕期、哺乳期女职工劳动保护权益，支持职场妈妈坚持母乳喂养是女职工劳动保护工作的重要内容。2014年，全国总工会女职工委员会召开全国工会"爱心妈咪小屋"建设现场推进会，在全国部署推进女职工休息哺乳室建设工作。2016年11月，国家卫生计生委、全国总工会等10家单位联合印发《关于加快推进母婴设施建设的指导意见》，提出到2020年底，所有应配置母婴设施的公共场所和用人单位基本建成标准化的母婴设施。各地方和基层工会女职工组织通过统一标识，制定管理办法，投入专项资金，分类设定配置标准，细化日常维护、动态管理、督导检查等各环节工作，有效推动了女职工休息哺乳室建设科学化、规范化。目前，"爱心妈咪小屋""母婴关爱室""爱心妈妈屋""阳光家园"等各具特色的女职工休息哺乳室在全国各地企事业单位、工业园区、商务楼宇广泛建立，为孕期、哺乳期女职工提供了安全、卫生、私密的休息哺乳场所，得到了各级党政和广大女职工及社会有关方面的普遍赞誉。工会参与建设的爱心小屋,是职场中女职工的减压小屋,不仅有效帮助背奶瓶的女职工实现了母乳喂养,也为哺乳期女职工提供了交流的场所以解决育儿中的困惑。

(一)母乳喂养

从营养学的角度看,婴幼儿喂养主要包括儿童从出生到3岁期间的母乳喂养、辅食添加、合理膳食和饮食行为培养。这一时期是生命最初1000天中的重要阶段,科学良好的喂养有利于促进儿童健康,为其一生发展奠定良好基础。

母乳中含有丰富的营养素、免疫活性物质和水分,能够满足0~6个月婴儿生长发育所需全部营养。6个月内的健康婴儿提倡纯母乳喂养,不需要添加水和其他食物。母乳喂养经济、方便、省时、卫生,有助于婴儿达到最佳的生长发育及健康状态。早产儿、低体重儿更应提倡母乳喂养,母亲应当按需哺乳,确保婴儿摄入足够的乳汁。

(二)心理营养

从心理学的视角出发,母乳喂养还具备更深一层的成长意义——亲子交流。母乳育儿不单单只是喂奶。婴儿被妈妈抱在胸前,贴近妈妈的皮肤,感受妈妈的温度,吃妈妈的奶,享受安抚的过程是婴儿早期依恋关系建立的开端。围绕着这个中心,建构关系的过程还包含了诸如换尿布、洗澡、散步、喂饭等日常生活中母婴间的点点滴滴。在产后一年的时间里,不论是从健康角度还是从人格形成的角度看,母乳育儿都是非常有益的。如果能够争取到一年的育儿休假期,无论对于孩子还是妈妈本人而言都将是无比幸福的事情。然而这对于很多在职妈妈来说是很难实现的,她们需要兼顾养育和职场,也因此促生了一大批背奶瓶上班的妈妈们。单位里的爱心小屋,可以帮助妈妈们把一年的母乳育儿坚持下来,这种方式不仅有利于母婴的身心健康,使母乳喂养的宝宝更好带,也能帮助重返职场的妈妈们有更多的精力集中投入工作。

研究表明,婴儿的健康发育成长,不仅需要食物(奶水),还需要来自母亲(照料者)的爱。父母若能意识到早期养育环境将对儿童未来的心理发展产生何种重大的影响,也许是他/她们给孩子最为珍贵且独一无二的礼物了,远胜过给孩子布置什么家庭作业、送孩子去上什么学校。这份礼物——给予孩子所需的关注——将为一个人筑下心理安全感的基石,也是未来去做一切事情的心理基础。大量研究表明,儿童早年的生命体验是至关重要的。从婴儿出生开始,他人及周围环境是如何与其交互的,将对孩子原初的自我修复能力、情绪协调能力以及日后的认知、情感和社会功能产生深远的影响。

婴儿时期是人类大脑生长极为迅猛的阶段,伴随一生的心智模式和各种中枢神经通路,都将在此阶段逐渐成形。举例来说,6个月大的孩子就已具备发出世界上任何一种声音的生理功能了。等这个孩子1岁大时,脑部的神经结构会再进一步发展、分化,就已经可以辨识出绝大部分自己所处文化下的语言了。文化特别是家庭文化,会直接被编入婴儿大脑的中枢神经系统中。

0~1岁是儿童成长中最为关键也是最具爆炸性突破的一年。在此期间,婴儿负责社会功能的脑区得以迅速发展,使他/她们可以用超快的速度学习很多东西,并在不断与他人建立关系的过程中,继续促进大脑的发展。更为重要的是,这一年中,他/她们逐渐学会了如何与他人进行情感上的互动联结。人,尤其是重要照料者,是婴儿身边最原始的环境。婴儿早年所体验到的与人的交互方式,将对个体一生的发展产生深刻而持久的影响。

二、母婴关系与依恋理论

依恋理论最初由英国精神分析师约翰·鲍尔比(John Bowlby)提出,他试图理解婴儿与父母相分离后所体验到的强烈苦恼。鲍尔比观察到,被分离的婴儿会以极端的方式(如哭喊、紧抓不放、疯狂地寻找)力图抵抗与父母的分离或靠近不见了的父母。在当时,精神分析著述者们认为,这些表现反映出婴儿尚不成熟的防御机制,它们被调动起来以抑制情感的痛苦。然而鲍尔比指出,在许多哺乳动物中,这种表达是很常见的,他认为这些行为可能具有生物进化意义上的功能。

依恋理论最重要的宗旨是:幼儿需要与至少一个主要的照料者发展一种关系,以便正常发生社交和情感发展。在依恋理论中,依恋是指个人与依恋者(通常是照料者)之间的情感纽带或联系。这种纽带可能在两个成年人之间是互惠的,但是在婴幼儿和照料者之间,这些纽带是基于婴幼儿对安全和保护的要求,因此在婴儿期和儿童期至关重要。该理论提出,婴幼儿会本能地依附于照料者,目的是能够生存下来并最终实现基因复制。生物学目标是生存，心理目标是安全。

1973年，玛丽·爱因斯沃斯（Mary Ainsworth）采用陌生情境测验，从婴儿和母亲的研究中界定了亲子关系的三种基本类型：

一是安全型关系。妈妈在这种关系中对孩子关心、负责。体验到这种依恋的婴儿知道妈妈的负责和亲切，甚至妈妈不在时也这样想。安全型婴儿一般比较快乐和自信。

二是焦虑——矛盾型关系。妈妈在这种关系中对孩子的需要不是特别关心和敏感。婴儿在妈妈离开后很焦虑，一分离就大哭。其他大人不易让他们安静下来，这些孩子还害怕陌生环境。

三是回避型关系。这种关系中的妈妈对孩子不是很负责。孩子则对妈妈表现出疏远、冷漠。当妈妈离开时，孩子不焦虑，妈妈回来也不特别高兴。

延伸阅读

陌生情境测验

这个结构化的实验评估大概要花20分钟，妈妈和12个月大的婴儿被请到一个到处是玩具的、让人开心的房间。而后每3分钟呈现一个场景，包括妈妈在的时候让婴儿探索，妈妈两次离开婴儿，两次回来跟婴儿重聚，陌生人（通常是经过训练的婴儿观察员）出现在婴儿面前。这种身处陌生环境、与母亲分离，还有面对陌生人等令人不安的因素组合起来，会触发依恋行为系统可以预测的、基于生物基础的各种表现。

陌生情境测验8个片段（Episode）

片段	现有的人	持续时间	情境变化
1	母亲、婴儿和实验者	30秒	实验者向母亲和婴儿作简单介绍
2	母亲、婴儿	3分钟	进入房间
3	母亲、婴儿、陌生人	3分钟	陌生人进入房间

续表

片段	现有的人	持续时间	情境变化
4	婴儿、陌生人	3分钟以下	母亲离去
5	母亲、婴儿	3分钟以上	母亲回来、陌生人离去
6	婴儿	3分钟以下	母亲再离去
7	婴儿、陌生人	3分钟以下	陌生人回来
8	母亲、婴儿	3分钟	母亲回来、陌生人离去

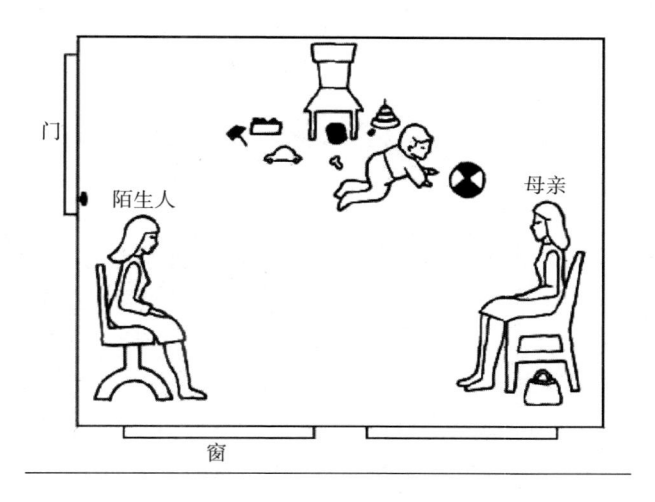

观察结果：

"安全型"婴儿——这类婴儿与母亲在一起时，能安逸地操作玩具，并不总是依偎在母亲身旁，只是偶尔靠近或接近母亲，更多的是用眼睛看母亲、对母亲微笑或与母亲有距离地交谈。母亲在场使婴儿感到足够的安全，能在陌生的环境中进行积极的探索和操作，对陌生人的反应也比较积极。当母亲离开时，婴儿的操作、探索行为会受到影响，婴儿明显表现出苦恼、不安，想寻找母亲回来。当母亲回来时，婴儿会立即寻找与母亲的接触，并且很容易经抚慰平静下来，继续去做游戏。这类婴儿占65%~70%。

"回避型"婴儿——这类婴儿对母亲在不在场都无所谓。母亲离开时，他们并不表示反抗，很少有紧张、不安的表现；当母亲回来时，也往往不予理会，表示忽略而不是高兴，自己玩自己的。有时也会欢迎母亲的回来，但时间非常短暂。实际上这类婴儿对母亲并未形成特别密切的感情联结,所以,有人也把这类婴儿称为无依恋婴儿。这类婴儿约占20%。

"矛盾型"婴儿——这类婴儿在母亲要离开前就显得很警惕,当母亲离开后表现得非常苦恼、极度反抗,任何一次短暂的分离都会引起大喊大叫。但是当母亲回来时,其对母亲的态度又是矛盾的,既寻求母亲的接触,但同时又反抗与母亲的接触,当母亲拥抱他时,他会生气地拒绝、推开。但是要他重新回去做游戏似乎又不太容易,不时地朝母亲这里看。所以这种类型又常被称为矛盾型依恋。这类婴儿占10%~15%。

安全型依恋为良好、积极的依恋,而回避型和矛盾型依恋被称为不安全性的依恋,是消极、不良的依恋。

后期,研究人员Main和Solomon又发现了另外一种模式,即混乱型的依恋关系。他们认为,陌生情境中有些婴儿的行为很难归到上述三种的任何一类,他们把这些婴儿描述为"混乱/无法定向型"(Disorganized/Disoriented)依恋,也称D型依恋。当与监护人分离或重聚时,这种类型的婴幼儿在情绪、行为上表现混乱和不适宜,反常且不规律,难以监控和预测,其内心正经历着对依赖对象的情感不确定所导致的犹豫和徘徊。

依恋行为系统存在于婴幼儿与重要照料者之间,母亲往往是婴儿最早最重要的依恋对象,因此母亲的作用是非常重要的。混乱型婴儿的无组织依恋策略与母亲未解决的心理状态有关,这种未解决的状态会通过父母表现出来的惊吓行为/被惊吓行为或者分离行为来传递给孩子。研究发现,混乱/无法定向型婴儿的母亲表现出了更高比例的角色混乱(自我参照行为)和消极侵入行为,这些母亲对自己的婴儿表现出了一种混合着拒绝和亲近寻求的矛盾行为,被称为"敌意–自我参照依恋"。因此,她们对自己的婴儿表现出了更多的接触抗拒,她们经常犹豫地远离或者忽视自己孩子发出的亲近寻求。这类母亲被称为"无助–害怕型母亲"。诚然,母亲的心理问题如创伤、缺失、抑郁、有精神病史等都会对婴儿的依恋模式产生深刻的影响。

研究表明,婴儿期混乱型依恋的发生率为13%~82%,且取决于家庭危险因素,如单亲家庭、暴力家庭、父母婚姻不和谐、儿童受虐等。有些混乱型依恋的儿童在17岁时会出现高水平的神经病理征以及各种临床障碍。

婴儿期的早期依恋对成人依恋模式有着不容小觑的影响。对成人依恋的最早研究，包括对成人依恋中的个体差异间的关联的研究、人们对自己关系的看法以及他们对自己与父母关系的记忆。Hazan 和 Shaver（1987）编制了一份简单的问卷，用以测量这些个体差异，如依恋风格、依恋类型、依恋倾向或依恋系统组织差异。简而言之，Hazan 和 Shaver 要求被研究对象阅读下列三段内容，并指出哪段内容最好地描述了他们在亲密关系中的所思、所感和行为。

（1）与别人亲密令我感到有些不舒服，我发现自己难以完全信任他们、难以让自己依赖他们。当别人与我太亲密时我会紧张，别人想让我更加亲密，这使我感到不舒服。

（2）我发现与别人亲密并不难，我能安心地依赖于别人和让别人依赖我。我不担心被别人抛弃，也不担心别人与我关系太亲密。

（3）我发现别人不乐意像我希望的那样与我亲密。我经常担心自己的伴侣并不真心爱我或不想与我在一起。我想与伴侣关系非常亲密，而这有时会吓跑别人。

基于这三种分类测量的结果，Hazan 和 Shaver 发现，成人依恋类型的分布情况类似于婴儿时期。换句话说，在成人中，约有 60% 认为自己是安全型（B 段）、20% 把自己描述为回避型（A 段）、20% 评价自己属于焦虑-矛盾型（C 段）。

三、健康的依恋

（一）"哭声免疫法"能训练独立性吗？

生活中经常听到一些妈妈说，最近正琢磨如何从小培养孩子的独立、自立能力，并常提到"哭了不抱，不哭才抱"的著名观点。这个观点被冠以非常专业的名字"哭声免疫法"，通过延迟妈妈抱孩子的时间，来推迟满足并减少孩子渴望妈妈亲密接触的需求，训练出一个极少哭闹、让妈妈省力的乖宝宝。具体来说，就是孩子在哭的时候，不要去抱孩子、安抚孩子，因为这样会养成孩子喜欢哭闹的性格，然后变本加厉，越来越难哄；孩子不哭的时候再去抱孩子最好，因为这样孩子就会知道只有不哭的时候，才能得到妈妈的关爱，从而让妈妈更加省心。

这种训练方法的理论背景源自著名行为主义心理学家约翰·华生（John Broadus Watson）。他曾说过："给我一打健全儿童，我可以用特殊的方法将他们任意改变，或者使他们成为医生，或者使他们成为艺术家或富商，或者使他们成为乞丐或盗贼，而不用考虑其天赋、倾向、能力、祖先的职业与种族。"约翰·华生认为，人不是神圣的精神存在，而是行为的机器，用什么样的环境塑造和训练，就能输出什么样的结果。

倘若初次听说"哭声免疫法"，会觉得好像很有道理，因为在人们的常识中就是不要宠孩子，越宠孩子越娇纵，也就越难带；经常去安抚孩子，抱孩子，哄孩子，也会使孩子太过于依赖妈妈，这非常不利于孩子的独立，也会让孩子变得更加的胆小。如果能通过"哭声免疫法"提高孩子的独立能力，减少对妈妈的依赖的话就更好了。实际上这个方法在一开始的时候也被证明非常有用，很多使用过后的妈妈都表示，孩子的确变得好带了很多。

然而，华生用毕生所奉行的行为主义在构建自家依恋关系，其实际结果又如何呢？华生的儿女们对其的描述是这样的："毫无同情心和情感交流，他无形中剥夺了我和兄弟姐妹之间所有的情感连接。"在这样冷漠的成长环境中，华生的大儿子在30多岁的时候就自杀身亡了。据媒体报道，在其成长过程中实则已多次自杀未遂，自杀的原因很简单，因为他极度缺乏安全感和父母的爱。华生的其他子女也都无一例外地出现过自杀的尝试，以大女儿次数最多。小儿子终身自暴自弃，过着四处漂泊的流浪生活。更让人唏嘘的是，这种自杀的倾向和冲动出现了代际遗传，华生的外孙女也和母亲一样，多次尝试了结生命。

华生曾经宣称，应用"哭声免疫法"能够将孩子锻炼成更优秀的人，而从华生自己孩子的结果可以看到这个说法错误至极。有越来越多的研究证实，很多采取"哭了不抱，不哭才抱"的婴儿，在未来的成长发展中，轻则出现睡眠障碍，重则发展成精神问题、人格障碍、精神分裂甚至有自杀行为。殊不知，妈妈看似只是掐着表延迟了5分钟才回应哭泣的婴儿，但婴儿的整个世界已经开始崩塌，承受着能否继续存活下去的不确定性和煎熬。

其实孩子在出生前2个月里，处在"正常自闭期"。这个期间孩子对外界反应很少，基本就是吃和睡。因为这时候在孩子的感觉里，世界和自己是一体的，就像还在子宫里一样，尚不存在"外在的妈妈"。妈妈的积极关注和陪伴，维持了孩子的这种"全能自恋"，即世界与我一体，非常安全。

在"以婴儿为中心"的母婴关系里，婴儿自主地微笑，激荡起母亲的喜悦，也发自内心地对婴儿微笑；婴儿夜半啼哭，母亲哪怕在另一个房间也会及时醒来冲过去抚慰婴儿。母亲以婴儿的感受为中心，与婴儿共振，给予积极的回应与关注。这样长大的孩子,他/她们会发自灵魂深处对生命充满热情和创造力,与人友善,同时会坚定地捍卫自己。当孩子的全能自恋较充分满足后,心智自然向前发展,逐渐把自己和外部世界分开,不仅仅关注自己,也开始关注别人。这是正向的爱的流动和分化,婴儿对世界的信任来自内在的安全感。

可"哭声免疫法"等行为主义婴儿训练法,破坏孩子的全能自恋感,使孩子在婴儿时发现"母亲不能与我一体,世界也不能给予我所求",他/她们会焦躁、会暴怒、会回避、会攻击。这种婴儿时期培养的"独立",其实是让孩子从小遭受冷漠对待的同时,培养了他/她们一种与母亲和世界情感沟通的"无力感"。

因此,"哭声免疫法"虽在国外风靡一时,却因其对人性的泯灭和违背,难逃时间的检验与讨伐,终被欧美国家所唾弃。痛心的是,国内至今仍有大量早教机构、新手父母培训课程,乃至一些奶粉生产商等,还依然打着华生行为主义的名号,大张旗鼓地将国外的"洋垃圾"搬到国内市场,背离母乳喂养和母婴健康依恋关系的本质,大行其道,使很多新手父母深受其害。作为工会干部,在女职工关爱工作中,更要肩负宣传正确育儿理念的重任,积极推广母乳喂养和爱心母婴室的建立,这是工会保护女职工权益的重要职责。

(二)物质依赖与情感依赖哪个更重要?

早在1959年,美国比较心理学家哈洛(Harry Horlow)为了验证婴儿对母亲行为的依恋,进行了著名的"恒河猴实验"。实验证明,母亲和孩子之间的肢体接触对母婴关系、婴儿未来的身心健康有着深远影响。

"恒河猴实验"是这样的:哈洛先将出生后的小猴子,交给两个"妈妈"来抚养:一个是能够给它提供奶水的"铁丝妈妈";另一个是全身包着舒适的绒布、能够给它提供抚触感的"绒布妈妈"。结果发现,每天24个小时中有将近18个小时,小恒河猴待在能够给它抚触感的"绒布妈妈"怀里;而只有3个小时,趴在能够给它奶水的"铁丝妈妈"怀里,吃完后便迅速返回到"绒布妈妈"身边。

当验证了小恒河猴更喜欢有亲密接触的"妈妈"之后,哈洛做了第二个实验。那些由"绒布妈妈"和"铁丝妈妈"抚养大的小恒河猴,性格极其孤僻,没有正常的社交能力,呈现抑郁、自闭的行为。有些甚至在回到猴群后,绝食而死。

为了研究这些幼猴在成年之后能否正常地哺育后代,哈洛强迫它们生育,没有母爱关爱的恒河猴丧失了抚养下一代的情感能力,常常是漠视或者虐待下一代。

心理学助力工会工作

"绒布妈妈"和"铁丝妈妈"

实验虽然残酷也饱受争议，可却真实而深刻地让我们看到，孩子对于母亲的依恋源于心理上的支持和肢体的接触，而不仅仅是单纯的生命喂养。一个在照料者的关怀、支持、拥抱、接触下，拥有安全依恋的孩子会更加幸福、健康地成长。

（三）为自己营造一个健康的亲密关系

虽然恒河猴实验的残酷曾饱受争议，但也有一些温暖的发现。实验中有一些每天有机会与其他猴子互动的恒河猴，虽然也在独立的笼子里生活，可是三个月后，把它们与其他孤独的有心理疾病的猴子放在一起时，它们会持之以恒地主动与之接触，好像能真的懂对方一样，慢慢地使孤独的猴子们从创伤的阴影里走出来，恢复了正常的社交。这个意外的发现，无疑是我们在实验中更渴望看到的，除了残忍和创伤，生命更需要一份弥补和温情。

延伸阅读

亲密关系的四种依恋，你是哪一类？

很多时候，我们在与父母、恋人的亲密关系中，往往能看到真正的自己。John Bowlby将成人的依恋模式分为：

- 安全型依恋（Secure）
- 回避型依恋（Insecure-Avoidant）
- 矛盾型依恋（Insecure-Ambivalent）
- 混乱型依恋（Insecure-Disorganized）

心理学家发现，依恋模式具有相当的稳定性。发展心理学家 Mary Ainsworth 设计了一个"陌生情境测验"来评定1岁婴儿对其母亲依恋的安全性。通过母亲在孩子身边与离开房间两种情形来观察孩子的情绪变化和行为。

安全型依恋：安全型依恋的孩子与母亲在一起时能舒心地玩玩具，并不总是依附母亲。当母亲离去时，明显地表现出苦恼。而当母亲回来后，会立即寻求与母亲的接触，很快平静下来并继续玩游戏。

回避型依恋：回避型依恋的孩子在母亲离去时感受不到紧张或忧虑，母亲回来，他们亦不予理会或短暂接近一下又走开，表现出忽视及躲避行为。

矛盾型依恋：矛盾型依恋的孩子在母亲离开时表现得非常苦恼、极度反抗，任何一次短暂的分离都会引起大喊大叫；母亲回来时，他对母亲的态度又很矛盾，不自主去寻求与母亲的接触。

混乱型依恋：混乱型依恋的孩子往往表现出莫名、怪异的行为，他们把母亲看作安全感和威胁的来源。混乱型依恋的孩子往往生长在受虐待的家庭环境中，而母亲常伴有精神性疾病。

这四种依恋模式从小到大基本是稳定的，具有一定的行为预测意义。

值得庆幸的是，大多数人都属于"安全型"依恋模式。童年时期父母对我们的"适当教导"丝毫不会对我们的心理造成多大的伤害。然而，如果我们在一段亲密关系中有回避型依恋、矛盾型依恋、混乱型依恋等相似的行为状态，也就说明，目前这段关系并不能给我们带来一个健康的安全型依恋感受。你可以：

（1）试着与严苛的父母表达你对于他们认可的需要，或仅在内心与他们和解。

（2）试着与伴侣建立一段信任的高质量关系，不将对方视为拯救者一味索取。

（3）试着与自己的"内在小孩"对话，安抚那个慌乱、焦虑、恐惧的孩子，你会好好照顾内心的小孩，给予自己最大的支持。

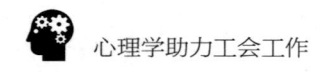

第二节　困难职工的心理帮扶

一、困难职工帮扶

困难职工帮扶一直以来都是工会的一项重要职能。2022年年底，中华全国总工会提出要求，各级工会要聚焦职工急难愁盼问题，切实做好职工困难帮扶服务。2023年10月召开的中国工会第十八次全国代表大会报告要求，"大力开展服务帮扶""巩固城市困难职工解困脱困成果，与提高职工生活品质有效衔接，推动改革发展成果更多惠及广大职工群众"。工会开展困难职工帮扶工作，既是劳动关系发展和完善的要求，也是工会密切党群关系，维护职工切身利益的要求。很多基层工会在困难职工帮扶工作上积极响应共同富裕号召，不仅在资金和物资上给予帮扶，更是在心理辅导、工会医疗互助、一线职工疗休养、就业服务等方面给予职工实实在在的帮扶，全方位助力其早日解困脱困，保障共富路上一个也不掉队。

（一）物质帮扶

在财政部印发的《职工困难帮扶资金管理办法》中明确提出，职工困难帮扶资金用于支持工会巩固城市困难职工解困脱困成果，持续提升职工生活品质，在职工遇到临时性、突发性、特殊性困难时开展前置性、补充性、开发性帮扶和送温暖服务，把党和政府的关心关怀、工会组织的温暖送到职工心坎上。在全国总工会印发的《中央财政职工困难帮扶资金项目管理实施细则》中，要求各级工会根据职工困难情况和实际需求，充分发挥帮扶资金作用，开展生活救助、子女助学、大病救助、职业培训和职业介绍等有针对性的事前预防和事后救助项目。这些针对困难职工的财政帮扶政策，进一步响应了广大职工群众对美好生活的需要，工会干部应聚焦职工群众急难愁盼的实际问题，切实做好职工困难帮扶服务工作。

（二）心理帮扶

在现实工作中，随着社会压力的不断增大，职工存在的困难不仅限于物质方面，心理和精神层面的问题更需要关注。在帮助困难职工解决生活实际困难的过程中，工会干部还需要了解职工的精神文化需要，从心理层面，满足职工的精神文化需求，并引导困难职工打造积极向上的乐观心态。因此，工会在对职工进行帮扶时应尽力去了解职工的心理状况，对于职工所存在的精神压力进行调节；还可组织专门的心理辅导、心理培训来为职工排忧解难，培育积极的心态。只有如此，困难职工才能真正把工会当作自己的"娘家"，倾诉苦衷，共同商讨解决办法，获得工会的帮助和支持，才能更加健康地谋求发展。

案例分析

帮困更帮"心"

某区总工会了解到困难职工有心理辅导的需求，便邀请了心理工作者走访上半年新建档的困难职工家庭，通过面对面深度聊天的形式送去心理关怀。在困难职工美娟（化名）家中，通过交谈，心理工作者了解到美娟的父亲多年前意外身亡，母亲三年前因中风脑出血瘫痪在家生活无法自理，奶奶年老，妹妹仍在上初中，一家人生活的重担都压在她柔弱的肩膀上，巨大的压力让刚步入社会的美娟难以喘息。但生活并没有压垮她们。美娟和妹妹在工作、学习的同时，也在悉心照料母亲的日常起居。心理工作者得知，除了生活的压力，美娟还非常担忧正步入青春期的妹妹，美丽（化名）处于叛逆期，性格比较倔强，难以沟通，对除家人外的人都不太友好。心理工作者听后，表示想跟妹妹美丽聊聊。

心理工作者："你在学校跟同学的关系怎么样？"

美丽："还可以。"

心理工作者："平常课余时间是不是经常帮忙照顾妈妈？"

美丽："对，姐姐不在家，我要帮奶奶多做点。"

心理工作者："那你真的很棒！看墙上这么多运动类奖状，看来体育很好哦。"

美丽："还行，很感兴趣。"

心理工作者："那你以后可以试着往这方面发展。"

美丽：（笑）

简单的对话慢慢打开了妹妹的话匣子……

心理工作者:"你会觉得妈妈是你们的拖累吗?"

美丽:(沉默后哽咽)"有些时候感到撑不下去,也会这么觉得。"

心理工作者:"我们不需要因为有这样的想法而感到羞愧和难过,人在低谷的时候,有情绪是很正常的事,只是我们要学会调整它。我们每个人的家庭并不是自己能选择的,但未来的路怎么走,脚在我们自己身上,主动权也在我们自己手中。而且,家里只要有妈妈在,你们就都是幸福的孩子。"

美丽:(含泪)"家里有妈妈在,我就什么困难都不怕,只要妈妈能活着,这个家就还在。"

美娟:(含泪点头)

在心理工作者循循善诱的疏导中,美娟与美丽最终敞开心扉,了解彼此内心的感受,相互鼓励和加油,决心在未来要面对的生命波澜中抱团取暖。此次心理慰问对困难职工及其家人的生活起到了正面积极的引导作用。

二、心理帮扶策略

(一)困难职工的"困难心态"

在面对困难时,通常有三种人,第一种人叫放弃者,这类人觉得这辈子就这样了,没什么太大的机会,遇到挫折时,经常表现为逃避、放弃、不努力、舒服就好。第二种人叫扎营者,这类人通过一定的努力,到达了某个高度,获得了一些地位,然后就停下来不再努力了。比如一些大学生,经过努力考上大学,然后就开始混日子,得过且过了。第三种人叫攀登者,这类人不会把自己的人生定格在某一个高度、阶段,而是一直努力下去,他/她们面对逆境,会越挫越勇。

困难职工在面对困难时也会出现上面的三种心态,我们期望困难职工能拥有攀登者的心态,克服暂时的困境,重新找到生命的热情和希望。然而事实上,更多的困难职工在生活的挫折面前被打击得一蹶不振,在命运的抗争中感觉无助,觉得自己一切全完了,很难看到未来的生活希望,完全被负面情绪所淹没,否定自我,沉浸在过去经历的创伤旋涡中,严重的还有可能出现抑郁情绪甚至轻生。如果遇到这种情况,工会组织向困难职工提供心理帮扶的意义就更大了。

（二）心理"脱困"

1.减少消极的思维模式

消极思维是所有人时不时都会产生的，但持续的消极思维会损害心理健康，让人感到沮丧和焦虑。消极思维是指一种对自己和周围环境消极思考的模式。之所以产生消极思维，有以下三个主要原因：

第一，对未来的恐惧。我们常常害怕未知，不确定未来会带来什么。这通常会导致"灾难化"的想法，这意味着我们总是预测未来会失败或出现灾难化的结果。不管你怎么看，担心未来都是浪费时间和精力。放弃这些消极想法的关键是，接受你在未来可以改变得有限的现实，从而努力专注于现在。

第二，对现在的焦虑。对现在的焦虑是可以理解的。许多人担心人们对自己的看法，自己是否在工作中做得很好，自己是不是受人喜欢。消极的思考者经常想出最坏的情况，就像办公室里没有人喜欢我，我的老板要告诉我工作做得很糟糕。焦虑源于对失去控制的恐惧，但也证明你是一个自我要求很高的人，只是你不能要求自己尽善尽美，也永远不可能让所有人对自己满意。

第三，为过去感到羞耻。你有没有因为上周甚至去年所做的事情而睡不着觉？每个人都做过和说过让自己感到尴尬的事情，但消极思考者往往比其他人更多地关注过去的错误和失败，并且不断反刍。当然，处理错误的更具建设性的方法是接受事件已经发生并考虑如何防止其将来再次发生。

你不必屈服于消极思想。通过一些基本的反击技巧，你可以学会在消极想法变得无所不在之前通过拦截它们来降低这些负面影响。关键的做法是，每次有消极想法时，你都要练习反击，一有闪现就进行反击。这里有六个问题，下次出现消极想法时，你可以在头脑中做这个自问练习，也可以在日记中写下你的答案。

（1）这种想法是真的吗？

（2）这种消极想法有根据吗？

（3）这种想法给了你力量，还是剥夺了你的力量？

（4）你能对这个想法产生积极的影响或从中学习吗？

（5）如果你没有这些消极的想法，你的生活会是什么样子？

（6）这个想法是否掩盖了一个需要解决的问题？

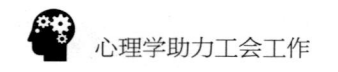

2.减少无助感，增加掌控感

什么是"无助感"？英文为 Helplessness，就是我很痛苦，但又不知道该怎么办的感觉。"我讨厌这样的生活，讨厌身边的人，甚至讨厌我自己。我睡不好觉，身体不好，心情也很差，但我不知道该怎么改变。我好像一个人待在深深的、黑暗的海底，我感到窒息、绝望、孤独。"这是一位遭遇生活变故的职工向工会主席反映困难时的切身感受，也是对"无助"形象的描述。

那么"无助感"产生的原因是什么呢？"无助感"其实是哺乳动物进化中的一种默认模式，属于大脑中比较原始低级的"爬行脑"（Reptile brain）。试想爬行动物在被袭击的时候，是没有认知或者主动的应对方式的，它们能做的就是蜷缩起来，希望袭击者发现不了自己而快点走掉。哺乳动物在进化中保留了"爬行脑"的部分，因此爬行动物应对威胁的模式也被留存下来，成为更本能的默认模式——放弃和恐慌。

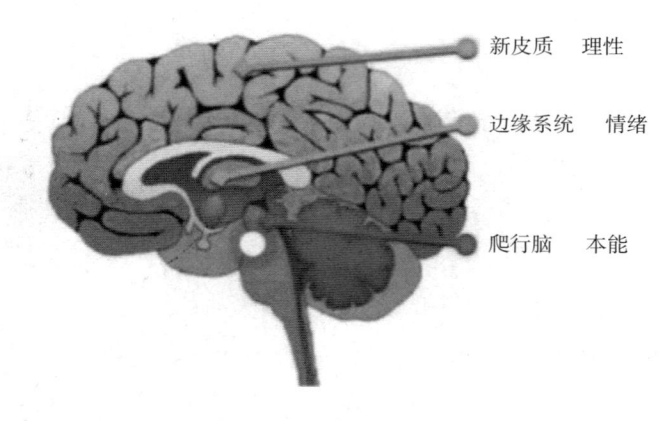

新皮质　理性

边缘系统　情绪

爬行脑　本能

三脑结构

所以当生活中发生一些坏事的时候，我们不能让其消失，但可以选择做不一样的反应，比如学习新技能，尝试新做法，增加掌控感。掌控感指的是个体相信自己能够决定内在的状态和外在的行为，能够影响周围的环境，以及实现预期结果的信念（Wallston et al., 1987）。行动力的来源正是掌控感，重建日常生活中的秩序，这里的秩序并非指强迫性的整齐划一，而是一种自己习惯、适应且很少受到外界干扰的有序状态。

研究表明，越多的"内部控制点"，越让你相信自己能掌控生活。美国心理学家菲利普·津巴多（Philip George Zimbardo）认为：控制点导向是一种信念，即我们行为的结果是"取决于自己所做的"（内部控制导向），还是取决于"个人控制之外的事件"（外部控制导向）。如果倾向于内控型，我们会觉得自己对大部分发生的事情是具有决定权和影响力的；如果偏外控型，就会觉得很多事情是由外界决定的，自己无能为力，这就很容易丧失掌控力。寻找更多的"内部控制点"可以从一些便于实现的小事开始积累，试着制作《掌控力清单》，从生活微小的改变做起。其实，生活本就是由细节和琐碎小事组成的，如果我们在每一件小事上都能获得一些掌控感，感受到一些小确幸，那么从整体来看，生活也会变得更美妙，更有希望。

3.建立人生的目标和意义

目标与动机相关，动机是激发个体朝着一定目标活动，并维持这种活动的一种内在的心理或动力。而"动机"是在"需要"的基础上产生的。也就是说，当我们有了某种强烈的需要和愿望时，目标就产生了，一旦有了既定目标，我们便会朝着一个方向开始努力。那么目标对我们来说有多重要呢？

哈佛大学有一个关于目标对人生影响的跟踪调查。研究对象是一群智力、学历、环境等各方面都差不多的人。调查结果发现，27%的人没有目标，60%的人有较模糊的目标，10%的人有清晰而短期的目标，只有3%的人有清晰而长期的目标。这项持续了25年的跟踪研究表明：3%的人25年来都不曾更改过目标，他们朝着目标不懈努力，25年后他们几乎都成为社会各界的顶尖人士；10%的人生活在社会的中上层，短期的目标不断地被达成，生活状态稳步上升；60%的人生活在社会的中下层，他们能够安稳地生活与工作，但似乎没什么特别的成就；27%的人生活在社会的最底层，25年来生活过得不尽如人意，常常失业，依赖社会救济，并常常抱怨他人、抱怨社会。

人在遇到困难时，常常出现对以往目标的怀疑，或者被负性情绪压垮，忘记了自己的奋斗目标，也有些人一直没有人生目标。因此，帮助困难职工找到人生的目标、事业发展的意义，对于工会干部而言是非常重要的。

4.培养成长型思维

"成长型思维"一词是由美国心理学家卡罗尔·德威克（Carol S. Dweck）在研究了数千名儿童的行为后首次提出的，在她的《看见成长的自己》一书中，德威克创造了两个术语：成长型思维和僵固型思维。这些术语能够帮助我们更好地理解人们对于自身的智力和学习能力的基本假设。

（1）僵固型思维。持这种观念的人认为，我们只能达到现在这样的智慧和才能，无论怎样的努力都无法再改变这些。那些僵固型思维的人如果在第一次尝试某件事时没有做对，就会觉得自己很丢脸。因为他们经常会担心别人如何看待他们的智力、技术和能力。

（2）成长型思维。持这种观念的人认为，我们可以通过努力、付出和时间变得更加聪明、娴熟，这种思维相信你可以成长、改变和提高。

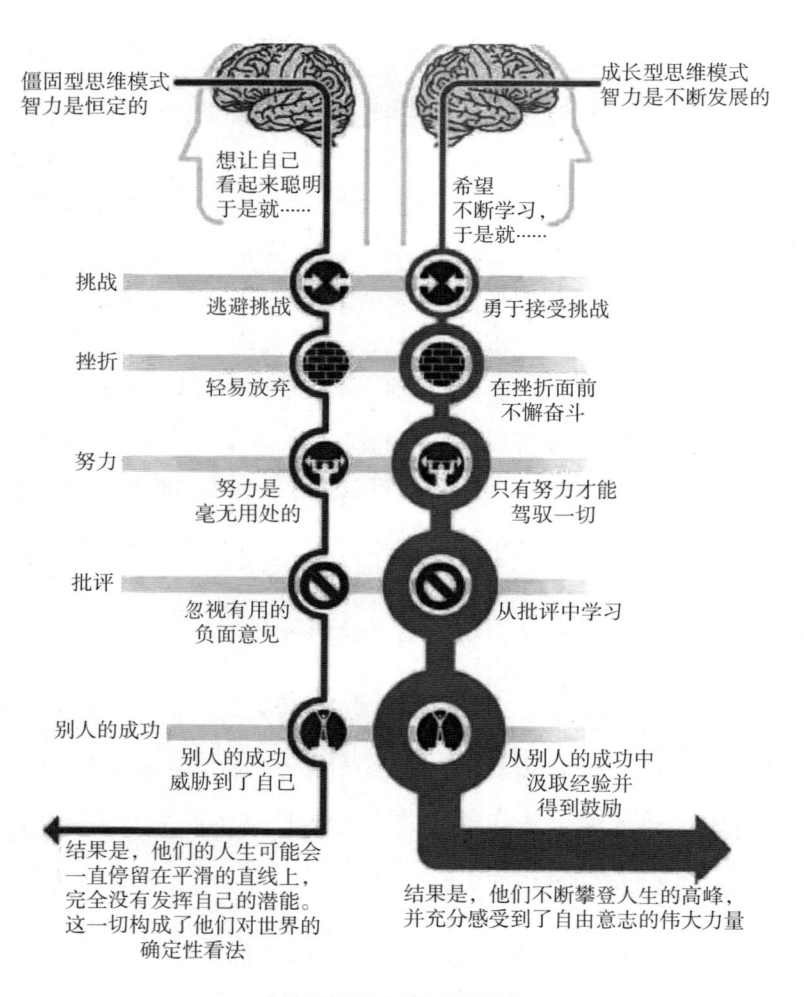

僵固型思维模式 智力是恒定的
成长型思维模式 智力是不断发展的

想让自己看起来聪明，于是就……
希望不断学习，于是就……

挑战 —— 逃避挑战 / 勇于接受挑战

挫折 —— 轻易放弃 / 在挫折面前不懈奋斗

努力 —— 努力是毫无用处的 / 只有努力才能驾驭一切

批评 —— 忽视有用的负面意见 / 从批评中学习

别人的成功 —— 别人的成功威胁到了自己 / 从别人的成功中汲取经验并得到鼓励

结果是，他们的人生可能会一直停留在平滑的直线上，完全没有发挥自己的潜能。这一切构成了他们对世界的确定性看法

结果是，他们不断攀登人生的高峰，并充分感受到了自由意志的伟大力量

成长型思维与僵固型思维

事实证明，当你拥有成长型思维，你会更愿意尝试新事物，探索新的可能性，而且你不害怕失败或经历挫折，因为你知道这些只是过程的一部分。德威克对成长型思维的描述是："挑战自己的热情，即使（或尤其是）在进展不顺利时仍有坚持下去的决心，这是成长型思维的标志，这样的心态使得人们在生活中最困难的时期也能够茁壮成长。"

僵固型思维与成长型思维对比

情况	僵固型思维	成长型思维
挑战 一天上课时，你意识到这个课程很有挑战性——比你预期的难得多。	"我要离开这里！不管怎样，我都要待在我的舒适区中。"	"值得一试！最坏的情况无非我学到的东西少一点。"
障碍 哦，第一个作业看上去很难。	"我想并不是每一个人都擅长这个。"	"哇哦！这比我想的要难得多。我必须重新调整一些事情，以便在这上面投入更多的时间。"
努力 一个大项目要求你熟悉一些新概念，练习一些新技能。	"我就做我已经知道的事情吧，其他的不必理会。没必要为了一些无关紧要的事情陷入这些麻烦之中。"	"这对我来说需要做很多工作，然而，如果我能理解这些技能与概念，它们将会为我打开这个领域的许多扇门。"
批评 老师对于你用来完成这个项目的策略，给了一些批评性的反馈。	"反正我也不是很重视老师的反馈。显然，从我进门的那一刻起，她就讨厌我。"	"老师对于我怎样有所提高给出了一些很好的观点。我想知道，她是否愿意在课后与我见面，更多地讨论一下。"
其他人的成功 蒂娜在她的项目上拿到了A，而你却没有。	"当然，蒂娜拿到了A。但那并不是一个容易拿到的A；你看到她在那个项目上付出了怎样的努力吗？她显然没有那么聪明。"	"哇哦！蒂娜的项目是如此面面俱到、独具一格。我得在开始下一个项目之前，向她好好学习一下。她是能够帮助我提高的最好的资源。"

怎样才能培养自己的成长型思维呢？通过以下一些方法，你可以开始训练你的大脑以成长型思维的方式而非僵固型思维来思考。

A.不再担心你是否够聪明，开始在意你是否足够努力。

B.将失败视为学习的机会。

C.将挫折视为过程的一部分。

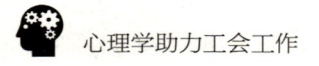

D. 赞扬努力而不是结果。
E. 不要害怕问问题。
F. 接受新的挑战。

延伸阅读

如何培养我们的成长型思维

第一步：接受。我们首先要接受人类天生的僵固型思维模式。远古时期，僵固型思维模式给我们祖先带来了生存优势，这种思维模式让我们远离豺狼虎豹，尽量待在安全的地方。今天，我们不再为生存发愁，但我们身上依然流着祖先的血液，我们的DNA里完整地保留着那些曾经保护我们的品格，我们有根深蒂固的固定思维倾向，我们承认它的存在，但这不能完全代表我们，我们还可以培养自己的成长型思维。

第二步：发现。我们需要对自己敏感，我们需要发现什么时刻、什么原因会导致我们产生僵固型思维。是失败、批评还是压力？发现是困难的，但我们发现得越多，就越有可能练习出成长型思维模式。

第三步：给僵固型思维模式起个名字，任何你想叫的名字都可以，越有个性越好，把它当作一个人，每当有这个思维出现的时候，你就笑一笑并对它说，"×××欢迎你来到我的世界"。

第四步：和你生命中的×××谈一谈。例如，我们可以用积极语言来教育一下他，告诉他我们知道他的好意，知道他是为了保护我们，万分感谢他，但这次我们已经做好了迎接新挑战的准备（如果我们喜欢，大可以把新挑战和如何应对说得更具体一点）。我们还可以劝说他，让他也一起加入进来，和我们一起在成长的真实世界中打拼。

有了这四个步骤，我们就可以开始刻意练习自己的成长型思维模式了。

（文章来源：卡罗尔·德威克《终身成长》）

第三节 工作场所的压力应对

一、压力及来源

压力是当人们去适应由周围环境引起的刺激时，人们的身体或者精神上的生理反应，它可能对人们心理和生理健康状况产生积极或者消极的影响。因压力过大造成的员工经常性的心不在焉、创造力下降会导致企业生产力受损。

压力的起因或来源大体分为三方面：工作压力、家庭压力、生活压力。

（一）工作压力

工作压力是指在工作中产生的压力。它的起源可能有多种情况。如工作环境（包括工作场所物理环境和组织环境等），分配的工作任务多寡、难易程度，工作要求完成的时限长短，员工人际关系影响、工作新岗位的变更等，这些都可能是引发员工工作压力的诱因。工作压力应成为企业人力资源管理和工会工作所关注的重点。

（二）家庭压力

每一个员工都有自己的个人家庭生活，家庭生活是否美满和谐对员工具有很大影响。这些家庭压力可能来自父母、配偶、子女及亲属等。家庭压力是影响员工工作状态非常重要的诱因，"八小时之外决定八小时之内"，家庭成员之间的关系能否给予员工情感上的滋养和人格的成长，还是会"剪不断，理还乱"，令员工每天耗费很多心思去处理家事、教育子女，这些都会对其工作表现带来影响。

（三）社会压力

包括社会宏观环境（如经济环境、行业情况、就业市场等）和员工身边微观环境的影响。如IT业职场要求掌握的专业技术日新月异，职场竞争压力大，专业人员淘汰率高，此时就对IT从业人员造成很大的社会压力。员工所处社会阶层的地位高低、收入状况同样对其构成社会压力，如当员工自身收入状况与其他社会阶层相比，或者与其他同行业从业人员相比较低时，也可能产生压力。

尽管这些家庭压力和社会压力与工作无关，但作为工会干部，应予以关注，尽量减少这些压力对员工工作表现的干扰，只有这样才能使他们身心专注地投入到工作中去，同时也收获了幸福感，无形中提升了对组织的忠诚度和满意度。

二、工作压力来源

工作压力也称工作应激、职业应激、职业紧张、工作紧张。相对于个体的承受能力而言，如果员工长期、反复地处于职业应激中，就会导致一系列不良反应，如对工作不满意、厌倦、无责任心，并导致工作效率降低、缺勤率高、失误增多；出现失眠、疲劳、情绪激动、焦躁不安、多疑、孤独、对外界事物兴趣减退等；导致高血压、冠心病、消化道溃疡等；产生危害行为，如吸烟、酗酒、滥用药物、上下级关系紧张、迁怒于家庭成员等。下表呈现了工作压力的主要来源。

工作压力来源

压力源	主要因素	可能后果
工作条件	工作超负荷或负荷不足 工作的复杂性及技术压力 工作决策与责任 紧急或突发事件 物理危险 时间变化	生产线歇斯底里症 精疲力竭 生物钟紊乱 健康受到威胁 烦恼和紧张增加
角色压力	角色模糊 角色冲突	焦虑和紧张增加 低工作满意度与低绩效 过于敏感
人际关系	缺乏接纳与支持 勾心斗角，不合作 领导对员工不关心	孤独、抑郁 敏感 人际关系退缩
职业发展	升职或降职 工作安全性与稳定性 抱负受挫	失去自信 焦虑增加 工作满意度与生产力降低
组织系统	结构不合理，制度不健全 派系争斗 员工无参与决策权	动机和生产力低下 挫折感 对工作不满意
家庭工作交互影响	引起压力的生活事件 （如婚姻、家庭问题等）	焦虑和紧张增加 身心疲惫

三、应对工作压力的策略

针对工作压力的来源可以看到，有些因素是我们可以控制的，有些因素是我们不可控的。应对工作压力，可以从可控的因素入手，尝试去减少工作压力的负面影响。

（一）认知自我

1. 什么是认识自我

认识自我就是要充分清楚自己的兴趣爱好、能力、性格和价值观，并根据这些确立自己的职业目标，知道自己对哪类工作感兴趣，只有将能力和兴趣结合起来考虑，才能更好地规划自己的职业生涯，从事热爱的岗位，从而在工作中感受到的压力也相对较少，或者有足够的能力应对挑战。如果你对自己的职业兴趣和能力不是很清楚，可以借助一些心理测试工具，了解自己的职业兴趣和能力。

同时，认识自我需要审视自己的内心世界，尝试思考"我是谁？我需要什么？我到底想干什么？我到底能干什么？"了解自己最重要的是时时刻刻不忘自我反省，随时检视自己的言行举止与内在思维，这是一种个体直接认识自己的方法，即内省。通过内省可以看到自己的智力、情绪、意志、能力、气质、性格和身体条件等特点；内省也是自我意识形成的重要途径之一。在认识自己的过程中，一定要注意客观、全面、辩证地看待自己，形成正确的自我意识，真正地了解自己，并以此来选择适合自己的职业生涯发展道路。

心理学中有一个著名的"乔哈里窗口"理论，如下图所示，该理论把自我分为四个部分：公开我、脊背我、隐私我和潜在我。

（1）公开我。代表自己和别人都了解的部分，对初次交往的朋友而言，这个区域可能很小；对于自己的父母或熟人而言，这个区域可能就变得很大。区域的大小视对方对你所了解的多寡而异。

（2）脊背我。代表这是自己看不清楚而别人却一目了然的部分，也就是所谓的个人盲点，通常是自己不自觉的瑕疵或怪癖、习惯等缺点。有自知之明、常常自我反省的人，这个区域比较小。虚心接受师长与亲友指点是缩小盲区的有效捷径。

（3）隐私我。代表个人很清楚、他人不了解的隐秘部分。自己的秘密、弱点

	他人	
	他知	他不知
我知	公开我	隐私我
我不知	脊背我	潜在我

乔哈里窗口

不愿让别人知道，因为暴露这个部分可能使自己受到伤害或鄙视，唯有当自己很信任对方不会出卖、伤害自己的时候，才会开放自己的隐藏区。所以，这个区域的大小视个人对他人的信任程度而定，面对愈能信任的人，我们的隐藏区就愈小。

（4）潜在我。代表自己和别人都不清楚的部分，这个区域有多大是个未知数，经过自己的省思或特殊的际遇，可能会突然间有所顿悟，发现自己的潜能或潜藏的一些特质，有些部分需要通过心理咨询、测验工具来开发，有些部分可能永远都不会察觉。

上述四个部分，重点是了解"潜在我"和"脊背我"这两部分。

"潜在我"是影响一个人未来发展的重要因素。因为每个人都有巨大的潜能，许多研究表明，人类平常只发挥了极小部分的大脑功能，如果一个人能够发挥一半的大脑功能，将能轻易地学会40多种语言，背诵整套百科全书。苏联著名心理学家奥托指出："一个人所发挥出来的能力，只占他全部能力的4％。"控制论的奠基人维纳指出："可以有把握地说，一个人即使曾做出过辉煌的成就，在他的一生中利用自己的大脑潜能还不到百亿分之五。"由此可见，认识与了解"潜在我"，是自我认识的重要内容之一，不仅能够挖掘自己的潜能，还能打破自我对能力的设限，迎接更多的可能性。

"脊背我"是准确对自己进行评价的重要方面。如果一个人诚恳地、真心实意地对待他人的意见和看法，就不难了解"脊背我"。当然，这需要开阔的胸怀，正确的态度和"有则改之、无则加勉"的精神，否则就很难听到别人的真实评价。

2.通过心理测试认知自我

心理测试法是通过回答有关问题来认识自己、了解自己。测试题目是由心理学家经过精心研究设定的，只要如实回答，就能大概了解自己的有关情况。这是一种简便易行的自我剖析方法。国内外常用的几种测试方法有：人格测试、智力测试、能力测验、职业倾向测验。

为了最大限度地发挥心理测试的效用，首先应该选用一个较为权威的心理测量工具；其次是在做测试的过程中，一定要按自己的真实想法填答；最后应该选择一个安静没有干扰的环境。

延伸阅读

个性价值与工作类型自测

本测试是英国职业顾问处的心理学家经过三年的研究编制出的，是衡量个性特点以求科学地选择每个人所能胜任的工作。这种测试基于将现代职业界分为四大类（人、程序与系统、交际与艺术、科学与工程），每一大类又可进一步分为若干项。

下面共有64个具体问题，每个问题后都有两个可供选择的答案，如果这个问题与你本人的情况相符，将"是"栏中的字母画圈；如果不符，将"否"栏中的字母画圈；最后按画圈的字母多少记分。要仔细阅读，每一条只选择一个答案。问题都答完后，将你所选择的A与B的画圈数量分别填入记分线上。不要管所选定的C，C只表示你对某一类型工作缺乏兴趣，故不具体记分。

计分结束后，每一类职业都有一个总分：0~4分表明对某一类工作兴趣不大；5~12分表明居中；13分以上表明兴趣很浓。这四类中总分最高的，说明这一类型工作最适合你，能满足你的个性要求。

第一类　人	是	否
1. 我在做出决定前常考虑别人的意见。	A	C
2. 我愿意处理统计数据。	C	A
3. 我总是毫不犹豫地帮助别人解决家庭问题。	A	B
4. 我常常忘记东西放在哪儿。	B	C
5. 我很少能通过讨论说服别人。	C	B

147

		是	否
6.	大多数人认为我能够忍辱负重。	C	A
7.	在陌生人中我常感到不安。	C	B
8.	我很少吹嘘自己的成就。	A	C
9.	我对世事感到厌倦。	B	C
10.	我参加一项活动的主要目的是取胜。	C	A
11.	我容易被大多数人所动摇。	C	B
12.	我做出选择后就会按照我的办法去做。	C	A
13.	我的工作成功对我很重要。	B	C
14.	我喜欢既需要大量体力又需要脑力的工作。	B	C
15.	我常问自己真正的感受如何。	A	C
16.	我相信那些使我心烦意乱的人自己心里是清楚的。	C	B

得分（不计答案C）

A得分（　　　）　　照料人

B得分（　　　）　　影响于人

A和B总分（　　　）

第二类　程序与系统

		是	否
1.	我喜欢整洁。	A	C
2.	我对大多数事情都能迅速做出结论。	C	A
3.	受过检验和运用过的决议最值得遵循。	A	C
4.	我对别人的问题不感兴趣。	B	C
5.	我很少对别人的话题提出疑问。	C	B
6.	我并不总是能遵守时间。	C	A
7.	我在各种社交场合下都感到坦然。	C	B
8.	我做事总愿意先考虑后果。	A	C
9.	在限定的时间内迅速地完成一件事很有趣。	B	C
10.	我喜欢接受紧张的新任务。	C	A
11.	我的论点通常可信。	C	B
12.	我不善于核对细节。	C	A
13.	明确、独到的见解对我是很重要的。	B	C

		是	否
14. 在人多的场合会约束我的自我表达。		B	C
15. 我总是努力完成开始的事情。		A	C
16. 大自然的美使我震惊。		C	B

得分（不计算答案C）

A得分（　　）　言语

B得分（　　）　财金/数据处理

A和B总分（　　）

第三类　交际与艺术

		是	否
1. 我喜欢在电视节目中扮演角色。		A	C
2. 我有时难以表达自己的意思。		C	A
3. 我觉得我能写短篇故事。		A	C
4. 我能为新的设计提供蓝图。		B	C
5. 关于艺术我所知甚少。		C	B
6. 我愿意做实际的事情，而不愿读书或写作。		C	A
7. 我很少留意服装设计。		C	B
8. 我喜欢和别人谈他们的见解。		A	C
9. 我满脑子独创思想。		B	C
10. 我发现大多数小说很无聊。		C	A
11. 我特别不具备创造力。		C	B
12. 我是个实实在在的人。		C	A
13. 我愿意将我的照片、图画给别人看。		B	C
14. 我能设计有直观效果的东西。		B	C
15. 我喜欢翻译外文。		A	C
16. 不落俗套的人使我感到很不舒服。		C	B

得分（不计算答案C）

A得分（　　）　文学、语言、传导

B得分（　　）　可见艺术与设计

A和B总分（　　）

第四类 科学与工程 　　　　　　　　　　　　　　　是　　　否

	是	否
1. 辩论中，我善于抓住别人的弱点	C	A
2. 我几乎总是自由地作出决定	C	A
3. 想个新主意对我来说不成问题	A	C
4. 我不善于令别人相信	B	C
5. 我喜欢事前将事情准备好	C	B
6. 抽象地想象有助于解决问题	C	A
7. 我不善于修修补补	C	B
8. 喜欢谈不可能发生的事	A	C
9. 别人对我的议论不会使我难受	B	C
10. 我主要是靠直觉和个人感情解决问题	C	A
11. 我办事有时半途而废	C	A
12. 我不隐藏自己的情绪	C	A
13. 我发现解决实际问题很容易	B	C
14. 传统方法通常是最好的	B	C
15. 我珍惜我的独立性	A	C
16. 我喜欢读古典文学作品	C	B

得分（不计算答案C）

A得分（　　　）　研究

B得分（　　　）　实际

A和B总分（　　　）

根据A和B的得分，可以进一步确定职业范围的具体工作。

人：在这一大类中，如果A得分多，说明你应该在医务工作、福利事业或教育事业中寻找职业，如医生、健康顾问、照相师、社会工作人员、教师或演说家；如果B得分多，那么你对治理、商业或者管理方面会感到得心应手，如军队、警察、监狱、安全警卫、贸易代理、市场管理、资本开发、广告经营或市场研究等领域的工作。

程序与系统：在这一大类中，如果A得分多，表明你适合做行政管理、法律或宗教业工作，如办公室主任、人事管理、公司秘书、律师、职业秘书、图书馆员、档案员、书籍研究或记录员；如果B得分多，那么你更适合做金融和资料处理工作，包括会计、银行、估价、保险统计、计算机程序和系统分析等领域的工作。

交际与艺术：在这一大类中，如果A得分多，表明你适合做编辑、文学或语言工作，如记者、翻译、电台或电视台研究员、广告抄写员或公共事务管理员；如果B得分多，表明你更适合做设计和可视艺术工作，如图案设计、制图、建筑、内部设计、剧场设计、时装设计或摄影等领域的工作。

科学与工程：这一大类工作可分为研究工作和实践工作。如果A得分多，适于前者；如果B得分多，适于后者。但由于这类工作中的大部分职业既包含研究又有应用，所以不可能按照A或B得分多少而作出更具体的规定。做这类工作的职业包括生物学家、物理学家、化学家、机械工程师和土木工程师等。

3. 探寻"职业锚"

"职业锚"的概念是由美国管理学家爱德加·施恩在其《职业的有效管理》一书中首次提出的，是职业发展理论中一个很重要的内容。它清晰地反映出人们在积累了较为丰富的工作阅历后，真正乐于从事某一职业，反映了个人进入成年期的潜在需求和动机，也反映了个人的态度、价值观。施恩根据对麻省理工学院管理学院毕业生的研究，提出了五种"职业锚"：

（1）技术职能型。此种人愿意在专业领域里寻求发展，追求在技术、职能领域的成长和技能的不断提高以及应用这种技术、职能的机会；

（2）管理能力型。此种人追求权力，倾心于全面管理，有较强的分析判断、领导他人的能力；

（3）创造型。此种人以某种创造性努力为中心来组织自己的整个职业发展，意志坚定，有强烈的创造欲；

（4）自主型。此种人希望能够按照自己的意愿来安排工作和生活，追求能充分施展个人才能的工作环境，最大限度地摆脱组织的约束；

（5）安全与稳定型。此种人注重职业的长期稳定性与工作的保障性，寻求某一组织的一个安稳职位是自己的职业选择。

在探寻"职业锚"的过程中,关键是提早树立自己的核心价值观和职业理想,并能够围绕核心价值观和职业理想,将精力集中在从业体验中试探自己未来可能的职业发展路线,感悟自己内在的职业兴趣、职业能力及其与外部社会环境和社会需要的契合度。

年轻人在早期的职业生涯中最容易陷于"盲目"的不确定陷阱,在职业探索中容易情绪骚动、急功近利,由于自己缺少"主心骨"而使早期职业发展处于游弋不定、见异思迁、朝三暮四的"盲目"变换状态。而明确了自己真心信奉的核心价值观,有了明确的职业理想之后,才能在早期的职业生涯动态变化中形成基本的"定势",才能对于职业变化哪些是自然的、合理的、不可避免的而哪些是人为的、不应该的或可以避免的,以及为什么要变、向什么方向变、怎么变,哪些(行业、单位、岗位、地域等)可以变而哪些不可以变等,做到心中有数,在变化中逐渐趋向"均势"状态,从而最终确定自己的"职业锚"和发展路线。

(二)职场人际关系

1.积极主动和别人交往

在一个团队中,既不能表现得清高自傲、孤芳自赏,不能与人合作,缺乏团队精神;也不能表现得过分拘谨,只知道闷头干活,不与同事交流和沟通,这样容易让领导和同事对你产生看法,在工作中就很难得到别人积极主动的帮助与配合。要胸襟豁达、善于接纳别人及自己,经常主动与同事、上下级之间进行沟通,主动关心和帮助别人。这里常用的一个技巧就是适当赞美别人。一句发自内心的赞美之语,常常会产生很好的效果。当然,这里要注意一个问题,就是赞美要注意做到适度和自然,不要一味夸张,从而使人产生一种虚伪的感觉,失去别人对你的信任。

2.融入同事的爱好之中

我们常说"物以类聚,人以群分",共同的爱好和兴趣更容易使人们走到一起。因此,培养自己多方面的兴趣(特别是多数同事共同的兴趣),以兴趣结交朋友,也是改善和增进同事关系的好办法。在闲暇之时,与同事一起出去参加娱乐活动,比如唱歌、郊游、跳舞、参加体育活动等,都可以增加彼此间的了解与友谊。这不仅能让你获得更多的快乐和放松，稀释内心的压力，更有助于培养一个和谐的人际关系。

3.勿把同事当"冤家"

同事之间应该是相互合作的关系，而不是相互竞争的"敌人"。然而，很多人把同事当作自己升迁的障碍，看作自己的敌人，从而使自己难以立足，更难以发展。其实，同事应该和你是互相帮助、互相协作的朋友，即使有竞争，那也是正常的良性竞争。如果把同事看作敌人，那怎么能处理好工作关系呢？另外，在长时间的工作过程中，与同事产生一些小矛盾，也是在所难免的。在处理这些矛盾的时候，千万要理性处理，尽量不要让你们之间的矛盾进一步激化。不要表现出盛气凌人的样子，非要和同事做个了断、分个胜负。退一步讲，就算你有理，要是你得理不饶人的话，同事也会对你敬而远之的，觉得你是个不给同事余地、不给他人面子的人，以后也会在心中时刻提防你的，这样你可能会失去一大批同事的支持。此外，被你攻击的同事，将会对你怀恨在心，你的职业生涯又会多上一个"敌人"。只有互惠互利的关系才可能长久，这是你融入集体而这个集体也接纳你的一个基本前提。

4.不过问他人隐私

办公室是大家工作的场所，而不是传播个人隐私的温床。现代社会十分复杂，每个人为了保护自己的安全，有许多事情是不希望别人知道的。因此，不要轻易打听别人的生活状况，除非对方自己主动向你说起。过分关心别人隐私是无聊、没有修养的低素质行为。另外，如果同事能将自己的隐私告诉你，那只能说明同事对你有足够的信任，你们之间的友谊肯定要超出别人一截，否则她不会将自己的私密告诉你。这时，你一定要替她保守这个秘密，而不要像传播小道消息那样四处传播。要是同事在别人嘴中听到自己的秘密被公开，她肯定认为是你出卖了她，她会感到很受伤，并为以前付出的友谊和信任而后悔。因此，不随意泄露个人隐私是巩固职场中友情的基本要求，如果这一点都做不好，恐怕没有哪个同事敢和你做知心朋友。

5.善于控制自己的情绪

工作时应该保持高昂的情绪状态，即使遇到挫折、饱受委屈、得不到领导的信任，也不要牢骚满腹、怨气冲天。在工作中难免碰到各种挫折和委屈、误解，这时要注意努力学会控制自己的情绪，不能因为一些细小的人际摩擦和矛盾而动辄闹情绪、惹麻烦，影响团结，更不能因为情绪不好而影响了工作，否则就不能很好地与人打交道，难以在工作中进行人与人之间有效的沟通和协调。

此外，每个人都有自己的好恶，对很多事物的看法和观念都带有强烈的感情色彩，但要记住切勿将此带入工作环境并主导对同事的评价。对于和你看法不一致的同事，你可以保持沉默，在未作充分了解时一般不要妄加评论。

延伸阅读

劳模职业压力管理访谈记录

1. 李国章，北京金隅集团星牌公司龙骨车间主任，北京市劳动模范

职业发展成功经验：个人素质很重要，有正确的人生观和价值观引领，才会有极强的使命去做好自己的本职工作。

职业发展困惑：技术上已经取得一定成就，很难有所突破，学历上倒是有继续深造的余地，但经费是个问题，因此个人发展处于瓶颈状态。感觉近几年都在原地转圈，没有进步。

2. 赵建平，福田汽车，北京市劳动模范

职业发展成功经验：当初是服从分配才进入这一行的，想法也比较简单，既然在这个岗位上，首先就要把自己的本职工作盯住；其次就是做好，这需要从理论上、思想上不断地提升自己；最后就是做精。总之就是要从点滴做起。把自己的经验概括为有三心（责任心、上进心、事业心）、三感（成就感、使命感、危机感）。

3. 付成学，住总集团，北京市劳动模范

职业发展成功经验：1978年插队被招入这一行，还有点受骗的感觉，我们这个时代的人思想也比较单纯，既然从事了这个行业，就会爱上它进而做好它。与同事协调好关系，也是工作成功的关键。

职业发展困惑：新进员工不好带，实际操作技能差，缺乏职业道德，公司花大量时间和金钱将其培养成人才后，往往是不打招呼就另谋高就。

4.王运仓，燕山石化，北京市劳动模范

职业发展成功经验：为谋生而选择这一行，后来受环境的影响慢慢才觉得应该把工作当作自己的事业一样好好经营。在工作的过程中要坚持学习，不断地提升自己。

职业发展困惑：当前相当一部分大学生，在思维方式、人生观和价值观上与我们这代人有很大的差异，他们往往急于成才，不能脚踏实地，因此如何引导他们干好自己的工作是我面临的一大难题。建议把哲学辩证法的思维方式引入工作中，让新进的大学生员工学会如何处理问题、规划好自己的人生、更好地适应社会，而不是让社会来适应你。

5.李保健，首钢集团，北京市劳动模范

职业发展成功因素：有追求完美的做事态度，只有做事追求一流，才能凸显一流，不但个人如此，还要带动整个团队。

6.王迎，西友集团，全国五一劳动奖章

职业发展成功因素：干一行爱一行，通过参加各种竞赛并取得不错的成绩，使自己一步步凸显出来，可以说也是一种机遇巧合。

职业发展困惑：有继续学习的愿望，但没有正确的方向，不知道该学什么，去哪学，缺乏相应的信息平台及正确的引导机制。

7.张晓雨，地铁公司，全国劳动模范

职业发展成功因素：工作具有特殊性，突发事件较多，使得工作压力大，所以心理素质非常重要，要有乐观的心态，学会如何平衡压力。另外，家庭教育也有很大的关系，母亲曾告诫我，找工作不要这山望着那山高，要干一行爱一行，遇到困难后要积极面对并解决，这样才能找到成就感，如此循环从而达到成功。

8.孟慧君，首旅集团，全国劳动模范

职业发展成功因素：①家庭教育很重要，父亲一贯重视对我的思想教育，发

现我对英语感兴趣后也积极培养我，使之成为我的一技之长。②单位的培养与帮助。③个人的习惯就是做事认真，追求完美，坚持学习，不断完善自己。

职业发展困惑：在英语方面，虽然自己的实践经验比较丰富，但理论知识还是不够，想继续学习，以提升自己的学历。

9. 马文保，住总集团，全国劳动模范

职业发展成功因素：①军人出身，因此军人的良好素养影响了我做事的态度，认真且注重效率。②家族的支持。③领导的照顾还有同事的帮助。

职业发展困惑：对农民工专业技能及安全意识缺乏很担忧，他们综合素质普遍较低，且我们的培训时期也短，因此给我们的工作带来了难题。

10. 王文华，首钢集团，全国劳动模范

职业发展成功因素：子承父业型，这样选择并干了下来，通过参加技术比赛不断地促进自己提高技术，从而有了今天的成就。

11. 艾建龙，北汽福田，全国技术能手、全国劳动模范

职业发展成功因素：属于爱一行干一行型的人，经过几次选择，才找到这份自己有兴趣的工作，因此就能干好它。

职业发展困惑：不知道接下来该如何规划自己的职业生涯，是继续钻研技术，还是转而从事管理工作。

12. 孙茂军，燕山石化，国资委劳动模范

职业发展成功因素：家庭因素，父亲是军人，要求比较严格，自己是通过不断自学才成就了今天的荣誉，有了荣誉后就会有压力，就会要求自己做得更好。

职业发展困惑：人心涣散，职业道德水平低，队伍不好带。

13. 张迎杰，首发集团，首都五一劳动奖章、北京市经济技术创新标兵

职业发展成功因素：干一行爱一行，刻苦钻研有创新意识。

职业发展困惑：管理水平缺乏，想突破发展瓶颈提升自己，但是缺乏支持平台。

14. 刘建生，首发集团，北京市交通委先进工作者

职业发展成功因素：家庭教育很重要，父母的影响深远，因此设想素质教育能进入社区，辅导父母正确培养孩子的方法。

职业发展困惑：新进员工对社会及个人的认知缺乏，给自己的管理工作带来了困扰。

劳动模范的发言既反映了成功职业发展的经验，也指出了自己存在的发展困惑和青年职工在职业发展中存在的问题，这些都迫切需要对职业发展有更科学有效的管理。

第四节　家庭生活的压力应对

我们的生命是从家庭开始的，我们最初的人际关系，对世界最初的体验或是在家庭之中，或是借由家庭才产生。在此，我们以对职工生活影响较多的婚姻问题为例，从组建家庭开始逐步展开本节探讨。你为什么选择结婚？为什么要在这个时候结婚？无论你如何回答，可能的理由都包含，结婚代表了给自己的生活增添一些东西的机会。因此，工会干部在做职工心理调适工作时，需要掌握好职工的恋爱婚姻状况以便有的放矢。

一、经营婚姻

大多数人都会说我们结婚是因为爱，我们期待爱所给我们带来的东西——关注、性需求、子女、地位、归属感、被需要、物质共享等，使我们的生活品质提高。人们相信爱——爱别人和被爱。没有爱和被爱，人类的灵魂和精神将会凝固和死去。但是，爱不能满足生活所有的需要，智慧、信息、知觉、竞争也是至关重要的。真正的爱意味着："我不会加桎梏于你，你也不要要求我接受你的桎梏"，每个人的完整性都应该受到尊重。

在家庭关系中，最重要的是夫妻关系。每对夫妻关系都包含三个部分：你、我和我们；两个人，三个部分，每个都很重要，每个都有自己的生活，每个部分

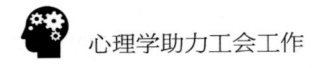

都使其他部分变得更为可能。

(一) 学会运作婚姻

夫妻间最初的爱是否能持续并如花儿般盛开，取决于夫妻双方如何运作这三部分，这三个部分如何运作在婚姻中至关重要。举例来说，夫妻需要共同决定那些以前只需一个人处理的事情，例如金钱、食物、休闲、工作等。爱是一种感觉，能让人开始一段婚姻，然而也是日常生活的具体过程，决定夫妻双方的婚姻会如何进行。心理学家维吉尼亚·萨提亚发现，想要爱能真正兴盛，只有使两个部分都有空间，而不是由一个部分主导。在爱的关系中，唯一要特别突出的因素是各自的自我价值感。它会依次影响每个人如何表达自我价值感，对彼此的要求是什么，以及如何对彼此做出反应。

西雅图的爱情实验室是专门研究夫妻婚姻关系的机构，持续了40多年。研究人员戈特曼曾说过，只要在观察一对夫妻5分钟后，他就能预测出这对夫妻会幸福地相处下去，还是会痛苦地分道扬镳，而这种预测准确率高达91%。

为什么戈特曼在5分钟内就能看到一段婚姻关系的未来？又是因为什么让他如此笃定？塞缪尔曾说过："婚姻的成功取决于两个人，而一个人就可以使它失败。"好的婚姻，需要靠夫妻两个人共同努力经营和维持。之所以他们能够准确地预测，是因为他们通过观察200多对夫妻的生活，发现其中夫妻关系不好的婚姻都有一些共同之处。主要表现为两个方面：首先是缺乏有效的交流和沟通；其次是相互厌倦和嫌弃。那幸福的婚姻又有哪些特点呢？

(二) 婚姻幸福的七大法则

1. 完善你的爱情地图

爱他/她，就要了解他/她，越走进他/她的内心世界，夫妻关系就越深厚。

2. 培养你的喜爱和赞美

谨记"我欣赏，我坚持"。如果一对夫妻的喜爱与赞美系统仍然在起作用，他们的婚姻就可以挽救。

3.彼此靠近而非远离

你们的关系够紧密吗？每桩婚姻之所以会有不同的结局，原因在于夫妻的"感情储蓄"不同，互相靠近的夫妻就像是在往"感情银行"存钱，当出现危机时，感情储蓄能起到缓冲作用。日常生活中的平淡时刻也能增加婚姻的感情储蓄——其中最有效的是减压谈话，具体做法是：

（1）夫妻轮流说出自己的困扰。

（2）不要主动提供意见：理解必须先于建议。

（3）表示你真的对话题感兴趣：表达你的理解。

（4）站在配偶那边：表达一种"我们一致对外"的态度。

（5）表达关切之情。

（6）正视你的情感：表达你的感受。

4.让配偶影响你

亲爱的，你说了算！最幸福稳固的婚姻是那些丈夫尊重妻子，不反对分享权力，与妻子共同做决定的家庭，即使意见不一致时，这种家庭中的丈夫会积极寻找他们的共同点，而不是一味固执己见，高情商的丈夫知道如何传达敬意与尊重。

5.解决可解决的问题

以温和开场，用妥协收场，包括五个步骤：

（1）以温和的方式开始。温和的开场对冲突的解决是至关重要的，研究发现，以什么样的方式开始，它必然以什么样的方式结束——说话时以"我"开头而不是以"你"开头，主要陈述感受而非指责配偶会使得讨论成功，只描述事实不作评价或判断，明确地表达观点，要有礼貌，要学会赞赏，不要闷声不响。

（2）学会提出和接受感情修复尝试。让夫妻双方的修复意图在形式上更明显，从而使夫妻双方容易发送和接收信息。

（3）自我安抚和互相安抚。最好的自我安抚方法是通过沉思让身体平静下来，找到对方喜欢的安抚方式帮助对方也放松下来。

（4）妥协。解决婚姻问题的唯一方法。

（5）容忍对方的缺点。冲突的解决不在于改变一个人，而在于协商，寻找共同点，找到双方都能适应的方法。

6. 化解僵局

学会和问题一起生活。化解僵局有五个步骤：
（1）成为潜意识侦探：找出深层次的个人信念，确定哪些信念激发了冲突。
（2）解决一个陷入僵局的婚姻问题。
（3）互相安抚。
（4）结束僵局。平静面对问题，接受分歧，寻求初步妥协方案。
（5）说声"谢谢"。

7. 创造共同意义，彼此尊重

每对夫妻和家庭都创造了自己的微文化，任何婚姻都有一个重要目标，即营造一种氛围，鼓励每个人坦诚地谈论自己的信念。

延伸阅读

你需要了解对方

性格特点：即他/她是否具有一定的情绪调节能力，情绪是否相对稳定；
人际交往能力：即他/她能否与他人和睦相处、建立和谐的人际关系；
包容接纳度：当你把缺点、弱点暴露给他/她时，他/她对你能否表达接纳；
心智成熟度：在某些方面是否特别挑剔、好争辩对错，甚至睚眦必报。

一般而言，拥有正常自尊的人能做到尊重自己，悦纳自己。在生活中相对比较自信，对自我有一个相对客观理性的评价，知道自己有哪些优点，也知道自己有什么样的缺点，但是还能够去接纳自己。人格健全的人，拥有正常自尊的人，当发现另一半某些缺点后，依然能选择接纳对方的可能性更高，因为他/她对自己的优、缺点都能有一个正常的认识，并能客观地接受自己。但凡能接纳自己的人，通常也能允许另一半是不完美的，因此会比较好地接纳别人。

所有的婚姻冲突都可以分为两类：一类是可以解决的，另一类是永远存在的。准确地说，婚姻生活中永久性的冲突比例是69%，只有辨别并确定各种分歧，根据冲突所属类型，才能制定相应的策略。

有效处理每一种问题的基础都是一样的：向你的配偶表示你基本能够接受对方的性格，只有对方感到被理解才会接受来自你的建议。正如我们想要培养孩子拥有积极的自我形象和有效的社交技能，关键是让他们知道我们理解他们的感受，当孩子感觉良好的时候就会朝最理想的状态成长和改变。

幸福的婚姻需要"经营"：让婚姻稳步成长，双方感情不断深化是每一对夫妻面临的共同任务。

延伸阅读

常见的六种婚姻冲突与实用建议

压力：当漫长、充满压力的一天结束时，在相互交流之前，你需要时间来缓解自己的压力，在你的日程表中安排一个放松时间，以你喜欢的方式如阅读、冥想、慢跑等滋养自己，并成为惯例。

姻亲关系：在夫妻之间建立"我们"意识或团结意识，把配偶放在第一位并建立这种团结意识是婚姻关系中很重要的一部分。

金钱：在自由与财政放权之间作出平衡，代表且象征着安全和信任，清楚的财务预算是必要的：一是列出最近的开销；二是管理每天的开支；三是为将来的经济规划作打算。

性：以一种夫妻双方都觉得安全的方式来讨论性，学会用正确的方式直接问对方要你想要的东西，同时也用恰当的方式来回应配偶的需求，对彼此从根本上喜爱和接受是关键。

家务活：男人常常没有认识到女人是多么深切地关心房子的整洁有序。可以列一个家务活清单，营造一种公平感和协同作业感。

为人父母：必须承认孩子的到来会给婚姻带来巨大的改变，当夫妻双方向父母角色转化时，这些提示可以帮助夫妻保持联系：一是关注你们的夫妻联盟；二是不要把爸爸从照顾孩子的任务中排挤出去；三是让爸爸成为孩子的玩伴；四是开创属于夫妻俩的时间；五是关注配偶的需要；六是让妈妈休息一下。

二、家庭暴力

家庭暴力，按照《中华人民共和国反家庭暴力法》的规定，是指"家庭成员之间以殴打、捆绑、残害、限制人身自由以及经常性谩骂、恐吓等方式实施的身体、精神等侵害行为"。从表现形式看，家庭暴力主要有身体暴力、精神暴力和性暴力三种类型。其中，轻微伤是主要形式，精神伤害占一定比例。

身体暴力是指行为人以殴打、捆绑、残害、强行限制人身自由或者其他手段给其家庭成员的身体、精神等方面造成一定伤害后果的行为。

精神暴力是指通过暗示性的威胁、言语攻击、无端挑剔，或漠不关心对方、将语言交流降到最低限度，它是对人的不尊重，这种暴力的实施其危害性较之身体暴力要严重得多。

性暴力是指停止或敷衍性生活等隐性暴力行为。根据行为实施暴力的方式可以分为作为性暴力和不作为性暴力，也可称为热暴力和冷暴力。

据全国妇联和国家统计局2019年发布的数据显示，22.9%的女性和19.9%的男性曾遭受过家庭暴力，这意味着在我国，每5个人中就有1个人遭受过家庭暴力。事实上，家庭暴力的范畴不仅局限于夫妻配偶之间，儿童、残疾人、老年人都有可能是家庭暴力的受害者。处于家庭暴力中的受害一方，遭受的不仅是身体方面的虐待，精神方面的创伤亦不可忽视。

（一）关于家庭暴力的法律规定

《民法典》第一千零四十二条规定："禁止包办、买卖婚姻和其他干涉婚姻自由的行为。禁止借婚姻索取财物。禁止重婚。禁止有配偶者与他人同居。禁止家庭暴力。禁止家庭成员间的虐待和遗弃。"

《反家庭暴力法》第三条规定："家庭成员之间应当互相帮助，互相关爱，和睦相处，履行家庭义务。反家庭暴力是国家、社会和每个家庭的共同责任。国家禁止任何形式的家庭暴力。"第六条规定："国家开展家庭美德宣传教育，普及反家庭暴力知识,增强公民反家庭暴力意识。工会、共产主义青年团、妇女联合会、残疾人联合会应当在各自工作范围内,组织开展家庭美德和反家庭暴力宣传教育。广播、电视、报刊、网络等应当开展家庭美德和反家庭暴力宣传学校、幼儿园应当开展家庭美德和反家庭暴力教育。"第十一条规定:"用人单位发现本单位人员有家庭暴力情况的,应当给予批评教育,并做好家庭矛盾的调解、化解工作。"第二十二条规定:"工会、共产主义青年团、妇女联合会、残疾人联合会、居民委员会、村民委员会等应当对实施家庭暴力的加害人进行法治教育,必要时可以对加害人、受害人进行心理辅导。"

《妇女权益保障法》第六十五条规定:"禁止对妇女实施家庭暴力。县级以上人民政府有关部门、司法机关、社会团体、企业事业单位、基层群众性自治组织以及其他组织,应当在各自的职责范围内预防和制止家庭暴力,依法为受害妇女提供救助。"

此外,《刑法》《治安管理处罚法》对家庭暴力的违法行为也规定了处罚办法。

(二)家庭暴力的预防

家庭暴力不仅对受害方造成身体和心理的伤害,也破坏了家庭的和谐和稳定,因此,需要采取一系列措施来预防家庭暴力的发生。对工会来说,《反家庭暴力法》赋予了工会以下职责。

一是工会承担着反家庭暴力的宣传教育责任。工会拥有职工群体优势,容易了解职工家庭状况。工会可以通过举办公益活动,开展普法宣传,以提高职工对家庭暴力的认识和了解,引导职工树立正确的社会主义家庭观,推动在职工中形成拒绝家庭暴力的共识,从而预防和化解家庭暴力的发生。

二是促进和谐家庭关系,树立良好家风,降低家庭暴力社会危害。2015年,全总女职工委员会启动"培育好家风——女职工在行动"主题实践活动,贯彻习近平总书记关于"注重家庭、注重家教、注重家风"等家庭建设的重要指示精神,通过开展丰富多彩、喜闻乐见的活动,努力"使千千万万个家庭成为国家发展、民族进步、社会和谐的重要基点"。培育好家风,拒绝家庭暴力是当然的活动主题内容,以此在全体职工乃至全社会强调家暴触犯法律,工会组织对职工家庭暴力零容忍。

三是鼓励职工对家庭暴力勇敢说"不"。在媒体报道的诸多家庭暴力事件中,会发现这样一个共性,即很多家暴受害方往往都经历了多次家庭暴力。因此,工会要鼓励职工，当家庭暴力事件发生时，对第一次家庭暴力就要说"不"！家暴，只有零次和无数次。对家庭暴力中的受害方，工会可以鼓励其大胆报警，以避免受到进一步伤害。如家庭暴力给受害方造成心理困扰，出现焦虑、抑郁、失眠等症状情形，工会可以建议和帮助其去专业机构寻求心理咨询与治疗，通过精神评估来决定是否进行相关的心理治疗。

三、亲子关系

在家庭关系中，最重要的是夫妻关系，对于有孩子的家庭来说，其次就是亲子关系。如何为人父母，可能正困扰着很多职工。

（一）了解孩子的发展阶段

心理学家埃里克森认为，人的一生要经历8个阶段的心理社会演变，这种演变称为心理社会发展。

人格发展阶段和相应的品质汇总

年龄段	社会转变期的心理冲突	相应获得的品质 积极的	相应获得的品质 消极的
婴儿期（0~1.5岁）	信任感-怀疑感	希望、信任	恐惧、不信任
儿童期（1.5~3岁）	自主感-羞怯感	意志（自制力）	自我怀疑
学龄初期（3~5岁）	主动感-内疚感	有价值感	无价值感
学龄期（5~12岁）	勤奋感-自卑感	能力、勤奋	无能
青春期（12~18岁）	自我同一性-角色混乱	忠诚、自信	不确定感
成年早期（18~25岁）	亲密感-孤独感	爱和友谊	泛爱
成年期（25~65岁）	生育感-自我专注	关心他人和创新	自私自利
成熟期（65岁以上）	自我调整-绝望感	智慧	绝望、无意义感

1. 婴儿期（0~1.5岁）：基本信任和不信任的心理冲突

不要认为此时的婴儿是一个不懂事的小动物，只要吃饱不哭就行，这就大错特错了。这个阶段是基本信任和不信任的心理冲突期，因为在这期间，婴儿开始识人，当哭或饿时，父母是否出现则是建立信任感的重要问题。信任在人格中形成了"希望"的品质，决定了一个人自我力量的增强。具有信任感的儿童敢于表达希望，富有理想，具有强烈的未来定向。反之则不敢有希望，时时担忧自己的需要得不到满足。埃里克森把希望定义为："对自己愿望的可实现性的持久信念，反抗黑暗势力、标志生命诞生的怒吼。"

2.儿童期（1.5~3岁）：自主与害羞（或怀疑）的冲突

这一时期，儿童掌握了大量的技能，如爬、走、说话等。更重要的是，他们学会了怎样坚持或放弃，也就是说儿童开始"有意志"地决定做什么或不做什么。这时候父母与子女的冲突很激烈，也就是第一个反抗期的出现，一方面父母必须承担起控制儿童行为使之符合社会规范的任务，即养成良好的习惯，如训练儿童大小便，使他们对肮脏的随地大小便感到羞耻，训练他们按时吃饭，节约粮食等；另一方面儿童开始了自主感，他们坚持自己的进食、排泄方式，所以训练良好的习惯不是一件容易的事。这时儿童会反复应用"我""我们""不"来反抗外界控制，而父母绝不能听之任之、放任自流，这将不利于儿童的社会化。反之，若过分严厉，又会伤害儿童自主感和自我控制能力。如果父母对儿童的保护或惩罚不当，儿童就会产生怀疑，并感到害羞。因此，把握住"度"的问题，才有利于在儿童人格内部形成意志品质。埃里克森把意志定义为："不顾不可避免的害羞和怀疑心理而坚定地自由选择或自我抑制的决心。"

3.学龄初期（3~5岁）：主动与内疚的冲突

在这一时期，如果幼儿表现出的主动探究行为受到鼓励，幼儿就会形成主动性，这为他将来成为一个有责任感、有创造力的人奠定了基础。如果成人讥笑幼儿的独创行为和想象力，那么幼儿就会逐渐失去自信心，这使他们更倾向于生活在别人为他们安排好的狭窄圈子里，缺乏自己开创幸福生活的主动性。

当幼儿的主动感超过内疚感时，他们就有了"目的"的品质。埃里克森把目的定义为："一种正视和追求有价值目标的勇气，这种勇气不为幼儿想象的失利、罪疚感和惩罚的恐惧所限制。"

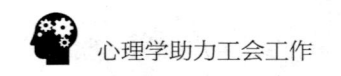

4.学龄期（5~12岁）：勤奋与自卑的冲突

这一阶段的儿童都应在学校接受教育。学校是训练儿童适应社会、掌握今后生活所必需的知识和技能的地方。如果他们能顺利地完成学习课程，他们就会获得勤奋感，这使他们在今后的独立生活和承担工作任务中充满信心。反之，就会产生自卑。另外，如果儿童养成了过分看重自己工作的态度，而对其他方面木然处之，这种人的生活是可悲的。埃里克森说："如果他把工作当成他唯一的任务，把做什么工作看成是唯一的价值标准，那他就可能成为自己工作技能和老板们最驯服和最无思想的奴隶。"

当儿童的勤奋感大于自卑感时，他们就会获得有"能力"的品质。埃里克森说："能力是不受儿童自卑感削弱的，完成任务所需要的是自由操作的熟练技能和智慧。"

5.青春期（12~18岁）：自我同一性与角色混乱的冲突

一方面，青少年本能冲动的高涨会带来问题；另一方面，更重要的是青少年面临新的社会要求和社会的冲突而感到困扰和混乱。所以，青少年期的主要任务是建立一个新的同一感或自己在别人眼中的形象，以及他在社会集体中所占的情感位置。这一阶段的危机是角色混乱。埃里克森说过："这种统一性的感觉也是一种不断增强的自信心，一种在过去的经历中形成的内在持续性和同一感（一个人心理上的自我）。如果这种自我感觉与一个人在他人心目中的感觉相称，很明显这将为一个人的生涯增添绚丽的色彩。"埃里克森把同一性危机理论用于解释青少年对社会不满和犯罪等社会问题上，他认为，如果一个青少年感到他所处于的环境剥夺了他在未来发展中获得自我同一性的种种可能性，他就将以令人吃惊的力量抵抗社会环境。在人类社会的丛林中，没有同一性的感觉，就没有自身的存在，所以，他宁做一个坏人，或干脆死人般地活着，也不愿做不伦不类的人，他自由地选择这一切。

随着自我同一性形成了"忠诚"的品质。埃里克森把忠诚定义为："不顾价值系统的必然矛盾，而坚持自己确认的同一性的能力。"

6.成年早期（18~25岁）：亲密与孤独的冲突

只有具有牢固的自我同一性的青年人，才敢于冒与他人发生亲密关系的风险。因为与他人发生爱的关系，就是把自己的同一性与他人的同一性融为一体。

这里有自我牺牲或损失，只有这样才能在恋爱中建立真正亲密无间的关系，从而获得亲密感，否则将产生孤独感。埃里克森把爱定义为："压制异性间遗传的对立性而永远相互奉献。"

7. 成年期（25~65岁）：生育与自我专注的冲突

当一个人顺利地度过了自我同一性时期，以后的岁月中将过上幸福充实的生活，他将生儿育女，关心后代的繁殖和养育。生育感有生和育两层含义，一个人即使没生孩子，只要能关心孩子、教育指导孩子也可以具有生育感。反之没有生育感的人，其人格贫乏和停滞，是一个自我关注的人，他们只考虑自己的需要和利益，不关心他人（包括儿童）的需要和利益。在这一时期，人们不仅要生育孩子，同时要承担社会工作，这是一个人对下一代的关心和创造力最旺盛的时期，人们将获得关心和创造力的品质。

8. 成熟期（65岁以上）：自我调整与绝望的冲突

由于衰老过程中老人的体力和健康每况愈下，对此他们必须做出相应的调整和适应，所以被称为自我调整与绝望的心理冲突。当老人回顾过去时，可能怀着充实的感情与世界告别，也可能怀着绝望走向死亡。自我调整是一种接受自我、承认现实的感受，一种超脱的智慧之感。如果一个人的自我调整大于绝望，他将获得智慧的品质。埃里克森把自我调整定义为："以超然的态度对待生活和死亡。"老年人对死亡的态度直接影响下一代儿童时期信任感的形成。因此，第八阶段和第一阶段首尾相连，构成一个循环或生命的周期。

埃里克森认为，在每一个心理社会发展阶段中，解决了核心问题之后所产生的人格特质，都包括了积极与消极两方面的品质，如果各个阶段都保持向积极品质发展，就完成了这一阶段的任务，逐渐实现了健全的人格，否则就会产生心理社会危机，出现情绪障碍，形成不健全的人格。

（二）建立积极的亲子关系

1. 对于年幼的孩子

家长与孩子之间的关系是需要培养和呵护的，那么，应该如何建立良好的亲子关系呢？如何与孩子建立和谐父子关系或者母子关系？对于年龄较小的孩子，家长需要：

（1）多花时间陪伴孩子。孩子是需要陪伴的，如果家长总是忙于工作，忙于事业，而忽视了家庭，忽视了与孩子之间的沟通，那么，孩子在成长过程中，性格也会受到一定的影响。

（2）用积极的心态感染孩子。家长如果每天能够以一种积极向上、乐观开朗的心态去面对生活，就可以将这种热情传染给孩子，让孩子体会到生活的乐趣，感受到家庭的温暖。

（3）与孩子共同完成任务。如果家长有一项任务，或者孩子有一项任务，一个人都很难独立完成的情况下，家长可以与孩子共同完成这项任务，在团结协作中，让彼此的感情变得更加亲密。

（4）用真心来彼此沟通。家长在孩子面前，不要总是表现出高高在上的样子，而是尽量与孩子建立一种朋友的关系。

（5）多鼓励孩子做喜欢的事。如果孩子喜欢做一件事情，家长无论如何都应该创造条件，让孩子去做，也要让孩子有勇气去战胜一些困难和挫折，即使遇到困难，也要多鼓励孩子去克服。

（6）满足孩子合理的要求。小孩子也会有自己的想法，如果孩子向家长提出了一些要求，只要这些事情是在合理的范围内，家长一定要尽量地满足孩子，让孩子有一种幸福感和满足感。

2.对于青春期的孩子

青春期作为个体心理迅速走向成熟而又尚未完全成熟的一个过渡期，在心理发展方面更是错综复杂。家长、老师要特别关注这一时期孩子的心理、行为变化，做出正确的引导。

（1）独立性增强。青春期孩子认为自己已经不是小孩而是大人了，独立活动愿望很强烈，一方面想摆脱父母自己做主，另一方面必须依赖家庭，由于生活经验缺乏，因此对自尊的理解不恰当，如果这时家长还把他们当小孩看待，子女就会厌烦，觉得伤害自尊心，产生反抗心理、对立情绪。如果父母在同伴和异性面前管教他/她，逆反心理会更强烈，其实这是他们正常的心理反应，是他们长大的体现。可家长担心、害怕出大事，小时候跌倒只是皮外伤，这时跌倒可不是小事，得管，可管的结果如何呢？父母要管教，子女要独立，矛盾必然产生，逆反在所难免。虽然逆反心理是青春期孩子的常态，但不是每个孩子每时每刻都在和父母对立、反抗，是否逆反和父母的刺激有关。

下列几种情况会导致孩子逆反心理增强：

①父母的唠叨。父母每天唠叨同样的话，你一张嘴，孩子就知道你说什么。即使你说的都是真理，但已经不起作用了，只能强化孩子的逆反心理。

②父母将自己的观点强加于孩子头上。许多家长将自己没有实现的愿望寄托在孩子身上，忽略孩子个人愿望，让孩子完全按自己设计的路走，势必导致孩子产生逆反心理。

③孩子的好奇心强化逆反。家长越不让孩子做的事，孩子的好奇心会使他产生非做不可的念头。

针对孩子这一特点，家长要注意两个问题：

一是保护孩子的独立性、成人感。到了中学，孩子要有一定的独立性，没有就是发育迟缓的表现。家长应试着把孩子看作大人，平等对待他。但承认保护孩子的独立性并不是放纵。孩子仍需教育，家长教育时不要挖苦讽刺孩子，应在尊重和保护孩子成人感的前提下进行教育。

二是学会与孩子谈话、沟通，交流感情，走进孩子世界。有的家长除了学习、生活小事，再不和孩子讨论其他问题，这是孩子最反感的，由此极易产生逆反心理。家长每天问的就是"作业做完了吗？考试得多少分"，不能分享孩子的喜悦和失败，家长要让孩子愿意听你的话，要么是他对你的话感兴趣，要么就是你的话说到他心坎里了，使他感到他的心思被你摸透了，愿意洗耳恭听。然而现实生活中家长很容易忽略这个道理，有意无意用家长这一天然权威替自己训话助威。

（2）自我意识增强。自我意识是自己对自己的认识。到了中学，孩子自我意识增强主要表现在三个方面：

①关心自己的外在形象。开始在意自己的身高、胖瘦，有的甚至因为自己外在形象不满意而自卑。他们会开始注意穿着打扮，希望给别人留下好印象。

②关心自己的内心世界。小学时孩子更关注别人，关注自己的外部世界。而现在他们经常反问自己：在别人眼里我到底是个什么样的人？我的性格如何？我的能力、我的人缘究竟怎么样？为什么我会不如别人？等等。

③自尊心强。孩子希望通过别人的评价认识自己，在乎他人对自己的评价，包括家长。孩子开始希望得到父母及朋友的尊重，不希望父母总用责骂语气和他

说话，会认为自尊心受到伤害。

针对孩子这一特点，家长要注意以下两点：

一是了解孩子。孩子开始关心自己的内心世界，有时变得沉默，不愿把自己的内心想法显现出来，家长要通过细微的观察了解孩子，必须有一定的敏感性，但绝不是捕风捉影，这种敏感来自对子女的强烈关心和教育责任心。

二是尊重孩子，不要打击孩子的自尊心。肯定、欣赏孩子，不要求完美。如一个家长对孩子的要求太高，结果孩子说："你又怎么样，人家家长比你优秀多了。"打骂是家长常用的教育方法。孩子行为出格时，家长难免打骂。"打是亲骂是爱"，是中国传统家教方式之一。偶尔为之，只要不过分，具有一定威慑力，可暂时立竿见影，但用多了，孩子"久经考验"，也就不当回事了。所以，打骂要慎用。

（3）情感丰富但不稳定。这一时期情绪情感不稳定主要是各种矛盾所致。如生理上接近成人，而心理上离成人标准还很远；自己认为自己有了独立性，但这种独立性不被社会承认；对过去的依恋和对将来的迷茫等。他们时而处于情绪的巅峰，时而处于低谷。这时孩子的苦恼、困惑必须通过一定渠道发泄，那就是找人倾诉。他们对父母是封闭的，但对朋友是开放的，很多问题更愿意与同龄朋友诉说。孩子渴望朋友，希望通过他人评价更深入地了解自己，家长要理解。同时，伴随交友范围的扩大，孩子对异性会表现出好感。这是他们正常的心理表现。

家长首先对类似事情不要惊恐万分，也不要粗暴压制，注意观察孩子的生理、心理变化，尽量把他们的生活安排得丰富充实一些，让他们多参与一些有意义的活动，有意识地指导他们欣赏一些描写健康爱情的高雅文艺和影视作品，使他们的青春意识逐步升华为高尚的理想和人生观。

第四章

职工常用的减压方法

压力会高度调动人体内部潜力，以应对各种刺激因素，从而出现一系列生理和心理上的应激变化。应激是一种反应模式，当刺激时间打破了有机体的平衡和负荷能力，或者超过了个体的能力时，就会体现为压力。生活中的压力是不可避免的，压力过大、过多会损害身体健康。然而，很多管理者认同这样一种观点：有压力才有动力。其实这种说法并不一定准确。著名心理学家罗伯尔曾说过："压力如同一把刀，它可以为我们所用，也可以把我们割伤。关键是看你握住的是刀刃还是刀柄。"管理者一定要重视对职工的压力管理，一味施加过大的压力，就会使职工丧失工作的快乐，也会导致职工丧失创造力和变革能力，他们变得只会一味执行命令，而没有自己的想法。这给组织带来的直接影响就是损害组织的整体创造力、革新能力，不利于组织的可持续发展。

　　工会作为职工的"娘家"，日常工作就是要着力构建服务职工的工作体系，以实现救助、维权、服务一体化，为职工提供全方位、个性化、普惠制的服务，让职工感受到工会"职工之家"的温暖，增强对组织的归属感。因此，不论从组织健康发展的角度，还是工会维护职工权益、竭诚服务职工的角度，工会干部都必须关注职工的压力管理，加强开展职工减压工作。

　　如何正确地调整认知、疏解情绪、排解压力已成为工会干部的必修课。本章提供了部分心理减压方法，可作为工会日常工作或组织活动的参考。

第一节 认知调整技术

对于压力的认知调整包括改善认知结构和调整认知方式。处在压力状态下的个体,往往对压力的认识和评价不太合理,从而不能从有利于个体身心健康的方向去合理思维。因此,个体需要从改善认知结构和调整认知方式两个方面做好认知调整。

一、改善认知结构

人的认知结构是指人关于现实世界(自己、他人、周围环境)的内在编码系统,是个体在理解和加工外界信息、进行内在的推理活动时所需要的参照框架。这种参照框架依赖于人的知识结构,即个体经过专门的学习或培训后所具备的知识体系的构成情况与结合方式。

心理学认知流派的观点认为,人的头脑在接受外界信息的输入后,经过头脑的加工处理,转换成内在的心理活动,而这种心理活动对人的行为起支配作用。认知结构的合理与否及知识结构的完善与否将决定一个人的内部语言是否合理,从而决定行为处事的方式是否合理。

而压力是一个人面对信息(包括外在刺激和个人期望)时所反映出来的内部语言与这些信息共同作用的结果。当一个人处在高度压力状态时,就需要调整这些内部语言,以缓解所引起的过度压力。一个有着完善的知识结构的人,一定是具备精深的专门知识和广博的知识面的,其认知结构就相对全面、完整。在面对压力源以及认识与评价压力时,所参考的知识框架就相对比较完备。

因此,工会干部应鼓励职工,尤其是青年职工,一方面要精通自己专业领域的知识并熟练掌握自己专业领域内的各项技能;另一方面要积极参与到"职工书屋"的读书活动中来,博览群书,努力使自己具有更高的文化修养。

二、调整认知方式

阿尔伯特·艾利斯（Albert Ellis）

认知方式是指一个人习惯于采取某类特定的方式对外界事物进行认知。美国心理学家阿尔伯特·艾利斯（1913—2007）在情绪ABC理论中提道："很多情况下并不是人、事或场景让我们有开心或悲伤的体验与感受，而是我们对这些人、这些事或这些场景的认知决定了我们在这些特定情况下的感受。"可以说，怎样认知这些人、事或场景，就会有怎样的感受。如果一个人采用的是不合理的认知方式，那势必会导致他在面对压力源时做出歪曲错误的决定。如常见的"非此即彼"认知方式，个体会用"不是1就是2"的思维方式去认定一个人或一件事情，从而导致极端性错误。再如"过分自责"的认知方式，个体经常将不该归于自身的错误归结在自己身上，导致自身压力过大。通过改善认知方式，可以缓解压力。首先，要发现不合理的认知方式，要归纳总结自己的认知方式，并找到自己的认知方式中不合理、不恰当甚至错误的地方。如前面提到的"过分自责"的不合理认知，如果用这样的认知去判断一件事，那么这个人往往形成"都是我的错""我真没用"之类的结论，其实事情绝不是他所想的这么绝对。其次，要寻找一种更为合理的认知方式。针对"都是我的错""我真没用"这样的错误认知，要找到一种与之对抗的认知方式，即"两个人都有错""我起了一些作用"之类的认知。最后，要逐步用合理的认知方式替代不合理的认知方式。尝试用合理的认知方式去思考、判断，逐步淡化、模糊不合理的容易产生压力的认知方式。

工会干部在做职工心理谈话或疏导中，该如何落实上述建议，我们可借鉴心理学的"理性情绪疗法"作为理论基础与实践支持。

三、理性情绪疗法与常用技术

（一）理性情绪疗法与情绪ABC理论

理性情绪疗法（Rational-Emotive Therapy，RET），又称合理情绪疗法，于20世纪50年代由艾利斯在美国创立，它是认知疗法的一种，因其采用了行为治疗的一些方法，故又被称为认知行为疗法。理性情绪疗法建立在人性是复杂和可变的假设基础上，其基本理论主要是情绪ABC理论。

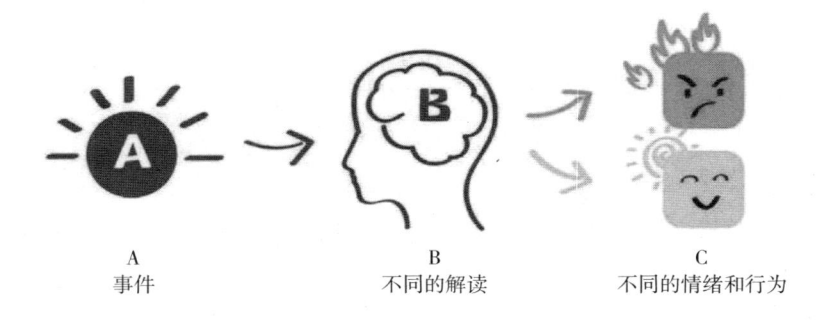

A 事件　　B 不同的解读　　C 不同的情绪和行为

从情绪到行为后果的过程

通常，人们认为情绪和行为后果的反应直接由激发事件所引起，即A引起C。而情绪ABC理论（ABC Theory of Emotion）认为，激发事件A（Activating Event）只是引发情绪和行为后果C（Consequence）的间接原因，而引起C的直接原因则是个体对激发事件A的认知和评价而产生的错误信念B（Belief）。也就是说，人的消极情绪和行为障碍结果（C），不是由于某一激发事件（A）直接引发的，而是由于经受这一事件的个体对它不正确的认知和评价所产生的错误信念（B）所直接引起，错误信念也称非理性信念。

如下图所示，从前因A到后果C之间，一定会透过一座桥梁B（Bridge），这座桥梁就是信念和我们对情境的评价与解释。又因为，同一情境之下（A），不同人的理念以及评价与解释不同（B1和B2），所以会得到不同结果（C1和C2）。对于同一个诱发事件，不同的观念可以导致不同的结果。如果B是合理的、现实的，那么由此产生的C也就是适应的；若是不合理的，则会产生情绪困扰和不适应的行为。因此，事情发生的一切根源缘于我们的信念、评价与解释。艾利斯认为，

175

正是由于我们常有的一些不合理的信念才使我们产生情绪困扰。情绪ABC理论将个体的认知系统对事物产生的不合理、不现实的信念视为导致个体情绪障碍和神经症的根本原因。

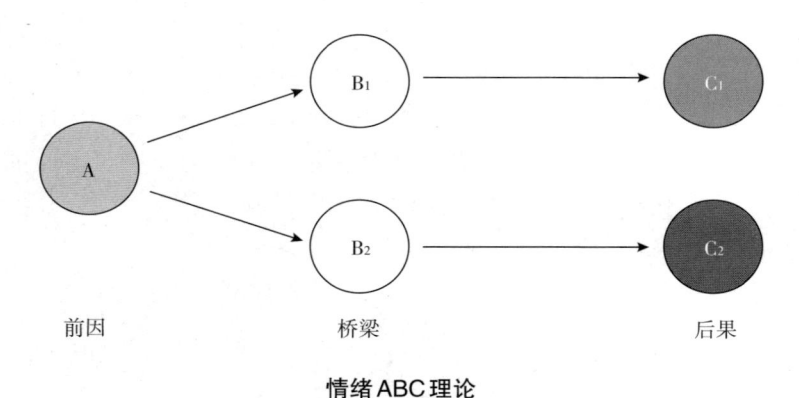

```
    A  →  B₁  →  C₁
       →  B₂  →  C₂
   前因    桥梁    后果
```

情绪ABC理论

情绪在本质上就是一种态度。人们可以通过改变自己的想法和观念（B）来改变、控制其情绪和行为结果（C），这是疏导实践的核心，其中所用的重要方法是对不合理信念加以驳斥和辩论，使之转变为合理的观念，最终形成新的情绪及行为的治疗效果。

（二）不合理信念及其主要特征

1. 11类不合理信念

艾利斯通过临床观察，总结出日常生活中常见的产生情绪困扰，甚至导致神经症的11类不合理信念（非理性信念），并分别对其不合理性作了分析（Ellis，1967，1973）。这11类不合理信念是：

（1）每个人绝对要获得周围环境尤其是生活中每一位重要人物的喜爱和赞许。

（2）个人是否有价值，完全在于他是否是个全能的人，即能在人生中的每个环节和方面都有所成就。

（3）世界上有些人很邪恶、很可憎，所以应该对他们做严厉的谴责和惩罚。

（4）如果事情非己所愿，那么将是一件可怕的事情。

（5）不愉快的事总是由于外在环境的因素所致，不是自己所能控制和支配的，因对自身的痛苦和困扰也无法控制和改变。

（6）面对现实中的困难和自我所承担的责任是件不容易的事情，倒不如逃避它们。

（7）人们要对危险和可怕的事随时随地加以警惕，应该非常关心并不断注意其发生的可能性。

（8）人必须依赖别人，特别是某些与自己相比强而有力的人，只有这样，才能生活得更好。

（9）个人以往的经历和事件常常决定了他目前的行为，而且这种影响是永远难以改变的。

（10）个人应该关心他人的问题，并为他人的问题而悲伤、难过。

（11）对人生中的每个问题，都应有一个唯一正确的答案。

2.不合理信念的主要特征

理性情绪疗法认为，人们的情绪是由人的思维、信念所引起的，而不合理信念往往使人们陷入情绪障碍之中。许多学者对上述不合理信念加以归纳和简化，提出这些不合理信念的三个主要特征：绝对化的要求、过分概括化、糟糕至极。

常见不合理信念及后果

常见的不合理信念	后果
我一定要得到每个人的爱与赞赏	焦虑、抑郁，自尊心受损
我必须在每个方面都够格、能干、有成就	焦虑、抑郁、羞愧、挫折感
世界应该是公平的，我应该永远受到公平对待	愤怒、埋怨、抑郁、挫折感
人们的信念和价值观应该跟我相同，他们做事情的方式也应该跟我相同	愤怒、埋怨、人际关系不好
如果我没把事情做好，那么我就是一个坏人、一个白痴、一个失败者	自我评价降低、挫折感、抑郁
世界应该提供我需要的东西。生活应当过得舒舒服服。我不应该遭罪，不应该遇到麻烦	抑郁、失望、挫折感
事情如果没有按我喜欢的方式发展，就太糟糕了	挫折感、愤怒、抑郁、焦虑
心情是由生活境遇决定的，当事情进展得不顺利时，我就不可能开心	无助、无望、不负责任
如果有可能发生坏事，我就应该左思右想	焦虑、冥思苦想
任何问题都有一个正确答案。如果我找不出来答案，就太糟了	犹豫不决、焦虑

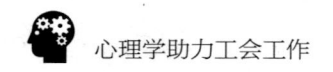

（1）绝对化的要求。即个体以自己的意愿为出发点，认为某一事物必定会发生或不会发生的信念，极易走极端。这种信念经常与"必须""应该""只能""只有……才……"等词联系在一起。常见的绝对化的说法有：

人必须/只能/应该努力工作。

人只有努力工作，才能够赚到钱；人只有赚到钱，才能活得体面。

人应该勤俭节约。

人应该守时，不能让他人等待。

人应该诚实，不应该虚伪、做作、阿谀奉承。

人一定要善良。

人一定要有道德、有素质。

人一定要讲理。

人不能被欺负，不能软弱。

人不能惹别人生气，不能随意无理取闹。

人应该考虑他人的感受，不能随便拒绝，拒绝会让他人受伤。

女生不应该主动。

人不应该低头。

人应该公平、公正。没做错不应该道歉。

我必须优秀。

我必须听从领导安排。

人要有志气，不能低头。

出门必须先迈左脚，否则一整天都会倒霉。

人在外面应该谦虚，应该多请教。

在新环境一定要多做多付出，不要怕吃亏。

经济上一定要独立，一定要有财务权。

人一定要靠自己，不能靠别人。

读书就一定能出人头地和改变命运。

在外面一定不要与上司、老板起冲突，应该老实听话，不要得罪人。

应该勤奋努力，用汗水才能换来财富。

…………

这些都是我们经验里绝对化的观点，成为律条。很多人会觉得"人就应该这样呀""大多数人都这样啊",实则不然。不合理信念常常以绝对的道德律令伪装,那是我们难以觉察的。"虽然我很累了,但我必须努力工作,我必须成功",如此等等都是社会对我们的要求。当我们并不能识别自己想要什么的时候,就会认同社会强行加给我们的标准,我们也会机械地认同这种标准,造成"虚假的自我",限制了人的自由。跟社会大的规范一致是好的,但是当我们把自己的生活交给流行的价值标准作为唯一的评判,我们就失去了选择的权利。在自己感受很差、难以承受、承担着太多情绪的时候依然要坚持那些标准,这时候个人的内在力量就会被耗尽。

(2)过分概括化。这是一种以偏概全的不合理的思维方式,就好像是以一本书的封面来判定这本书内容的好坏一样。它是个体对自己或别人不合理的概括性评价,其典型特征是以某一件或某几件事来评价自身或他人的整体价值。常见的过分概括化说法有:

我总是干不好任何事。

我失恋了,再也不会有人爱我了。

我再也没有机会了,不可能成功了。

长得好看的女人都会骗人。

男人没一个是好东西。

我不可能完成,我不行。

都是因为你,我才成现在这样。

我永远不会擅长这个。

我永远是个失败者。

每个人都认为我很差劲。

没有人会欣赏我这样的人。

⋯⋯

以自己做的某一件事或某几件事的结果来评价自己整个人、评价自己作为人的价值,其结果常常会导致自责自罪、自卑自弃的心理及焦虑和抑郁情绪的产生。而过分概括化的另一个方面,是对他人的不合理评价,即别人稍有差错就认为他很坏、一无是处等,这会导致一味地责备他人,严重时还会产生敌意和愤怒等情绪。

针对这类不合理信念,理性情绪疗法强调世上没有一个人能达到十全十美的

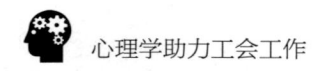

境地，每一个人都应接受人是有可能犯错误的（Ellis，1984）。因此，应以评价一个人的具体行为和表现来代替对整个人的评价，也就是说，"评价一个人的行为而不是去评价一个人"（Wessler，1980）。

（3）糟糕至极。即一种对事物的可能后果有非常可怕、非常糟糕，甚至是一种灾难性的预期的非理性观念。常见的糟糕至极说法有：

如果不能晋升，我这辈子就完蛋了。

我要是不能完成，就死定了。

我绝对不能贷款买房，那我太没面子了。

我没当上处长，不会有前途了。

我负债几十万元，这辈子是永无翻身之日了。

…………

这种观念不是一件或几件具体的事，它只是一团情绪、一堆抽象的表达，一片乌泱泱笼罩过来的灾难感，一道不容置辩的威压。为什么就糟糕了？怎么就至极了？到底会发生什么？没想过，想到"糟糕至极"，就觉得不能再想下去，越想越糟糕，思维就在这里停止了。思维停在这里，一个人会受到很大的限制。面对这些不好的假设，我们应该努力接受现实，在可能的情况下，去改变这种状态，而在不能改变时去学会如何在这种状态下生活下去（Wessler，1980）。

3. 替换法则

工会干部在疏导职工心理时，可参考常见的非理性思维方式的替换法则。

我应该如此☒——我喜欢如此☑

没有办法☒——很难☑

一定☒——也许☑

总是☒——有时候☑

所有☒——某些☑

我不好☒——我表现不好☑

确实如此☒——好像如此☑

必然永远如此☒——到目前为止如此☑

…………

由上可知，许多不合理信念就是将"想要""希望"等变成"一定要""必须"或"应该"的表现。

（三）理性情绪疗法的常用技术

前文我们探讨了经典的情绪ABC理论，而完整的情绪ABC理论还包含劝导干预（D）、治疗或咨询效果（E）和治疗或咨询后的新感觉（F）三个部分。要改善人的不良情绪及行为，就要劝导干预（D）非理性观念的发生与存在，而代之以理性的观念。等产生了治疗效果（E），人就会有积极的情绪及行为，心理困扰就会消除或减弱，进而出现愉悦充实的新感觉（F）。情绪ABC理论是理性情绪治疗理论与实践的核心，它不但说明了人类情绪困扰产生的原因，还阐释了消除情绪及行为困扰的疏导之道。

1.理性情绪疗法的干预阶段

理性情绪疗法有很浓厚的教育色彩，也可以说它是一种教育的治疗模式，强调理性、认知的作用。在治疗途径上广泛采纳情绪和行动方面的方法，但它更突出地重视理性、认知的作用，这是理性情绪疗法也是所有认知疗法的一个最本质的特点。在理性情绪疗法的治疗中，总是把认知矫正摆在最突出的位置，给予最优先的考虑。

理性情绪疗法认为，人们的情绪障碍是由人们的不合理信念造成的，因此简要地说，这种疗法就是要以理性替代非理性，帮助当事人以合理的思维方式代替不合理的思维方式，以合理信念代替不合理信念，从而最大限度地减少不合理信念给情绪带来的不良影响，通过以改变认知为主的治疗方式，来帮助当事人减少或消除他们已有的情绪障碍。

此疗法的干预过程一般分为四个阶段。

（1）心理诊断。这是干预的最初阶段，一方面，干预者要与当事人建立良好的工作关系，帮助其建立自信心；另一方面，摸清他们所关心的各种问题，将这些问题根据所属性质和当事人对它们所产生的情绪反应进行分类，从其最迫切要解决的问题入手。

（2）领悟。这一阶段主要帮助当事人认识到自己不适当的情绪和行为表现或症状是什么，产生这些症状的原因是自己造成的，要寻找产生这些症状的思想或哲学根源，即找出它们的非理性信念（不合理信念）。

（3）修通。这一阶段干预者主要采用辩论的方法动摇当事人的非理性信念，用夸张或挑战式的发问要对方回答他有什么证据或理论对 A 事件持与众不同的看法等。通过反复不断的辩论，当事人理屈词穷，不能为其非理性信念自圆其说，使他真正认识到，他的非理性信念是不现实的，不合乎逻辑的，也是没有根据的。开始分清什么是理性信念，什么是非理性信念，并用理性信念取代非理性信念。

在本阶段，修通的关键是要使用逻辑的、经验证实的方法与不合理信念进行辩论，其辩论方式可参考如下：

质疑式：直接质询当事人他这种信念是否有足够的事实证据，如"你这么想有什么证据可以证明吗？"

价值式：质询当事人目前的情绪和行为反应是否确有价值，如"一次考不好，就整天愁眉苦脸要放弃，这么做值得吗？"

极端式：质询当事人这件事最坏的结果是什么，如"如果这次选聘不上，最坏的结果是什么？真的就那么可怕吗？"

更新式：提醒当事人，从另一个角度想一想，如"结果没有像你预期的那样，是否也是一件好事呢？"

夸张式：故意夸大当事人的信念，使当事人看到它的不合理之处，如"是不是让同事们都知道你竞聘失败，天要塌下来了，提醒别人小心呢？"

（4）再教育。这一阶段也是干预的最后阶段，为了进一步帮助当事人摆脱旧有思维方式和非理性信念，还要探索其是否存在与本症状无关的其他非理性信念，并与之辩论，使当事人学习并逐渐养成与非理性信念进行辩论的方法，用理性方式进行思维的习惯，产生新的情绪。例如，进行解决问题的训练、社会技能的训练，以巩固这一新的目标。

在理性情绪疗法的整个过程中，由于与非理性信念进行辩论是帮助当事人的主要方法，并获得了所设想的疗效，所以由情绪 ABC 理论所建立的本疗法可以"ABCDE"五个字母作为其整体模型，具体如下：

A（Activating Events）：诱发性事件。

B（Belief）：由 A 引起的信念（对 A 的评价、解释等）。

C（Emotional and Behavioral Consequences）：情绪和行为的后果。

D（Disputing Irrational Beliefs）：与不合理信念辩论。

E（New Emotive and Behavioral Effects）：通过干预产生的新的情绪及行为的干预效果。

2.理性情绪疗法的谈话技术

（1）辩论法。对于有一定文化知识和反省能力的人十分有效。要求干预者大胆地、毫不客气地对当事人持有的不合理信念进行挑战和质疑。可采用不断深入的提问方式进行质疑。

（2）假设最坏的可能。帮助对方从不合理方式走出来，并且不总会发生。假设最坏的可能性有助于帮助对方认识到情绪的困扰不在于这种不利的事件，而内心的恐惧才是真正的祸根。

（3）角色扮演分析。干预进行时，让当事人与干预者互换角色，为不合理观念进行辩护，让当事人扮演干预者进行反驳和质询，充当镜子的作用。当事人通过寻找理由和证据进行反驳的过程，为自己建立新的合理观念提供了依据和材料。

（4）认知家庭作业。可采用布置作业形式，把干预的进展带回到日常生活中，一种是固定格式的作业，让其找出A和C，然后是B，用D做辩论，最后填E辩论效果。另一种是自由格式的作业，完全由当事人合理地自我分析，找出不合理信念并与之辩论。

理性情绪疗法作业

事件A	不合理信念B1	结果C	驳斥D	理性信念B2	效果E

（5）合理的情绪想象。情绪通过改变想象而改变。首先让当事人想象其引发情绪困扰的场景；其次让当事人保持想象，但要求改变自己的情绪，使之适度，并加以体验；最后停止想象，报告是怎样想、怎样做方使情绪体验有所改变。干预者要及时强化合理观念补充，使当事人新的合理观念和认知情绪新观念产生。

延伸阅读

评估你的非理性信念

以下列出的是人们在日常生活中持有的各种看法、观点和信念。请仔细阅读每句话，根据你自己的实际情况或设想该情况发生在你身上时，你会如何看待此事，在最能恰当地表达你思想选项对应的数字上画"√"。答案因人而异，无所谓正确答案与错误答案。

（1）遭受重大挫折，如升学失败、失业或亲人得重病是糟糕透顶的。
（2）如果我在工作中失败了，我就是一个失败者。
（3）我必须在学业或工作中做得更好。
（4）受到不公平的待遇对我来说是可怕的。
（5）如果我做事不能和别人一样好，就意味着我是一个能力低下的人。
（6）在一个集体中我必须是最棒的。
（7）我的将来如果没有确实保障的话，那就太可怕了。
（8）我的家人必须按我的要求去做事，这不需要理由。
（9）所有我决定做的事我必须做得非常圆满。
（10）诸事不顺时我无法控制我的情绪。
（11）失败的、惨淡的人生不如去自杀。
（12）我必须确保我生活中的重要方面万事顺利。
（13）对我来说，在做重要决定时犯错误是十分可怕的。
（14）一个人请求帮助是软弱的表现。
（15）这个世界必须是公平的。
（16）如果我不能使我爱的人高兴，这将是可怕的。
（17）做错事或者伤害他人的人是个"坏人"。
（18）我亲密的朋友和家人应该非常爱我，处处为我着想。
（19）我就是不能承受很大的压力。
（20）有些人就是笨，他们什么事情都做不好。
（21）其他人（朋友、领导、老师）如何评价我对我如何评价自己有重要影响。
（22）在公共场所举止不文雅或不恰当对我来讲十分可怕。

上面是非理性信念量表（Irrational Beliefs Scale，IBS），此量表含有22个条目，评价个体的功能失调性信念，分为低挫折耐受、概括化评论和绝对化要求3个分量表，每个条目5点计分：1（完全不同意）、2（有些不同意）、3（既不同意也不反对）、4（基本同意）、5（完全同意）。分数越高，表明信念越不合理。

第二节　正念减压技术

一、何为正念疗法

（一）正念疗法的内涵

所谓正念疗法，就是以"正念"为基础的心理疗法。正念疗法并不是一种心理疗法的特称，而是一系列心理疗法的合称，这一系列心理疗法都具有一个共同的特征，那就是以"正念"为基础。

什么是"正念"？从字面上理解，"正"即端正、修正、正定，"念"即念头、想法、观念，合起来，"正念"即端正念头、全神贯注、专注精神等。"正念"这个概念最初源于佛教禅修，从坐禅、冥想、参悟等发展而来，是一种自我调节的方法。在英语中，正念被翻译为"Mindfulness"，有心灵丰满、充实的含义。正念是以一种特定的方式来觉察，即有意识地觉察、活在当下及不作判断。正念减压技术的创始人卡巴金（J. Kabat Zinn）认为，正念就是一种有意识地觉察、活在当下、不作判断的觉知力；有目的地将注意力集中于当下，不加评判地觉知一个又一个瞬间所呈现的体验而涌现出的一种觉知力。如果对当下不具正念，人们所从事的工作便是那些不自觉的和惯性反射的行为；如果没有正念，人们的生活便是被过去的经验所驱使的惯性生活。而正念则"能帮助我们从这种惯性又无知无觉的睡眠状态醒过来，从而能触及生活里自觉与不自觉的所有可能性"。因此，正念就是有目的地、有意识地关注、觉察当下的一切，而对当下的一切又都不作任何判断、任何分析、任何反应，只是单纯地觉察它、注意它。

所谓正念疗法，就是通过各种正念训练方法（如静坐、冥想、身体扫描等）达到一种高度觉知的、平衡的、放松的正念状态。正念疗法的核心，一是活在当下，即将注意力集中于当下；二是不作评判，即对当下所呈现的所有观念均不作评价。正念疗法自从产生之日起，便呈现出了迅猛的发展势头。这不仅由于美国禅宗热潮的驱使，还因为心理咨询与治疗系统内部的需求。和其他心理治疗方法相比，正念疗法的独特之处在于：第一，主张治疗的目标是达到身心的全面健康，而不仅是消除疾病；第二，主张治疗的方式是主动地自我指导与自我疗愈，而不是被动地接受治疗。这两点都是当代心理治疗领域中出现的新的发展趋势，所以正念疗法在各界备受欢迎。

（二）正念疗法的分类

正念疗法是一种心理干预的新方法，目前较成熟的正念疗法包括以下几种：正念减压疗法（Mindfulness-Based Stress Reduction），简称MBSR；正念认知疗法（Mindfulness-Based Cognitive Therapy），简称MBCT；辩证行为疗法（Dialectical Behaviour Therapy），简称DBT；新发展起来的接纳与承诺疗法（Acceptance and Commitment Therapy），简称ACT。

其中，正念减压疗法主要用于心理压力及日常心理问题的干预，使用范围比较广。正念认知疗法、辩证行为疗法具有更为针对性的治疗对象。例如，正念认知疗法主要针对抑郁症患者，尤其是有过抑郁症复发经历的人。对于他们来说，一个典型的特点就是容易卷入过去的负面情绪中，难以释怀。所以正念认知疗法通过教导该人群练习觉察，尤其帮助他们学会觉察自己的思维，并告知这只是大脑的一个思维过程，不代表现实意义，这对防止抑郁症的复发有着显著的临床疗效。事实证明，持续的正念认知疗法，可以帮助抑郁症患者摆脱冥想型思维模式，并且其标准化的干预程序也在抑郁症的临床治疗中得到检验。辩证行为疗法主要用于边缘型人格障碍的治疗，治疗方法是将正念认知疗法与禅宗的冥想思想相结合，旨在帮助边缘型人格障碍患者觉察和释放自己的负面情绪，这在临床治疗中也收到了显著的效果。

二、何为正念减压疗法

正念减压疗法也称正念减压疗程，它由美国马萨诸塞大学分子生物学博士乔·卡巴金于20世纪80年代在马萨诸塞大学医学院创立，他将个人从东方多位禅师、瑜伽师、心灵导师学习到的静心安神、保健养生方法融会成一套现代化而不含宗教信仰、较为简易且有系统性的静心减压方法。卡巴金在工作当中，看到身患疾病的人们每天痛苦地活着，很多时候，医生只是根据他们的症状，开各种处方，很少照顾到患者的心理状况。医疗界一直声称，人是个有机的整体，身体和心理是不可割裂的，是紧密相连的，但显然，医生在治病的过程中更看重患者的身体健康，而往往忽略患者的心理健康。鉴于此，卡巴金毅然决然地在医学院推行正念减压疗法，以弥补医疗体系的不足，更坚信患者心理状态会给生理疾病的治疗带来极大的影响，只有帮助患者正确面对疾病，树立为自己负责的信念，治愈率才会显著提高。卡巴金创立正念减压疗法的最初目的是辅助临床治疗，教授患者掌握正念的方法，以此帮助他们正视疾病，挖掘内心的潜力，从烦恼与忧愁中跳出，运用自己的智慧重新认识自己，提升生命的质量和品质，从而更好地促进健康。自1979年以来，参加过卡巴金正念减压疗法课程的人已逾数万，学员遍及各行各业，学员学成后又将其广泛传播，一时间减压诊所如雨后春笋般涌现。通过这个课程，学员可以提高自己的专注水平，与真实的自我建立联结，获得更多的积极情绪体验。减压课程除有利于辅助治疗患者外，还为医学研究、医学教育、心理学研究和心理学教育搭建平台，使医务人员、心理疗法师掌握正念减压疗法的精髓，并提供正念减压疗法的在职培训合格证。这样获得正念减压疗法资格证书的人越来越多，正念减压疗法得以在科学范围内推广。1995年，马萨诸塞大学邀请卡巴金设立"正念医疗健康中心"。卡巴金开始进行关于身心互动疗愈效能的研究与相关临床应用，希望能借此有效缓解慢性疼痛与压力引起的种种失调症状。至此，正念减压疗法越来越被人们所熟知，并被广泛地传播和应用。

　　卡巴金对正念的定义是：正念是有意识地、不加评判地留心当下时刻升起的觉察力，用来培养自我了解、智慧和慈爱。正念减压疗法采用缓解压力的一套严格、标准的团体训练课程，课程的核心步骤是正念冥想练习。每个进入减压诊所的参与者都需要参加一个为期8周、每周参与一次2.5~3小时的团体训练课程，学习以及实际练习培育正念的方法，并参与如何以"正念"面对生活中的压力与自身疾病的讨论。在8周的课程中，参与者被要求每周末至少利用45分钟时间练习于课堂中所学得的正念修行知识。8周的课程包含一天（通常在第六周）7~8小时的止语密集禅修训练。

　　练习的内容是经过设计的正念训练，具体方法为：首先参与者为自己选择一个可以注意的对象，可以是一个声音，或者是一个单词，或者是一个短语，或者是自己的呼吸、身体感觉、运动感觉；在选择完注意的对象之后，参与者舒服地坐着，闭上眼睛，进行一个简单的腹部呼吸放松练习（不超过一分钟）；然后调整呼吸，将注意力集中于所选择的对象上。参与者在训练的过程中，头脑中出现了其他的一些想法、感受或者感情从而使其注意力出现转移，这无关紧要，只需要随时回到原来的节奏，将注意力转移到呼吸上来，也不做任何评判。这样训练10～15分钟之后，静静地休息1～2分钟，然后再从事其他正常的活动。

三、正念减压疗法的态度

正念减压疗法将"正念"视为"纯粹地注意当下每一秒所显露的身心经验"，教导参与者应以正确的态度来练习正念训练。

（1）不对自己的情绪、想法、病痛等身心现象作价值判断，只是纯粹地觉察它们。

（2）对自己当下的各种身心状况保持耐心，有耐性地与它们和平共处。

（3）常保"无染心"，愿意以赤子之心面对每一个身心事件。

（4）信任自己，相信自己的智慧与能力。

（5）不努力强求想要的（治疗）目的，只是无为地觉察当下发生的一切身心现象。

（6）接纳现状，愿意如实地观照当下自己的身心现象。

（7）放下种种好恶，只是分分秒秒地觉察当下发生的身心事件。

四、正念减压的方法

（一）正念观呼吸

（1）调整好你的坐姿，背部挺直，以感觉舒适为度。慢慢闭上你的眼睛，收敛感官，观照一下整个身体的各个部位，如果你发现某些部位还有一些紧张就尝试去放松下来。

（2）缓慢地做三四次深呼吸，感觉空气进入你的鼻腔，充满你的胸腔和腹腔，再把空气从体内呼出。然后调节呼吸到正常节奏，不要用力或控制呼吸，只是去感受呼吸。无论如何，你都在呼吸，你要做的只是感受。

（3）注意你在什么地方最鲜明地感受到呼吸，也许在鼻孔的边缘，也许在胸腔或者腹部。然后就让你的注意力像蝴蝶停在花朵上那样轻轻地停留在那个部位。

（4）开始注意那个部位有怎样细微的感受。例如，如果你观照的是停留在鼻腔的呼吸，你是否可以觉察到空气流经鼻腔，是否带着微微的凉意，是否有细微的摩擦。如果你观照的是腹部的呼吸，你会感觉到吸气时腹部缓慢升起的轻微充胀感，以及呼气时腹部下降产生的不同感觉。你无须把感觉说出来，只是去感受。

（5）此时此刻，将你的注意力完全观照于你的呼吸过程。

（6）你也许会发现你的思绪会不断游走、飘忽，每次当你意识到又开始陷入思虑、回忆，或是计划当中，一旦觉察到，就马上从那里再次回到当下，回到观察你的下一次呼吸上，一次又一次，飘走再拉回到当下，每一次你要做的就只是将注意力再次牵引到下一次呼吸上，而不要去评判或者自责。

（7）如果你觉得有帮助的话，可以在心中默念"呼"或者"吸"，不过让这默数的念头只占据注意力的很少一部分，更多的还是观照、感受呼吸本身柔和、放松地在你身体中，去感受它、觉知它。

（8）如果你觉得困倦，请再坐直些，把眼睛睁开，做几次深呼吸，然后回到正常呼吸。

（9）继续观照呼吸，分心时重新开始，直到你预定练习的时间结束，做好准备后，睁开眼或抬起目光。

在练习之初，我们的思维会跳跃，注意力常常转移，以致很难将注意力保持在某个点上。尽管我们努力去觉察呼吸，但大脑还是安静不下来，这是每个初学者都会遇到的情况。我们要做的就是坚持每天反复地练习。当情绪、想法出现时，我们只是觉察它，然后将注意力引回到腹部起伏的运动或鼻腔上；当疼痛出现时，鼓励参与者去觉察身体的疼痛。

（二）身体扫描

（1）在一个温暖和不被打扰的地方躺下来，使你的身体放松，平躺在床或地板的席子上，慢慢闭上眼睛。

（2）花点时间来觉知你的呼吸和身体的感觉。当你准备好以后，就开始注意觉知你的身体感觉，尤其是你的身体和床或地板接触部位的触觉或挤压的感觉。每次呼气，放松自己，让自己一点点下沉到床或席子里。

（3）提醒你自己这个练习的意图。它的目的不是获得不同的感受，不是放松或者平静。这些感受可能发生也可能不发生。事实上，这个练习的意图在于，随着你依次注意身体的各个部位，尽最大可能让自己觉知你所发觉的各种感觉。

（4）现在将你的注意力放在腹部的身体感觉上，在你吸气和呼气时，觉知小腹部的感觉变化模式。随着你的呼吸，花几分钟来体验这些感受。

（5）在觉知腹部之后，就将觉知聚焦于你的左腿，进入左脚，依次关注左脚的每一个脚趾，逐步好奇地去体验你察觉到的每一种感觉，可能你就会发现脚趾之间的接触、麻麻的、暖暖的，或者没有什么特殊的感觉。

（6）当你准备好后，在吸气时感觉或想象一股气进入肺部，然后进入腹部，进入左腿、左脚，然后从左脚的脚趾出来。然后呼气时，感觉或想象气体反方向移动：从左脚进来，进入左腿，通过腹部、胸腔，然后从鼻腔出去。尽可能继续几次这种呼吸，呼吸向下到达脚趾，然后从脚趾回来。可能很难掌握，但请记得你只是尽可能地做，放松地做，充满乐趣地进行。

（7）现在，当你准备好的时候，在呼气的时候，释放对脚趾的觉知，带领你的意识去感知左脚底部——温柔地、探索性地觉知脚底、脚背、脚跟（如注意脚跟和床或席子接触的地方的感觉）伴随呼吸的感觉——类似前面所提到的情形中觉知到呼吸，探索脚的感觉。

（8）现在，允许觉知扩展到脚的其他部位——脚踝、脚指头以及骨头和关节，然后进行一次更深度地呼吸，指引它往下进入整个左脚，随着呼气，完全放开左脚，让觉知的焦点转移到左腿——依次为小腿、皮肤、膝盖等。

（9）继续依次带领觉知和好奇心来探索身体的其他部位——左腿上部、右脚趾、右脚、右腿、骨盆、后背、腹部、胸部、手指、手臂、肩膀、脖子、头部和脸。在每个区域里，最好你能够带领具有同样细节水平的意识和好奇心探索当前的身体感觉。当你离开每一个主要区域时，在吸气时把气吸入这个部位，在呼气时放开。

（10）当你觉知到紧张或身体某个部位的其他紧张感时，你能够对着它们"吸气"——逐步地吸气，尽你最大可能觉知这种感觉；在呼气时，感觉让它们放开或放松。

（11）心理会不可避免地从呼吸和身体不断地游移到其他地方去。这是完全正常的。这就是心理的所为，当你注意到这种情况时，逐步地认识它，注意心理刚才的走向，然后逐步地把你的注意力转回到你打算注意的身体部位。

（12）在你以这样的方式"扫描"全身后，花几分钟把身体作为整体觉知一下，觉知呼吸在体内自由进出的感觉。然后慢慢睁开双眼。

（13）如果你发现自己昏昏欲睡，可用枕头垫高头部、睁开眼睛或者坐着进行练习而不是躺着，可能会好一点。

完成整体扫描后，参与者会感觉身体发热，好像全身的细胞都在呼吸，整个身体也更轻更自由了。面对妄想与疼痛的策略，观想疼痛随着呼吸离开身体。每次扫描身体后，最好让自己在安静的环境中停留一下，仿佛大脑跳出躯体在觉察身体一样。而后，下意识地轻轻活动一下自己的手和脚，揉揉自己的脸，睁开双眼回到当下。

（三）正念瑜伽

正念减压疗法将正念练习与瑜伽动作相结合，教导参与者在练习瑜伽动作的同时，观照当下的身心现象，即在做一些瑜伽拉伸动作时，关注觉察，包括呼吸、肌肉的紧张度、关节的灵活度等，时刻觉察当下的身心变化。配合瑜伽缓慢柔软的动作及不同姿势，觉察自己的呼吸在身体里流动带来的力量，不要试图去控制这股力量，只是集中注意力去觉察它，全身心地体验这个过程。

📚 **延伸阅读**

10个正念瑜伽动作练习

1.手移动式

将右手平放于地板上，再将左手平放于地板。右手往前移动一小段距离，然后左手往前移动一小段距离。

2.四肢平衡练习

花一点时间留心：当你的手往前移动时，身体的重量移转到手上，并可以于四周动动看。将重量转移到右手、右膝，然后是左边，再到前面和后面，慢慢找到四肢都有相等重量的平衡点。

3.牛式

深长地吸一口气，将头和胸部慢慢抬高，同时自然地将脊椎往内和往下沉。

4.猫式

慢慢地吐气，与牛式动作相反，弓起背，并慢慢将头和尾椎下沉。跟随着自然的呼吸，重复5到10次的牛式和猫式动作。试着感受每一次牛式动作的脊椎下凹，以及猫式圆背时每一节脊椎的变化。

5.起身站立

有意识地将右手收回，再收回左手。然后将身体的重量放在双脚上，平稳地慢慢站起来，在动作进行过程中，将注意力拉回到身体的感受上。

6.转动肩膀

将双手往左右两边伸直、延伸，吸气时将手掌掌心慢慢转动直至面向天空，吐气时慢慢将掌心向下。由肩膀处开始启动转动的力量，一路到上手臂再到下手臂，最后小拇指转向上方或下方。

7.侧弯

吸气时将一只手往上延伸，另一只手自然垂放，吐气时渐渐往侧边弯曲拉伸再回正。换边重复上述动作，留意移动的过程，身体侧边及头部的位置和感受。

8.椅式

吸气时将双手往上延伸，慢慢弯曲膝盖，让下半身如同坐在椅子上，往上的延伸和往下的弯曲动作同时进行。此时此刻，你的心还留在身上吗？还在这个房间或空间里吗？慢慢让心回来。

9.抬腿

双手放置腰间，吐气时将重心放至左脚，并抬起右腿，再回到椅式的动作。换边，重复上述动作5至10次。

① ② ③

④ ⑤

⑥ ⑦ ⑧

⑨ ⑩

10. 山式

安静、静止地站着。眼睛可以睁开，注意到眼睛正接触到的一切，将自己挺立于周围的环境之中，感受双脚的踩地，感受自己的呼吸进出。你可以重复这个

193

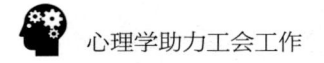

动作，不限时间或次数。

以上的正念瑜伽动作练习强调平衡，包含手的平衡，手和膝盖间的平衡，单脚站立的平衡，而且能够往前方、后方到侧边，各方位地去转动脊椎。此练习适合训练平衡和身心结合，不管是起床的时候或晚上入睡之前，甚至是一天中任何时间皆可练习。整套练习只需要5到10分钟，你可以重复整套练习，也可以不断练习你喜欢或想加强的动作。

在瑜伽动作进行中，一旦发现心散乱了，就随时回到呼吸的感觉或身体部位的感觉，如伸展的感觉、颤抖的感觉或肌肉酸痛的感觉。这些感觉是身体告诉你可以再增加强度，或者提醒你不要太躁进、稍微和缓一点的讯号。

正念瑜伽的持续练习可以强健肌力，同时增加柔软度和耐受力，这些都是帮助静坐所需要的元素，所以特别适用于静坐前练习。

（文章来源：*Mindful*）

五、正念减压疗法的功效

（一）正念有助于缓解焦虑和抑郁

正念是教导我们处理自己思想和情感的新方法，因为它使我们能够摆脱无益的思想，尤其是那些会使我们陷入压力和痛苦的思想。例如，它可以帮助我们更加弹性地面对焦虑和抑郁。英国国家健康与护理研究所甚至推荐基于正念的认知疗法（MBCT），以帮助预防抑郁症的复发。任何曾经被焦虑或抑郁困扰的人都知道这会是多么困难和使人衰弱。正念使我们可以训练自己获得更强大的内心，不被我们的思想"拉扯"，获得更多的内心平静和幸福感。

（二）正念减轻压力

现代生活节奏快、要求高，越来越多的人声称自己感到压力重重。正念已被证明是减轻压力和提高心理韧性的有效方法。它可以帮助我们更好地应对生活中的挑战，如失业、经济压力、离婚或死亡。定期练习正念可以帮助我们更有效地应对压力大的环境，会使生活变得更轻松。

（三）正念提高专注力和效率

正念帮助我们集中注意力。当我们定期练习正念时，我们的注意力水平就会提升，因此可以提高效率和生产力。正念可以帮助我们将注意力集中在手头的任务上，而不是通过多任务来应对一切干扰并分散我们的注意力。

（四）正念使大脑更加镇静，从容不迫

研究表明，基于正念的疗法会增加大脑中与学习和记忆、情绪调节和观点采掘相关的部分中灰质的浓度。这意味着我们可以更加镇静，应激反应更少，精神上更有弹性，并且更少陷入负面或无益的情绪模式。正念实际上也减少了杏仁核的大小，杏仁核是与"战斗或逃跑"反应相关的大脑部分。这可以帮助人们缓解焦虑和反应能力，对压力经历更加冷静有效地做出反应。多任务处理被证实最多会将我们的生产力降低40%，并且使我们更容易出错。通过正念获得更大的专注感、绩效和效率，这是全球CEO、运动员和一些人转向这种有力做法的部分原因。

（五）正念改善我们的睡眠

当我们整日不停地奔波或感到压力、担心或焦虑时，我们的身体可能会陷入"战斗或逃跑"的反应中，即使我们回到家中并尝试放松时，这种反应仍会持续。这种无法放松的心情可能使我们特别容易陷入失眠。正念冥想可以帮助我们放松，放松和镇定神经系统可以帮助我们获得更好的睡眠。正念也已被证明是治疗慢性失眠的一种可行的替代疗法，这意味着受影响的人可能不必依靠药物。

（六）正念提高人际关系质量

如果正念能够帮助我们感到更加镇定、快乐，减少反应和压力，那么所有这些都会对我们建立牢固和积极关系的能力产生正面影响。研究表明，正念水平越高，恋爱关系越令人满意。更加活泼、专心是正念生活的积极方面，它使我们能够与生活中对我们最重要的人建立更紧密的联系。当我们比较镇静、从容不迫且在情感上更容易倾听并与他人分享美好时光时，我们更有可能与合作伙伴、朋友和家人享受积极的关系。

（七）正念帮助我们感到快乐和充实

哈佛大学的研究人员马修·基林斯沃斯和丹尼尔·吉尔伯特完成了世界上最大的人类幸福研究，发现让我们感到幸福的不是大房子、梦想的工作或完美的人际关系，而是当我们全神贯注地出现在我们感到最幸福的时刻。他们还发现相反的说法是正确的——当我们的思想徘徊时，我们会感到不高兴。他们的研究表明，普通人的心智在多达47%的时间中徘徊。这就是为什么练习正念可以对我们的幸福和成就感产生如此积极的影响，它可以帮助我们从拥有不快乐、徘徊的心态转变为更快乐、更果决的心态。

（八）正念改善我们的身体健康

正念冥想对健康有许多益处。研究表明，正念可以有效帮助人们管理糖尿病、心脏病、血压和胃肠道疾病。它对控制慢性疼痛也有效，甚至可以帮助增强免疫系统。正念也被证明对从滥用毒品中恢复的人们有帮助。因为基于正念的疗法对缓解压力和焦虑非常有帮助，所以这有助于解释为什么正念对我们的整体健康和幸福具有如此积极的连锁反应。当我们练习正念时，我们释放的压力荷尔蒙（如肾上腺素和皮质醇，这些荷尔蒙会引起更广泛的健康问题）较少，我们的身体可以调整到更加自然、放松和平静的状态。

（九）正念帮助延缓衰老并延长寿命

由于正念有助于缓解负面情绪和压力感，因此可以使我们生活得更健康、更幸福。它甚至可能减缓衰老过程——压力具有加快生物钟速度的副作用，正念可以减缓它的速度。随着细胞的复制，端粒（位于染色体末端的保护性"帽"）会随着时间的流逝逐渐磨损。研究表明，通过正念训练，人们可以缓解压力，保护端粒，从而更长寿。

（十）正念使人们更加关怀自我

通常，我们可能会竭尽全力，试图变得"更好"或完成所有工作，同时，我们会不断地进行自我批评与自我否认，对自己的不认同感使我们压力倍增。如果我们学会自我关怀，那么我们能够对自己更加包容和友善，而不是只会自我批评。正念是自我关怀的重要组成部分。有关自我关怀的大量研究表明，自我关怀的人往往具有更多的动力、更健康的身体和更和谐的人际关系。他们的焦虑和沮丧感较低，幸福感和整体生活满意度较高。具有同情心的人可以更好地应对生活中的压力事件，如分手、失业甚至与创伤作斗争，事实表明，他们具有更强的心理适应能力。

（十一）正念让人减少偏见，变得更客观

当我们练习正念时，我们能以客观的眼光看待生活中的人和事物，而不是坚持对它们持有先入为主的观念。正念这种减少偏见的作用已被研究证实。一项研究表明，正念减少了参与者对年龄和种族的偏见，这些偏见对于许多人来说可能是存在于潜意识中的，它们可能与较旧的观点和过去的自动联想有关。正念训练能为世界各地的社区、公司和社会带来深远的积极影响。

第三节　表达性艺术治疗技术

随着社会的不断发展，人们面临的心理压力也随之加大，各种心理治疗方法也越来越多地被人们所关注和接受，表达性艺术治疗是当下非常受欢迎的治疗形式。表达是人类与生俱来的能力，我们的祖先在没有出现文字甚至语言之前，就懂得在山洞的岩壁上用图画来描绘所看到的事物或表达对自然及宇宙的看法，在绘画的想象中寻找生命的意义。

艺术治疗是一种特殊的心理治疗。一般的心理治疗都是以语言作为沟通和治疗的主要形式的，艺术治疗则主要强调视觉符号或意象是人类经验最自然的交流形式。表达性艺术治疗（Expressive Arts Therapy）是以各种艺术的媒材来表达人们内心的思绪、感受及经验。这些媒材可能是游戏、声音、身体、故事文本、书写、绘画、舞蹈、音乐、沙盘等。而所表达的内容可能是意识，亦可能是潜意识的层面。其基本信念为相信每个人均有与生俱来的能力，可以自我引导。在一个支持的环境中，透过外在的创作形式来表达内在的情感，借以发现我们深层的情绪，提供机会给自己更多的力量。进一步而言，表达性艺术治疗是以绘画、隐喻、行动演剧、叙说等方式来处理参与者情绪上的压力，以一种非纯口语的沟通技巧来介入，应用在参与者的心理重建历程上特别有效。

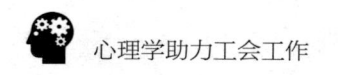

一、心理沙盘技术

沙盘游戏又称箱庭游戏。沙盘游戏治疗是国际上很流行的心理治疗方法。在幼儿园和学校中，它被广泛应用于儿童的心理教育与心理治疗；在大学和心理诊所中，它也深受欢迎。通过唤起童心，人们找到了回归心灵的途径，进而在沙盘中化解身心失调、社会适应不良、人格发展中的困惑等问题。

（一）何为心理沙盘

一盘细沙，一瓶清水，一架子各式各样的物件造型，加上治疗师的关注与投入，来访者的自由表现与创造，构成了沙盘游戏的最基本要素。就在这简易的设置中，人们内心的世界得以呈现，心灵的充实与发展、治愈与转化也获得了可能。除了荣格的心理分析，心理沙盘也被人本主义治疗、格式塔治疗和整合性动力治疗等广泛接受，成为表达性艺术治疗的主流，同时也被逐渐运用于学校心理教育与心理治疗。

心理沙盘技术的实践已经有了飞速的发展，除了可得到的缩微模型的数量及种类越来越多，干预对象也开始逐渐从儿童转向成年人，从患者转向所有人。因此，心理沙盘技术本身不但可以起到心理诊断与治疗的作用，同时还可以起到心理辅导与教育的作用。将沙盘游戏及其治疗方法运用于正常的心理疏导过程是心理沙盘未来的发展趋势，越来越多的人选择使用这种方式认识自我、抒发情感、获得启发，尤其适合不擅表达的当事人，可用于个体疏导，也可用于团体辅导。

（二）心理沙盘的设置

沙盘游戏的基本设置有着国际统一的标准。其中包含沙盘尺寸、色彩规范及游戏模型的种类等的具体规定。有了这些物质上的准备，只要再添加上一颗天真无邪的"童心"，心理沙盘就会马上生动起来！

1. 天蓝色的沙盘容器

室内必备的是两个规定大小的装沙的矩形盘。一个用于做干沙盘，另一个可以放水做湿沙盘。其底面是蓝色的，象征海洋和天空。在游戏过程中，可以通过拨开沙子露出蓝色的底面来表示湖泊或河流等。沙盘本身具有心理容器的象征意义，来访者的所有问题都可能在这样的空间中得到包容或化解。

2.沙子

一般选用干净的细沙，在两个盘中放上合适的数量。沙子可以塑造任何形状，具有灵活多变的特征，同时也有丰富的象征性。

3.沙具

沙具是沙盘游戏最为重要的组成部分。

（1）人物：家族、职业人、卡通及故事人物等。

（2）交通：飞机、火车、交通标志、船、汽车、摩托车、工程车、公路、轨道、加油站等。

（3）建筑物：桥、栏杆、学校、医院、超市、高楼等。

（4）自然景物：山、珊瑚、鹅卵石、贝壳、彩珠、彩石、彩虹、云、星星等。

（5）动物：家禽、家畜、野生动物、昆虫、水中生物、怪兽等。

（6）植物：花草、树木、盆景、水果、蔬菜、草坪等。

（7）军事：战车、工事、铁丝网、坦克、枪炮等。

（8）宗教：佛、塔、教堂、鬼怪等。

（9）其他类。

（三）沙盘干预的过程

心理沙盘以探索心理世界为目的。沙盘游戏是一种心理疏导手段，也是使用沙、沙盘以及有关人或物的缩微模型来进行心理治疗与心理辅导的一种方法。在一个自由、受保护的空间，通过在沙盘内用各种模型、玩具摆弄心灵故事，使来访者无意识接触并表达超语言的经历和被阻碍的能量。这种接触与表达，可促进激活、恢复、转化、治愈、新生的力量，对来访者心理健康的维护、想象力和创造力的培养、人格发展和心性成长都有促进作用。

强调创造过程本身的自发性和自主性是沙盘游戏的基本特点，充分利用非言语交流和象征性意义是沙盘游戏疗法的本质特征。此外，这种疗法的基本原则在于，它最大限度地给人们以想象的自由，允许人们精心构造和发展自己头脑中任意驰骋的各种主题。它在国外已经成为非常成熟和有效的治疗方法之一，在心理分析和心理治疗以及有关的心理教育中得到了广泛的应用，并培养了一批专业的心理沙盘治疗大师。

　　沙盘游戏可用于儿童、成年人；可以个体单独进行，也可以由家庭或其他形式的团体一起完成；来访者可以自由地完成沙盘，也可以根据一定的主题做主题沙盘。各种方式有其特别的程序，但是都遵循容纳、保护和自由的无意识工作方式，其根本目的和治愈原理都是通过沙盘游戏的过程来接触无意识，进而达到心灵发展和转化的目的。

　　沙盘游戏治疗的过程包括几个步骤：首先对来访者介绍沙盘游戏的沙和水的使用，介绍各种沙具的类别和摆放位置，让来访者感到安全、自由，让其明白有充分的条件可以选择任何沙具来做任何形式的创造。然后治疗师帮助来访者以一种自发游戏的心态来创造沙盘世界以及自由地表达内在的感受，这就是前面提到的"童心"的唤起。一旦来访者能够以这样的童心来摆放沙盘，他就开始了借助沙盘探索自我的历程。

　　接下来，来访者开始摆放沙盘世界，此时所奉行的是"非言语的治疗"原则，治疗师尽可能保持一种守护性和陪伴性的观察与记录，并努力让来访者自己和沙盘交流。

心理沙盘室

在沙盘摆放结束后，治疗师开始陪同来访者对沙盘世界进行探索，努力对沙盘世界进行深入的体验和经历，在适当的地方给予共情，以及在必要的情况下给出建议性、隐喻性或提问性的诠释。在这些过程完成之后，拍照记录沙盘世界，这样做的目的是让整个沙盘游戏治疗疗程留下记录，也是对心路历程的一种纪念。

二、绘画治疗技术

（一）何为绘画疗法

绘画疗法是心理艺术治疗的方法之一，是让绘画者通过绘画的创作过程，利用非语言工具，将潜意识内压抑的感情与冲突呈现出来，并且在绘画的过程中获得疏解与满足，从而达到诊断与治疗的良好效果。无论成年人还是儿童都可以在方寸之间呈现完整的表现，又可以在"欣赏自己"的过程中满足心理需求。

房树人绘画

绘画作为情感表达的工具，能够反映出人们内在的、潜意识层面的信息（心理意象），将潜意识的内容视觉化。人们对绘画的防御心理较低，在不知不觉中就会把内心深层次的动机、情绪、焦虑、冲突、价值观和愿望等投射在绘画作品中，有时也可以将早期记忆中被隐藏或被压抑的内容更快地释放出来，并且开始重建过去。在绘画的过程中，个体可以进一步厘清自己的思路，把无形的东西有形化，把抽象的东西具体化为心理意象。

（二）理论基础

绘画疗法主要是以分析心理学中的心理投射理论为基础的。艺术心理学认为绘画天然是表达自我的工具，用非语言的象征性工具表达自我潜意识的内容。绘画可以作为心理投射的一种技术。同样是心理投射技术的罗夏墨迹测试、主题统觉测试已经被证明是有效、科学的心理测验及心理咨询和治疗的工具，因此绘画也应该具有此功能。

大脑左右两半球存在优势分工。左半球同抽象思维、象征性关系以及对细节的逻辑分析有关；右半球则是图像性的，与知觉和空间定位有关，具有音乐的、绘画的、综合的集合空间鉴别能力，表明音乐、绘画、情绪等心理机能同属右半球掌控。这就是大脑偏侧化理论。因此，以言语为中介的疗法在矫治由不合理认知或信念所引起的心理问题时有疗效，但在处理以情绪困扰为主要症状的心理问题时就显得无能为力了，而属大脑右半球控制的绘画艺术活动可以发挥更积极的作用。

（三）绘画疗法的过程

首先，探索自己内在的感情，形成某种心象，同时伴随身体的感觉，通过色彩和笔纸，这些由心理情感而来的不可触及的内容被以绘画的形式呈现在外部世界，实现潜意识的具体化。

其次，通过对作品的认识，可以真正看到个体的内在世界，可以对自己的内在世界进行更深的体验和思考。

最后，通过思考，个体有了对人生的感悟，有了对自己和生命的新认识，自我得以成长。

三、心理剧技术

（一）何为心理剧

心理剧（Psychodrama）是由精神病理学家莫雷诺（Moreno）于1921年提出的，心理剧能帮助参与者，通过音乐、绘画、游戏等活动热身，进而在演出中体验或重新体验自己的思想、情绪、梦境及人际关系，伴随剧情的发展，在安全的氛围中，探索、释放、觉察和分享内在自我，是一种可以使参与者的感情得以发泄，从而达到治疗效果的戏剧。

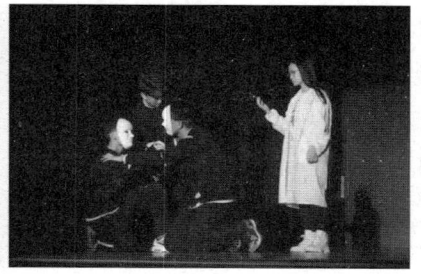

心理剧剧照

（二）心理剧的基本要素

1. 导演

心理剧导演即咨询师。这位咨询师必须具有深厚的心理学及心理剧导演学识。在北美及一些欧洲国家皆有训练心理剧导演的中心，且有一定的训练制度。学员必须陆续完成各个阶段的考试，方能得到美国心理学会所颁发的心理剧导演证书。

导演在心理剧中并非如一般电影或戏剧导演那样权威，指示所有演员演出他所想要的效果。相反，心理剧导演仅是协助主角处理他的问题，是主角想要创造的情境，而非依导演的意愿去创作。因此，导演必须拥有咨询师同理、宽容、深度了解问题的能力，但同时，他也要能自如地运用心理剧的技巧引导主角将其问题以演剧的方式顺畅地呈现出来。导演不仅要具有一般心理师的洞察力、耐心、坦诚、热情等特质，他更需要有勇气、好奇心、活力、创造力、想象力和胆识去协助主角、了解主角，并能察觉主角内心的世界或挣扎的症结，而将其情绪或思考过程顺势带到现场，使主角能在安全的氛围中，尽情检视他的障碍，找到宣泄的出口，进而激发力量去重新思考问题、找到解决的方法。

2. 主角

主角是心理剧里最重要的元素，所有其他的元素都是随着主角的指示或要求而跟着主角进入他所想要的心理剧当中的。

3. 舞台

莫里诺的一句名言是："有舞台就够了。"在心理剧中，一个舞台可以将过去、未来与现实的感受融合在一起，可以让主角如幻似真、自由地悠游在他所创造的天地当中。心理剧的舞台并非像一般的剧场那样讲究，但是为了让成员有演剧的激情与现场感，还是需要区隔舞台与观众之间的空间。如此，当导演带领主角踏入舞台空间的刹那，主角将立刻感到即将踏入自己的心灵世界，这是存有催化作用的反应。心理剧的舞台布置与场景亦全靠主角去搭建，当然这需要视情形而定，或导演可以准备一些道具供主角选用。这些道具基本上是象征性的，通常为几张椅子、桌子，一些各种尺寸、不同色彩的布等，小物件即可发挥极丰富的想象力。

4. 替身

每个人皆有内在的感受，都是一个"内在的小孩"。当一个人孤独或无人可诉时，会怎么办？可能就是与自己对话。以下节选一段莫里诺提出的他为主角创造一个替身的说法：在心理剧舞台上你会看到什么？比如你可能看到一位有着心理问题的人，这个人的心理问题严重到连沟通都极为困难——护士无法与她讲话，医生也无法与其沟通。于是你就可以采取以下的方式导演心理剧，你带着这位成员，你和她说，你可能与你的父母、兄弟、姊妹皆无联络，你也和你的丈夫或任何人都失去联络，但是，假设你可以和你自己说话；假设你可以和一位最亲近你、最了解你的人说话；假如我们能为你制造一个你的替身，然后你就拥有一位可以跟她说话的人，你可以与她一块儿行动，因为你们属于彼此。

5. 辅角

辅角可以分广义与狭义两种。广义的辅角是指所有团体成员，除主角与替身外皆是辅角，包括由主角所选出的所有角色与在一旁观看的成员。狭义的辅角则是仅指出来参加演出的成员。辅角可能是每次心理剧中皆需要的角色，其功用即是烘托主角的现实感，让主角能与当事人再度对话。由于辅角是由主角在团体成员中挑选的，主角亦是用其角度诠释其特征或行为的，担任辅角的成员必须用专注、同理的态度去配合当时的情境，或是激发主角内心对此情境的挣扎与矛盾。有时，辅角的角色可能过于复杂或过于艰难，被挑选出来的成员可以婉拒出演该角色，或者导演可以布偶或以其他方式表现。无论如何，辅角的演出要遵循主角之感受与意见，让主角能在他所创造的场景中去澄清他的问题或思绪。

6.观众

所谓心理剧中的观众，是指所有参加的成员。这些成员若在一出心理剧中未担任任何角色，则成为观众。观众通常在心理剧进行时仅默默地注视眼前的演出。但是在心理剧完成后，这些人可以与主角分享他们的感想或与主角对话，如此可以使主角感受到他并不孤单，也让主角能从自我的情境中跳出，重新走回现实。观众对主角的支持与同理，是支持主角重生的一股力量，亦是让主角省思整个情境的动力。

（三）心理剧的干预过程

1.暖身

它的作用是用来催化创造性的潜能。第一个阶段像是在编织一个安全的摇篮，在这个摇篮中，每个人都可以开始相信导演、团体以及心理剧这种方法。

2.演出

暖身后，导演及被选出来的主角，更进一步地将问题从表面带入核心。导演利用团体的成员作为辅角，来表演这个剧中的重要人物。其他团体成员，除非是担任角色，否则是不能坐在舞台上的。心理剧一旦开始上演，舞台就像是进行着某个仪式的地方，该发生在哪里的事，就只在哪个地方发生。

3.分享

这是一个让团体可以宣泄并且整合的时间，也是一个"爱回去"，而不是回归的时间，不鼓励时间分析，但鼓励认同。每个人都能发现自己跟主角哪里像、哪里不像。让团体的成员去宣泄自己的情绪，或者是得到一些反省。分享更进一步的功能是冷静下来，让成员可以重新进入其个人现实世界。

四、舞动治疗技术

舞蹈是身体的灵动，是身体在空间中的流淌。舞蹈展现了身体的内在活力、潜力和表现力。动作反映了人内在的态度和情绪。动作模式反映了人们是如何与自身、与他人、与世界关联，如何解决问题，如何面对变化和挑战。舞动即沟通。舞动中的身体包含自身内部的互动，以及内部和外部的交互，又与他人身体、与团体的身体、社会的身体共舞。舞动，在时间中流变，在空间里绵延，在情感中澎湃，在交互中思考。舞动是生命的艺术，是思想的隐喻。

（一）何为舞动治疗

舞动治疗，又称舞蹈治疗、动作治疗，是一种与舞蹈、与动作结合的心理治疗方法，以动作过程作为媒介，运用舞蹈活动过程或即兴动作促进个体情绪、情感、身体、心灵、认知和人际等层面的整合，既可以治疗身心方面的障碍，也可以增强个人意识，改善人们的心智。它既是艺术的、创造的，又是疗愈的。

舞动治疗

（二）舞动治疗的基本假定

外文文献中提到的舞动治疗的理论假定，有一个中心三个基本点。中心假定是身、心是一个整体。舞动治疗核心的理论假定是身、心紧密相连，是一个动态的关系：心智层面的体验也会在身体层面体验到，而身体层面的变化则会带来认知和情感层面的变化（Schmais, 1974; Fraleigh, 1987）。舞动治疗相信身体的智慧。自婴儿时代，人就通过身体来学习成长，通过身体探索周遭世界，通过身体来与他人建立关系、产生连接。身体容纳着人的体验，讲述着这个人的故事。生命体验储存在身体里，创伤也储存在身体里。身体有记忆，意味着身体及其记忆促使舞动治疗师带领来访者回到前语言期的体验（BTD, 2017），达成恰当的觉察、转化和成长。舞动治疗师重视具身体验（Embodied Experience），认为具身体验是人之所以成为人的重要部分。具身体验是"流动的、各异的,并且与社会差异和权力议题深深地相互交织在一起"（Caldwell & Johnson,2012）。简言之,具身是体认,以身体来表现,并拥抱由此呈现的未知的一切。在（个体、团体）舞动体验中,人们见自己、见他人、见关系、见天下。舞蹈是具身的、直接的沟通模态。这一模态根植于身体和心智的关系以及舞蹈的审美之上。舞蹈、动作富含创造力的力量和内生的疗育能力,由此能促进整合和提升整体功能（Fraenkel et al.,1997）。中文语境中充满着具身的传统。英文中的"Body",对应的中文词是"身体"。英文中的"Embody",现常常翻译成"具身",算是生僻的直译造词。但在中文常用词中,诸如"体验""体悟""体会""体察""体谅""体贴"……无不传递出"具身"的智慧,以及对身体与心智是一个动态整体的信仰。

三个基本点是希麦和怀特（Schmais & White,1986,1996）提出舞动治疗实务的三个基本假定：①动作反映人格；②治疗师与来访者通过动作建立的关系能够支持和促成行为改变；③动作层面的显著改变可以影响整体的功能。

综上,舞动治疗的特征可总结为"表达性的、发展性的、整合身体的和全面的"。

（三）舞动治疗的优势

与传统的心理治疗相比,舞动治疗有其独特之处,强调情绪和身体的相互连接性,以及创造力能够促进心理的健康。在身体层次上,舞动治疗帮助人们加强肢体的协调能力,提高身体素质；在情感层次上,舞动治疗帮助人们变得更愉悦和自信,并且赋予人治疗方法与工具宣泄通过语言所不能或不足够表达的各种情绪,如愤怒、失望等；在精神层次上,舞动治疗能提高人的认知能力、动力和记忆力。当传统的心理治疗途径难以用语言方式接近和治疗来访者时,舞动治疗无疑是一种很好的选择,不仅和传统心理治疗相辅相成,且帮助人们充分调动自身的潜力,避免了因为药物治疗带来的副作用。

（四）舞动治疗的作用

1.舞动治疗调理情绪

舞动治疗可以充分释放人潜在内心深处的焦虑、愤怒、抑郁、悲哀等不良情

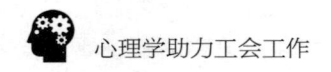

绪，从而告别孤僻、减轻压力、缓解身体紧张状态，减轻慢性疼痛和抑郁情绪，起到消除心理创伤等心理障碍的作用。

2.舞动治疗引导行为

舞动治疗能建立积极正向的身体记忆，引导人建立行为上的自发和自控能力，以及建立有益于健康生活的行为选择与方法。

3.舞动治疗改善关系

舞动治疗可以平衡心智，改善物我关系，助人建立自知、自信、自主能力，增强社会认知、界限感和沟通能力，与他人和社会建立积极有效的关系，从而提升个人体态、自我意识、注意力和交际能力。

4.舞动治疗调理身体机能

舞蹈作为一种美的享受，可调节大脑皮质，调节神经功能，如调节中枢神经系统和自主神经功能，使其紊乱的、失调的功能得以平衡，改善循环和呼吸系统的功能。

5.舞动治疗应用于心理辅导

舞动治疗可以帮助修补个人成长时期所缺失的心智发展需要，帮助建立与年龄相应的自我形象、行为类型和性别身份感。

6.舞动治疗的临床效用

舞动治疗可帮助有身体和精神障碍的青少年和成年人，对正常人的减压保健也很有效。

总之，舞动治疗作为一种心理治疗方法，它既不是舞蹈课，也不是舞蹈表演。它属于创造性艺术治疗，与其他创造性艺术治疗的流派一起（美术治疗、音乐治疗、戏剧治疗、心理剧、诗歌治疗等），丰富和拓宽了心理治疗的形式与内容（Zwerling，1989）。舞动治疗被广泛应用于精神卫生、复健、医疗、教育领域，用在护理、保育、疾病防控、健康管理和私人执业中。舞动治疗对有发展性、医学、社交、躯体和心理损伤和创伤的个体、伴侣、家庭、团体治疗有效，适用于所有年龄、种族、民族（ADTA，2013）。

第五章

职工职业发展中的心理品质

心理品质是指个体在面对各种情境时表现出的心理特征和心理状态，是对个体内部心理结构、行为模式和情绪反应等方面的概括。在职场中，心理品质对职工发展具有非常重要的意义。首先，良好的心理品质可以提高职工的工作效率和创造力。当职工具备积极向上、乐观向善、适应力强等心理品质时，他们可以更好地适应职场环境，更好地处理工作中的挑战和困难，从而更容易实现职业生涯的成功和成长。其次，健康的心理品质可以帮助职工更好地处理工作中的压力和挫折。在职场中，职工经常会面临来自工作任务、同事、领导等多方面的压力和挫折，如果职工具备良好的心理品质，就可以保持心态平衡，避免产生严重的情绪问题。最后，良好的心理品质也有助于职工与他人更好地相处。在职场中，良好的人际关系对职业发展至关重要，具备良好的心理品质可以帮助职工更好地与同事、领导和客户相处，减少不必要的摩擦和冲突，从而更好地完成工作任务。因此，职工需要在工作中不断提升自己的心理素质，以更好地适应职场环境，提高工作效率，实现职业生涯的成长和发展。

第一节　积极心理品质

对积极心理品质的关注源于积极心理学（Positive Psychology）的兴起。积极心理学这一概念由美国心理学家塞利格曼（M. Seligman）和奇凯岑特米哈伊（M. Csikszentmihalyi）首先提出，两位研究者于2000年1月在《美国心理学家》杂志上发表了论文《积极心理学导论》，这标志着积极心理学这一研究领域的形成（Seligman & Csikszentmihalyi, 2000）。积极心理学有三个明确的研究领域：一是研究人的积极心理品质；二是研究积极的团体和社会制度；三是研究积极的情绪和情感。

塞利格曼和彼得森经过多年的调查和总结，通过问卷、调查、访问、咨询等科学研究方式，于2004年出版了他们共同撰写的《优秀品质和美德：手册与分类》，两位积极心理学家希望通过认真仔细地分析和总结个人的优点和品德，人们可以更好地利用自己的长处和优势来提高生活效率和幸福感。

《优秀品质和美德：手册与分类》描述了各种能使人们获得兴旺并幸福生活的优秀品质与美德，并且将它们分类。所有的优秀品质都符合以下标准。

（1）这些优秀品质必须是普遍存在的，是被世界上大多数文化认可的。

（2）这些优秀品质会使人感到满足而充实，即使人感到生活上的完善、满意和幸福。

（3）这些优秀品质是有道德价值的，它们自身是得到重视和珍惜的，而且它们是达到目的的手段。

（4）这些优秀品质的特性是拥有这一优秀品质的人不贬低不具备这些优秀品质的人，而且只受到钦佩而不招惹嫉妒。

（5）这些优秀品质有其不恰当的对立面，有明显的带有负面含义的反义词性。

（6）这些优秀品质都近似个人品格，就像一个人的品格一样有概括性和稳定性。

（7）这些优秀品质是可衡量的，研究者们曾把它们当作个体差异加以研究。

（8）这些优秀品质都是很独特的，与其他的优秀品质完全不同。

（9）这些优秀品质在历史中可以找到有代表性的范本，可以一目了然地体现在某个人身上。

（10）这些优秀品质会较早地体现在一些儿童身上，使他们成为拥有优秀品质的天才。

（11）这些优秀品质具有选择性不存在的特点，即在一小部分的人中没有某个优秀品质。

（12）这些优秀品质会有制度和机构性特点，也就是说社会中的常规、习俗和礼仪会特意地培养这些优秀品质。

一、积极心理品质的内容

通过跨文化研究，积极心理学家认为人类共同拥有六大美德：智慧与知识、勇气、仁爱、公正、克己、超越自我（Park & Peterson，2006a，2006b，2006c；Peterson & Seligman，2004）。这六大美德又由24种积极心理品质构成（Peterson & Park，2009），见下图。

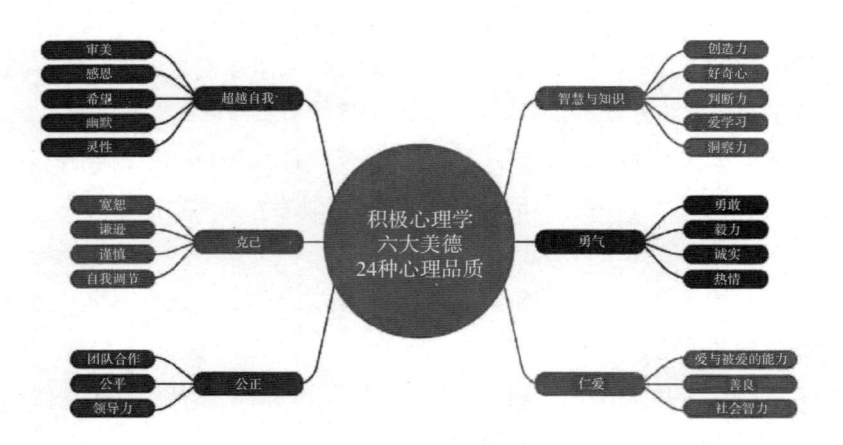

积极心理品质的内容

（一）智慧与知识

按照积极心理学的观点，智慧与知识是一种认知力量，包括知识的获得和使用。这一美德由创造力、好奇心、判断力、爱学习和洞察力五个积极心理品质构成。

1. 创造力

创造力是一种有利于产生优秀成果的新思想或新方法的能力，人们可以在艺术、科学以及其他各个领域体现出创造力。创造力既取决于个人特征，又取决于心理社会背景，这些个人特征和心理社会背景可以通过多种方式加以测量（Kaufman & Sternberg，2010）。创造力不同于天赋，也不同于智慧。创造力的特征有：①喜欢用非传统的方式考虑问题和做事；②机智、灵敏、足智多谋，善于举一反三，触类旁通；③对事物有自己的独特见解，一旦有了目标，就会使用创新，用适当的行动来达到该目标；④做事不受陈规束缚，能灵活运用知识和经验，能够想出新思路、新方法；⑤喜欢从事发明、创造、创新活动等。

2. 好奇心

好奇心是人们有兴趣去探究事情发生的原因，寻找令人们着迷的主题。探索和发现是好奇心的具体表现。好奇心强的人渴望获得新的体验、知识和信息，具有经验开放性，喜欢寻求新异刺激。好奇心和内在动机对习得技能和专长非常重要（卡尔，2012）。好奇心的特征有：①总希望知道、了解更多的事物；②对任何事物都无偏见，且充满开放的好奇心和感兴趣；③爱提问、爱探究；④寻求新奇，非常敏感也非常愿意接受新事物，不容易觉得无聊。

3. 判断力

具有判断力的人会全方位、多角度地考虑问题，并从各个方面来检验问题，而不是武断地下结论。他们也会依据新的证据而改变自己的想法，公平地权衡所有的证据。判断力的特征有：①多角度、多层次考虑问题，彻底地考虑事物并从各个角度来检验问题，不草率下结论；②善于依靠证据做决定，面对证据能够改变观点；③会慎重考虑每件事的所有因素，不轻易否定自己；④逻辑思维能力强，善于变通。

4. 爱学习

爱学习的人会通过正式或者自学的学习方式，主动掌握新技能、新主题和新知识体系。这一品质与好奇心相关，但又超越了好奇心，爱学习的人会用系统的方法去获取新知识。爱学习的特征有：①喜爱学校，喜欢上学；②喜爱图书，喜欢阅读；③善于从报刊、电视、网络等媒体上获取信息，喜欢参观博物馆类的地方和任何有学习机会的地方；④善于从日常生活中学习知识、掌握技能、增长见识、积累经验；⑤对新事物感兴趣，积极主动接近、接受新事物；⑥学习是自愿的，不是因为某种外界压力或诱惑而导致的。

5. 洞察力

有洞察力的人能够给别人提供明智的建议，能够用有意义的方式来看待世界，即理解自我和他人。在心理学中，运用这种洞察力就是智慧（Sternberg & Jordan，2005）。洞察力的特征有：①善于透过现象看本质，能够准确看清事实、讲通道理、找到意义；②能够对事物的走向给出准确判断；③看人准，且善解人意；④善于了解和处理重要、复杂的事情；⑤善于帮助别人分析、解决难题，能够为他人提供有智慧的忠告。

（二）勇气

勇气是一种情绪力量，可以帮助人们抵抗内外部的阻力，使人们拥有勇敢、毅力、诚实和热情。

1. 勇敢

勇敢的人面对威胁、挑战、困难或痛苦从不退缩，即使有反对意见，也会坚持正确的意见，不会随波逐流。勇敢的特征有：①遇到挑战、威胁、挫折、痛苦不退缩，意志坚定；②在生命危险时，在面对困难时，尽管感到害怕和恐惧，但依然勇敢面对；③遇到重大事件或面对顽固病魔时，能坚忍、镇定地应对，甚至乐观和阳光地面对；④即使存在反对意见也为正确的事情辩护；⑤即使不被大多数人支持也依信念行动。

2. 毅力

有毅力的人做事情能够有始有终，即使遇到了阻碍也会坚持到底，永不言弃。并且，有毅力的人在完成任务的过程中能够体验到愉悦感。在很多情况下，动手能力强、自尊心强、自我效能感强、自主性强、自制力强的人，坚持得更久。毅力的特征有：①说到做到，总会完成已经开始的事；②无论怎样的工作（或学习任务），都会尽力准时完成；③接纳有挑战性的工作或事项，有信心并成功完成它们；④勤奋、用功，有耐心，做事锲而不舍；⑤做事时不分心，有恒心，在完成工作（学习任务）的过程中获得愉悦和满足感。

3. 诚实

诚实的人不仅说真话，而且能够真实地表现自己，在行为上不假装、不造作，对自己的情感和行为负责。诚实的特征有：①真心实意，不虚情假意，不虚伪；②真实坦荡，不掩饰想法；③真挚诚实，不说谎骗人；④诚恳正直，对自己的感觉和言行负责。

4. 热情

热情的人总是充满能量、活力四射地生活，他们做事情不会半途而废或者三心二意。他们把人生看作冒险，喜欢满怀激情地体验这一过程。热情的特征有：①乐观面对一切事物，做每件事情都带着激情和灵感，这种热情状态很富有感染力；②做任何事情都积极、主动、兴奋；③精力充沛，无论做什么都会全心全意、竭尽全力。

（三）仁爱

仁爱是指养育和帮助他人的个人力量。

1. 爱与被爱的能力

人们具有爱的积极品质，能够重视建立与他人的亲密关系，特别是能够更加珍惜与自己分享快乐、相互关心的人。爱有不同的类型，包括亲子之间的爱、朋友之间的爱、伴侣之间的爱等。爱与被爱的能力的特征有：①珍惜与别人的亲密关系，特别是那些互相帮助和关怀的关系；②拥有去爱和被爱的能力，那些给你最亲密感觉的人，他们同样感到跟你最亲密；③内心拥有爱，同时自己也被别人接纳、喜欢、亲近、需要。

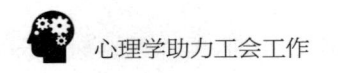

2. 善良

善良的人喜欢为别人提供帮助，做善事。他们乐于助人，有同情心、体贴、慷慨。共情能力是影响善良和利他行为的因素（Batson et al.，2009）。善良的特征有：①有善心，与人为善，常常为别人着想；②有同情心，理解别人，关心别人，经常主动帮助别人并从中得到快乐；③对别人仁慈和宽宏大量。

3. 社会智力

社会智力能使人们意识到自己与别人的动机和情感，知道怎样去适应不同的社交场合，并做出恰当的反应。社会智力是在各种社会情境中准确识别自己和他人的心理状态、有效管理自己心理状态的能力。社会智力的特征有：①能够了解和理解自我，准确地找到自己的位置，知道如何做才能适应不同的社会情境，才能充分地把自己的优势和兴趣利用起来；②了解和理解他人的动机与感受，很容易识别他人心情的变化；③主动与人交往，朋友多；④善于接纳、欣赏、赞美、激励他人，有很好的社交技巧，能够很好地协调人与人之间的关系。

（四）公正

公正这一美德包括团队合作、领导力和公平。这些美德使得个体可以建立来自团队的社会支持网络。

1. 团队合作

作为团队或小组中的一员能够认真工作，忠诚于团队，并能够与其他成员保持良好的关系。团队合作涉及社会责任感、公民意识和社区意识。团队合作的特征有：①融入团队，有凝聚力，有归属感，为团队建设尽心竭力；②忠于团队，自觉维护团队利益，并积极、主动、认真、负责做好本职工作；③尊敬领导，但不会愚昧而自动地顺从他人，也有自己的想法和思维，但会考虑大局；④尊重团队目标，虽然有时大团队目标会与自己的目标不同，但仍然尊重并重视团队的目标。

2. 公平

拥有公平的积极心理品质能够使个体依照公平和正义的观念平等对待所有

的人;不会让个人的情感偏见影响到决策;会给每个人以平等的机会。公平的特征有:①对人一视同仁,处事公正合理,不会让自己的偏见影响任何决定;②给每个人同样的发言机会,给每个人同样的发展机会;③对人对己一律平等,分配公平,交易公平。

3. 领导力

鼓励小组中的每一个成员都努力完成工作,与此同时,与小组内的成员保持良好的关系;有效组织小组活动,并参与其中。领导力的特征有:①有宏观决策能力和筹划能力,善于从大局出发,制定长远发展规划和终极目标;②能够坚持信念,有雄心、有信心、有精力、有毅力;③善于鼓励团队成员参与决策、管理,从不批评和打击团队队员的积极性和工作热情,是用思想来指导团队发展,而不是直接插手具体工作细节,值得信赖和尊敬;④有用人技巧,善于协调关系、化解矛盾,善于营造良好的氛围和组内关系;⑤认为团队队员个个都是最棒的。

(五)克己

克己这一美德包括宽恕、谦虚、谨慎和自我调节。宽恕会让人们远离仇恨,谦虚会让人们远离骄傲,谨慎会让人们不因为追求一时的快乐而给自己造成长久的痛苦,自我调节让人们学会管理自己的情绪和欲望。

1. 宽恕

拥有宽恕积极品质的人会原谅那些做错事的人,接受别人的缺点;也会给别人第二次机会,不会记仇。宽恕的特征有:①宽恕那些犯错误的人,原谅别人的过失,给他人第二次机会;②宽恕那些得罪过自己或欺负过自己的人,报复心不重;③在原谅了欺负自己的人后,心理会从负面消极(如报复或回避)转移至积极(如友善、宽宏大量或乐善好施),心中不存怨恨。

2. 谦虚

谦虚的人用自己的成绩说话,从不自吹自擂,也不会自大自傲。谦虚的人能够准确评价自己,认可自己的长处和成绩,也能够接纳自己的短处和失败,更强调他人的价值而非自己的价值（Tangney，2009）。谦虚的特征有：①为人低调，不招摇，不寻求成为他人关注的焦点；②做事低调，不张扬、不炫耀，比较喜欢用自己的成就说话；③不认为自己很特别，常常虚心向别人请教。

3.谨慎

谨慎的人能够小心地对待自己的选择，从不轻易冒险，也不会说或做一些令自己感到后悔的事情。因此，谨慎的人在决策之前会更多地考虑行动的长远后果。谨慎的特征有：①做事之前考虑周到，深思熟虑，仔细评判得失，小心地做出选择；②做事过程注重细节，认真细致，确保准确无误；③小心慎重，不随意冒险，不做自己认为以后会后悔的事，也不说将来会令自己后悔的话。

4.自我调节

自我调节会使人们有效管理自己的感受和行为，有自律性，同时也能够使人们控制自己的欲望和情绪。自我调节有时与自我控制、自我约束和执行功能有相同的含义。自我调节的特征有：①自觉控制自己的欲望和冲动，直到恰当的时机；②自觉控制、调节自己的情绪；③有纪律，自觉规范自己的感觉与行为，自觉遵守法律法规，自觉遵循道德规范，注重礼仪。

（六）超越自我

超越自我的心理品质让个体与宇宙世界相连，并寻求生命的意义。这一美德包括审美、感恩、希望、幽默和灵性五个积极心理品质。

1.审美

具有审美能力的人能够注意和欣赏身边一切美好和卓越的事物，从自然到艺术、数学、科学、日常生活等各个领域，并在各个领域中取得不俗的成绩。审美的特征有：①发现美，善于发现周围环境及日常生活中美好的事物、人物；②欣赏美，懂得欣赏大自然、艺术、科学等各领域的美、优秀以及有技巧的表现。

2.感恩

懂得感恩的人会意识到生活当中发生了好事情，并在这个过程中体会到快乐、产生感恩之情。他们也愿意花费时间去表达自己的感谢。感恩的特征有：①花时间表达自己的感谢，感谢别人支持帮助之恩，由于常常表达谢意，身边的人都知道你是个懂得感恩的人；②意识到美好的事物并心怀感激，这种感激可能是对非个人或非人类的，如感谢自然界赐予阳光、空气、水以及花草树木、鸟兽鱼虫之恩，感谢团体、组织、国家的接纳护佑之恩；③心怀感激的人会欣赏他人的优点和品德；④留意到发生在自己身上的好事，但不会视为理所当然，所以常常表达谢意。

3. 希望

满怀希望的人对未来会怀有美好的期待，并努力去实现它，相信美好的未来指日可待。希望的特征有：①有远大理想和切合实际的目标；②有追求，知道自己要什么并做好充分准备；③乐观积极，以积极心态看待现实生活，高高兴兴地生活在现实中；④认为好事总会发生，对未来充满信心，相信幸福掌握在自己手中。

4. 幽默

拥有幽默积极心理品质的人喜欢逗乐和搞笑，会把欢乐带给别人；能够看到光明的一面，也会刻意制造一些笑话（不一定是讲述出来的）。幽默的特征有：①很容易看到生活光明、轻松的一面，认为生活充满乐趣；②善于用自嘲、滑稽、俏皮、笑话等方式逗大家笑，善于营造轻松、愉悦、欢快、开心的氛围；③善于有分寸地开玩笑，但绝不嘲笑、戏弄他人，不是攻击性幽默。

5. 灵性

自己的追求与宇宙存在的意义有一致性；拥有生命意义感，并据此行动。这种信念也会让个体内心充实，生活舒适。灵性的特征有：①有信仰，无论是对某种宗教，还是对某种主义，抑或是对某种事物，至少有一种信仰，使自己有所追求、有所寄托；②有信念，有人生理想和人生目标，相信每个人、每件事都有更高、更深奥的目的和意义，这种信念能够塑造一个人的行为，让其一生过得精彩而有意义。

二、积极心理品质的作用

首先,一系列的研究表明,积极心理品质与生活满意度和幸福感有着密切的联系。在儿童、青少年和成年人身上,热情、希望、爱和感恩与幸福感显著相关。一项研究获得了680份家长对3~9岁儿童的书面描述,通过内容分析之后发现,在比较小的孩子身上,热情、希望和爱与幸福感相关;在比较大的孩子身上,感恩与幸福感相关(Park & Perterson,2006a)。另外一项研究还发现,青少年的热情、希望、爱和感恩与其生活满意度显著相关(Park & Perterson,2006b)。父母具有的积极心理品质也会影响青少年的生活满意度。研究发现,父母的情绪、自我调节、热情、希望、爱和感恩也与青少年的生活满意度相关。这一研究表明,具有积极心理品质的父母能够为孩子营造一个更好的心理环境,让孩子过上更满意的生活(Park & Perterson,2006b)。

其次,研究发现,积极心理品质与个体的成就行为之间存在相关。对成年人的大样本调查表明,好奇心、热情、希望、感恩和灵性与工作满意度相关(Perterson et al.,2010)。另外两项来自工作场合下的研究也发现,积极品质的使用与主观幸福感和工作满意度相关(Harzer & Ruch,2012;Littman-Ovadia & Steger,2010)。研究者也发现,帮助员工识别自己的心理品质并积极运用这些品质,是员工投入的三大"核心驱动力"之一(Crabb,2011)。对青少年的调查则发现,毅力、公平、感恩、诚实、希望和洞察力能够预测大学生的平均成绩(Park & Perterson,2006b)。成就仅仅是与心理品质相关的积极结果之一,实际上,每一种积极心理品质都有其积极的结果。

最后,研究者还发现,积极心理品质与创伤和疾病存在一定的相关。积极心理品质中的希望、善良、社会智力、自我调节和洞察力能够保护个体抵抗压力和创伤所带来的消极效应(Park & Peterson,2008)。对2087人的访谈结果发现,对勇敢、善良和幽默的人来说,身体疾病也不会导致其生活满意度降低很多;对具有审美能力和热爱学习的人来说,心理障碍并不会导致其生活满意度降低很多(Peterson & Seligman,2007)。

总体上,让人们适应良好和获得幸福感的最重要的心理品质是感恩、热情、好奇心和爱。

三、提升积极心理品质的方法

如下表所示，美国VIA研究所提出了发展各种积极心理品质的方法。据VIA在线系统介绍，提高积极心理品质，首先要通过其在线测评工具确认自己的积极心理品质优势，然后从中选择一个优势，按照表中的任务，每天换种方式加以运用，并坚持一个星期。塞利格曼等人（2005）发现，这样进行干预6个月后，个体的幸福感会增强。

提升积极心理品质的任务

积极心理品质	任务
智慧	选一个常规任务，会用全新的方式去完成
	用非常简短但极其精确的语言描述你想到的最美一幕
好奇心	选一个你每天都经过但一点都不了解的地方，弄清那里的一切
	放学后（或下班后）换条路线回家，留意一下新路线上有什么你没有见过的东西
判断力	想象你特别坚持的某个观点，然后想想别人会以什么理由质疑这个观点，至少想出5个理由
	下次碰到有人表达了一个你不认同的观点，问问这个人为什么会那么认为，认真倾听这个人的阐述
爱学习	要求自己每天都能学到新的东西
	今天花15分钟阅读你原本没打算阅读的一本书或一篇文章
洞察力	下次碰到两个朋友争论，不要听信一面之词，要弄清双方的想法
	花一天时间，少说、多问、多听，只有在别人要求时才发表意见，提供建议，而且要经过认真地思考
勇敢	找一件让你紧张的事情做一下，表明自己可以做到勇敢
	下次你害怕做某件事（不是坏事）时，向自己承认害怕，然后做那件事
毅力	为今天列一个任务清单，按时完成任务清单上的任务
	想想你有什么重要任务一直推迟着没完成，为这个任务列个分步执行计划，加以实施，直至完成
诚实	花一天时间，只说你真正相信的东西
	每天做一件你认为可以反映自己深层价值观的事情

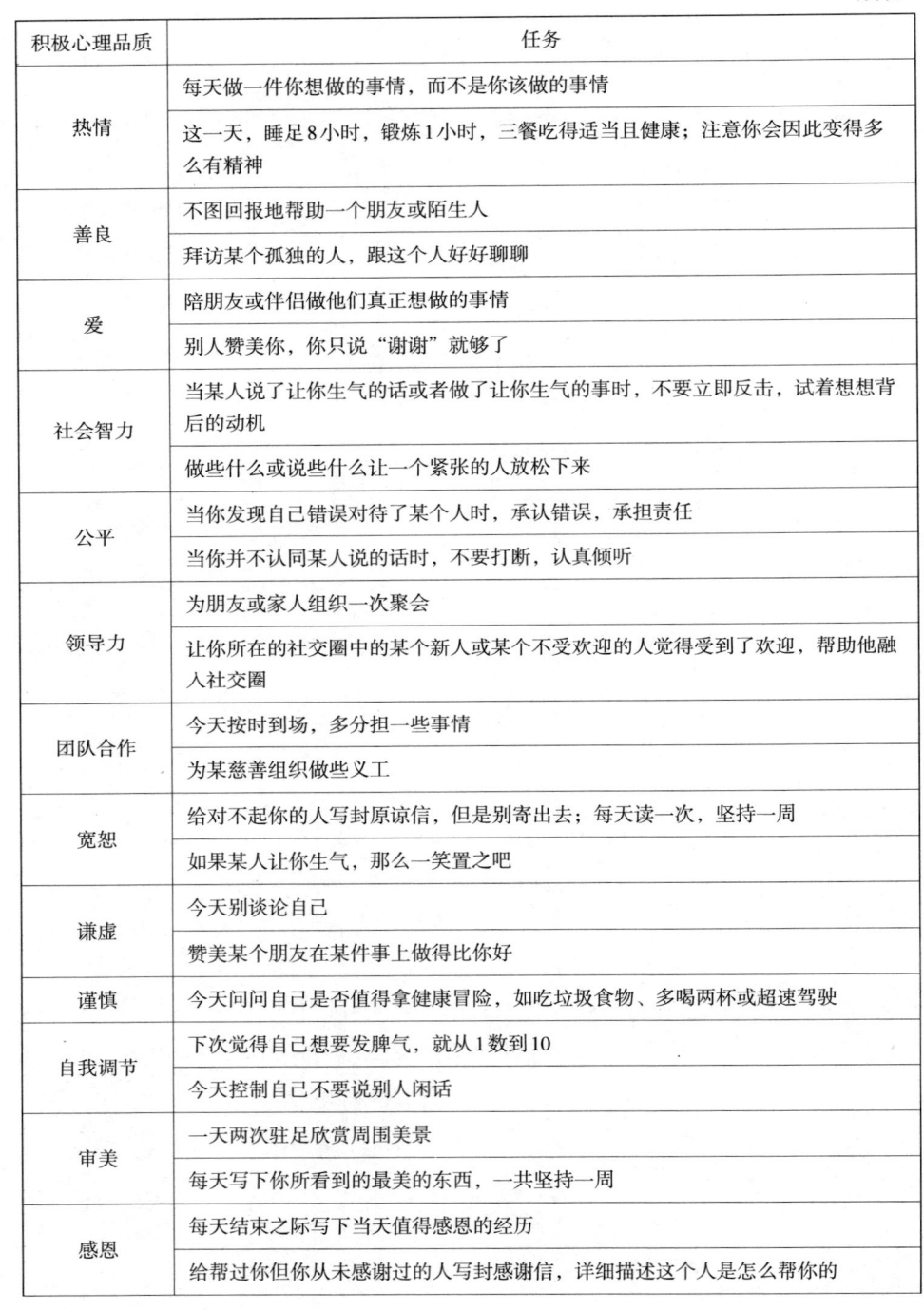

续表

积极心理品质	任务
热情	每天做一件你想做的事情，而不是你该做的事情
	这一天，睡足8小时，锻炼1小时，三餐吃得适当且健康；注意你会因此变得多么有精神
善良	不图回报地帮助一个朋友或陌生人
	拜访某个孤独的人，跟这个人好好聊聊
爱	陪朋友或伴侣做他们真正想做的事情
	别人赞美你，你只说"谢谢"就够了
社会智力	当某人说了让你生气的话或者做了让你生气的事时，不要立即反击，试着想想背后的动机
	做些什么或说些什么让一个紧张的人放松下来
公平	当你发现自己错误对待了某个人时，承认错误，承担责任
	当你并不认同某人说的话时，不要打断，认真倾听
领导力	为朋友或家人组织一次聚会
	让你所在的社交圈中的某个新人或某个不受欢迎的人觉得受到了欢迎，帮助他融入社交圈
团队合作	今天按时到场，多分担一些事情
	为某慈善组织做些义工
宽恕	给对不起你的人写封原谅信，但是别寄出去；每天读一次，坚持一周
	如果某人让你生气，那么一笑置之吧
谦虚	今天别谈论自己
	赞美某个朋友在某件事上做得比你好
谨慎	今天问问自己是否值得拿健康冒险，如吃垃圾食物、多喝两杯或超速驾驶
自我调节	下次觉得自己想要发脾气，就从1数到10
	今天控制自己不要说别人闲话
审美	一天两次驻足欣赏周围美景
	每天写下你所看到的最美的东西，一共坚持一周
感恩	每天结束之际写下当天值得感恩的经历
	给帮过你但你从未感谢过的人写封感谢信，详细描述这个人是怎么帮你的

续表

积极心理品质	任务
希望	想想你下个月的目标，就如何完成这些目标制订计划
	想想某件让你失望的事情，再想想这件事情给你制造了什么机会
幽默	今天逗笑一个人
	今天自嘲一下
灵性	今天冥想15分钟
	今天想想你为什么而活

第二节 创新能力与创新人格

我国著名学者庄寿强曾在其论文《行为学派创造学理论体系的形成》中提出：创新能力 =K × 创造性 × 知识量。后来的学者将这一公式演变为：创新能力 =K ×（创新人格 + 创新思维 + 创新方法）× 知识量。其中，K 是人天生具有的潜在创新天赋、质疑能力，属于遗传学范畴，不好改变；知识量是知识的积累。因此创新人格、创新思维和创新方法三者统称创新素养。

一、创新能力

（一）创新能力概述

一般来说，能力是指人们表现出来的解决问题的可能性的个性心理特征，是完成任务、达到目标的必备条件。能力直接影响活动的效率，是活动顺利完成的最重要的内在因素。按照人力资源和社会保障部发布的《核心能力测评大纲——创新能力》的定义，创新能力是指"在前人发现或发明的基础上，通过自身的努力，创造性地提出新的发现、发明和新的改进、革新方案的能力"。创新能力是创新者、创新团队、创新机构乃至更大的经济或社会实体进行创新的能力。创新能力有三重含义：一是形成或产生新的思想、观念或创意的能力；二是利用新思想、新观念或创意创造出新的产品、流程或组织等各种新事物的能力；三是应用和实现新事物价值的能力。创新能力由多种能力构成，主要包括学习能力、分析能力、综合能力、想象能力、批判能力、创造能力、解决问题的能力、实践能力、组织协调能力以及整合多种能力的能力。

创新能力必须来自创新思维的引导。创新思维是指用新的、独特的角度或方式去思考解决问题的过程。通过这种思维思考问题，能跳出框架，提出超常规、不同以往的解决方案。创新思维具有突破性、新颖性、多向性、独立性、意外性、敏捷性、主动性、目的性、预见性、求异性、发散性等特征。在现有的资源或知识的前提下，利用创新思维在某个特定环境里，对现有的需求进行改进或创造新的事物，让创新思维驱动行为，使其更为理想化或更能满足社会需求。这样的能力往往能获得一定效益。

（二）创新能力的内涵

通俗地讲，创新能力就是发现新问题、提出新设想、创造新事物的能力。最常提及的有国家创新能力、区域创新能力、企业创新能力等。管理大师彼得·德鲁克认为："创新的行动就是赋予资源以创造财富的新能力。事实上，创新创造出新资源，……凡是能改变已有资源的财富创新潜力的行为，就是创新。"在企业中，其创新能力就是企业能够在市场上获得多少竞争力。对企业资源进行管理，提高其内部竞争力、拉开企业本身与其他竞争者的差异性，这种差异性最终将为企业带来市场上的竞争优势。企业创新能力的提升是企业竞争力提高的指标。创新能力的高低，直接关系一个企业竞争力的强弱。创新能力强的企业，其竞争力也强，反之亦然。

（三）创新能力的四大特点

创新能力具有四大特点：一是综合性。它把多种能力集中起来，充分加以运用。二是独创性。它凭借想象力和创造性思维构造出前所未有的东西，打破以往的模式和框架。三是实践性。创新与发明创造的区别就在于它的推广应用，实现创造发明成果的价值。四是坚持不懈。创新是一个复杂的过程，涉及创新者自身的能力和社会环境，要取得成功需要反复试验和探索，只有坚持不懈，才可能获得成功。

（四）创造力是创新能力的表现

创造力要求人的全部体力和智力的高度紧张，以及创造性思维在最高水平上进行。一个人能综合其知识、能力、智力、性格等特质而产生出新的事物。创造力是区别一个人是否有过人能力的一种表现。创造力与一般能力的差别在于其能够产出独特而新颖的成果。跳脱出重复的习惯，扩散思维角度而来的创新，能够带来新的思考与研究行为。

高创造力的人通常有三种特征：一是能举一反三，随机应变能力很强；二是反应很快，在短时间内能从不同角度去分析事情的本质；三是思维的独特性，能够跳脱传统思维，具有独特见解。

创造力与人格特征也有密切关系，综合多人研究的结果表明，高创造力者具有如下一些人格特征：兴趣广泛、语言流畅、具有幽默感、反应敏捷、思辨严密、善于记忆、工作效率高、从众行为少、好独立行事、自信心强、喜欢研究抽象问题、生活范围较大、社交能力强、抱负水平高、态度直率坦白、感情开放、不拘小节。优异的创造力能凝聚出新的人文活动，这也是整个创新的起点。创造力带来的创造活动，能为社会带来更高的价值，带来人类社会中更高的文明。

二、创新人格

（一）何为人格

人格（Personality）一词源于拉丁语"Personae"，意思是"面具"，最早源自演员在舞台上所戴的面具。舞台上，很多演员都会根据角色的不同选择不同的面具，这实际是人格的外在表现。这与日常生活中所指的人格不同，日常生活中的人格是指个人的道德品质。与法律中所指的人格也不同，法律中所指的人格是一个人做人所享有的资格和权利。

心理学家阿尔伯特（G. Alport）认为，人格是个体内部身心系统的动力组织，决定个体对环境独特的调节方式。从这个定义来看，人格应该包括两个部分：第一，人格是认知、情感及行为等要素整合的产物，是区别于他人的稳定而统一的心理品质，具有独特性的特点；第二，人格是个体在社会化过程中所形成的内部稳定和持久的动力组织，具有动力性的特点。

（二）何为创新人格

创新人格是一个复合词，由"创新"和"人格"组成。因此，创新人格既有人格的独特性和动力性的特点，又有"创新"的新颖性和有价值性的特征。基于此，有学者认为，创新人格是人所具有的稳定的、对创造活动的顺利进行和创造目标的实现产生动力作用和决定作用的各种心理特征的总和。也有学者认为，创新人格就是具有创新活动倾向的各种心理品质的总和，是创新的内在依据。还有学者认为，创新人格是指由个体内在的创新意愿和创新能力所协调统一构成的较为稳定而独特的心理特征总和。

综上所述，创新人格是指个体在创造性活动中表现出来的、促进创造发展的统合而稳定的人格。

（三）创新人格的普遍性

20世纪50年代，美国心理学家吉尔福特（J. P. Guilford）首次对创造力的概念进行了讨论。他认为，创新人格是高创新个体在创造行为中表现出来的品质类型。因此，后续的研究者希望归纳出高创新个体人格的共同特质，然后通过对这些特质的测量来评估一般个体创新能力的高低。其效果也得到一定程度的验证，如英国著名心理学家迈克尔·科顿（Michael Kirton）的研究发现，创新人格与个人创造力显著正相关。更有研究表明，创造性与某些人格特征间存在高相关性，二者相互促进、不可分割。

为寻找高创新个体人格的共同特质，早期的研究者普遍以天才人物为研究对象。他们认为创造力是天才人物的标志。如"推动美国教育改革的首席科学家"和哈佛"零点计划"的负责人霍华德·加德纳在其著作《创造力七次方》中选取了弗洛伊德、爱因斯坦等七位创造力大师级人物进行分析。但后来的研究者发现，创新人格并非科学家、发明家、艺术家或具有高创造才能及已经创作出创造性产品的人才独有的，在普通个体身上同样存在。创造性潜能是一种相对普遍的天赋。每个人都有表现非凡创造性的潜能，只是其程度不尽相同。

吉尔福特曾说，创造力研究迄今为止获得的最有意义的认识之一是，创造力再也不必假设为仅限于少数天才，它潜在分布于所有人中间。我国著名教育家陶行知也曾说过："处处是创造之地，天天是创造之时，人人是创造之人。"不是每个人都需要作出轰轰烈烈的贡献才是具有创造力的。创造出具有对社会、对人类有贡献的产品，有时是需要一定的社会条件的。如果只用社会标准去衡量一个人是否具有创造力，我们会觉得很悲观。但如果从个人的角度来说，其实每个人都具有创造力。只要对自己来说是前所未有的，是有意义的一些想法、观点、产品，就具有创造力。

（四）创新人格的特征部分

对创新人格特点的研究非常多，而且至今未有统一的结论。吉尔福特把创新人格特质概括成八个方面：高度的自觉性和独立性；有旺盛的求知欲；有强烈的好奇心；知识面广，善于观察；工作讲求理性、准确性与严格性；有丰富想象力；富有幽默感；意志品质出众。斯滕伯格（R. J. Sternberg）指出，创新人格特质包括丰富的想象、认真专注、特殊的个人发展经验，对不明容忍的态度，能克服障碍，有成长意愿和内在动机，适度的冒险性和耐挫性。美国"创造力之父"托伦斯（Torrance E. P.）在其书中提到，高创造者的人格特质包括勇气、独立思考和判断、诚实、坚毅、好奇、愿意冒险。另一位学者戴维斯也提出了创新人格特征：独立性强；自信心强；勇于冒风险；具有好奇心；有理想抱负；不轻信他人的意见；对于复杂的事物感到有魅力；有艺术上的审美观和幽默感；兴趣既广泛又专一。

国内对创新性人格的研究起步较晚，但发展迅速。如董奇认为创新人格特征应包括认知兴趣浓厚，情感丰富，富有幽默感，勇敢、甘愿冒险，坚持不懈，百折不挠，独立性强，自信，勤奋，进取心强，自我意识发展迅速，一丝不苟。林崇德将创新人格概括为积极的个性意识倾向、刚毅的性格、健康的情感、坚强的意志和良好的习惯。

综上所述，可以概括出创新人格的四个特征。

一是动力倾向方面：好奇心强、兴趣浓厚、成就动机高、精力充沛。

二是认知能力方面：知识面广（特别是专业知识）、善于观察、想象力丰富、思维活跃。科学家独立思考能力强，思维理性严谨；艺术家情绪感受性高，情感丰富。

三是行为及价值观方面：爱冒险、挑战，勇敢，幽默，大胆质疑传统、规则，接受新的、模糊的、混乱的事物，自我意识强，孤傲，低乐群性。科学家专断但有责任感；艺术家敏感、女性化。

四是自我控制方面：独立、自信、坚毅、执着、勤奋。科学家自制；艺术家冲动。

虽将创新人格分成了四个部分去考察，但创新人格是一个统一的整体结构，其中的各个部分及其组织要素相互作用，组成一个不可分割的整体，对创造活动发挥整体性的推动和保证作用。

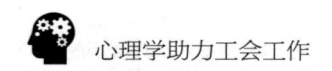

（五）创新型人才的心理品质

不同年代、不同社会背景的学者，对于创新人格的研究都有相当高的一致性。在建设创新型国家的背景下，要成为创新型人才，应重点培塑以下几个方面的心理品质。

1.强烈的兴趣和好奇心

兴趣是人投入一项活动中感召力最强的内驱力量，这样的内驱力能让人积极而主动地去了解与挖掘事物的创新可能。好奇心是指外界环境引起人想要亲近的心理状态，会引起情绪上的兴奋感，大脑也会产生新鲜感。心理学家认为，好奇心引发创新思考与探索，能够带动创新活动的开始，同时好奇心也会引发兴趣与求知欲。达尔文、爱迪生这些伟大的发明家，自小即对各种大小事物都具有好奇心，甚至做出旁人看起来觉得好笑的行为，例如，爱迪生曾想自己孵出小鸡。这样的好奇心与探索精神，正是打开知识大门的钥匙。

2.不断进取的自信心

从客观的角度对自我进行评价，确信自己所从事的创新活动是正确的。这样的自信心来自对自身的优缺点有充分的了解，同时自我认可创新带来的自我价值提升。自信心能调节情绪困扰，挖掘出自身的潜能，使自己尽可能多地参与不同的创新活动并与人交流。

3.具有批判精神的独立性

一个人的独立性非常重要，这也是个人人格的主要象征。通过自己的力量与独到的见解，来解决创新活动中的问题。独立型人格特征表现为喜欢独立自觉地思考问题，不怕团体的压力，爱用疑问的眼光来审视事物，具有批判精神，不迷信书本，敢于质疑，敢于发表自己的意见，敢于标新立异，积极努力探索未知问题。

4.胸怀社会的责任心

每个人都应该具有责任心，不管是对自己、对他人、对家庭或者对组织，甚至是对社会及国家都应具有其责任感。责任心是对自己所在的社会与归属提供自我价值的反馈，能者多付出，从而推动社会进步，造福人类。

5.百折不挠的意志力

意志力可以说是现代人最缺乏的一项特质。由于受到太多周边环境的影响，导致人的意志力已经十分薄弱，但意志力却是创新成功者一项非常重要的人格特征，因为创新的路上存在着不同的挑战，过程漫长而复杂，意志力能够使创新者在面对挑战时持续坚持。著名数学家阿贝尔常这样教育学生："坚持，先生，要坚持。你所遇到的困难会在你前进的途中自行解决。前进，你就可以看到光明，它将照亮你前进的道路。"

6.开放的心态以及团结协作的精神

时代随着科技发达而不断进步，技术、科技、知识、新的领域一直以倍数级增加。随着各领域的推进，更多的发明创造是通过多人跨领域的合作而成功的。要想达到成功的创新，个人需摒弃个人英雄主义，放开心胸与他人展开合作，尊重他人及团队协作。集思广益，在这个数字时代才是最重要的。

（六）创新人格的培塑

如何依靠自己的能力持续培养创新人格呢？可以从以下几个层面着手，逐步培养自己的创新人格。

1.抓住兴趣和好奇心，培养创新意识

好奇心是创新的前提。抓住好奇心，就是要抓住生活、学习、社会中的许多新奇的事物和现象。平时我们可从关心和了解周围事物的变化、发现问题、探究问题入手。每个人对于日常生活都应开启善于发掘的眼光，关注丰富多彩的日常生活，关心周围事物的变化，及时抓住自己的美妙逻辑和创意灵感，及时记录下创意想法产生的那一刹那，充分满足自己的好奇心，使之成为现实。主动发现问题、提出问题，才能顺藤摸瓜找到问题的症结，并抓住事物发展的关键点，进行发明创造，用科学技术来解决问题。

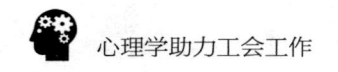

2. 点滴做起，收获自信

创造各种机会，不断地体验成功。不管大事小事，都应认真投入且全力以赴去对待，从而奠定成功的基础；提高自己各方面的能力，确保个人能力的增进是成功的保障。成功可以帮助我们树立自信，而自信可以帮助我们获得成功。为自己的成功适时合理地赋予价值。我们投入的每一件事情，都有发生的价值与意义。当我们成功地完成一件事情时，也就为自己的成功合理地赋予了一定的价值，如此可以增强我们的成就感、自豪感和自信心。

3. 训练批判思维，培养独立性

打破常规、突破思维定式。要创新，就需要有不迷信权威不怕失败的勇气，就需要有坚忍不拔的毅力和实事求是的科学态度。正确的质疑、善于独立地提出问题和解决问题是批判性思维的外在表现。人们不应将自己拘泥在固定模式或他人的见解之中，盲目地肯定或否定一切。相反，应具备对事物带有正确质疑、自觉探索的能力，这是一种难能可贵的探索求知精神，也是创新的萌芽。培养独立精神，在思想上、行动上、个性上保持独立，拥有独立人格。

4. 树立正确的价值观，增强责任心

创新并非高不可攀，相反，创新往往是从小事开始的。应消除对创新的距离感，破除创新等于名人或发明家的专利这样的误解。事实上，人人都可创新，人人都能创新。以天下为己任、敢于创新，当一个人开始进行小的创新行为时，一次次的累积所带来的信心与经验，便能够使之进行更大的创新行为。能力越大，责任越大，行有余力之时，不妨想想能为社会进步做出哪些创新的改变。提高自己的社会责任感，明确自己创新行为的意义和价值，捕捉自己的每一次小小的新想法、新做法或新设计，并想方设法去实现。

5. 培养意志品质，提高对挫折的耐受力

创新活动本身是一个艰苦的过程，这个过程漫长而琐碎，而且需要非常高的耐性。有时创新会遭受社会的冷落、市场的质疑和周围人的不理解，因此必须忍受寂寞和挫败。创新者应对自己的创新感到骄傲，用自我激励来调节情绪，了解

这些过程是在自我锤炼，从而发自内心地去克服困难，才能有效地培养坚强的意志品质。一旦作出正确的决定就要坚持到底，不能半途而废。

6.培育良好的竞争精神和善于合作的创新禀赋

人天生就存在竞争意识，拥有赢的欲望，喜欢与他人攀比，现代社会的竞争风气更加强了这种现象。竞争存在于每个人的人际交往中，似乎没有竞争精神，就不能很好地适应社会。不可否认，竞争也是创新人格的必备要素，但合作也是。创新必须仰赖不同领域的专业人才的合作，才能跨领域突破新的技术。越来越多的发明创造都不再是单个人就能完成的，而必须与他人合作。在创新活动中，1+1>2的合作精神所发挥的巨大作用已日益彰显。放开心胸接纳不同的意见，真诚地对待伙伴、信任伙伴，让合作关系和谐互利，让自己融入团体合作，是创新人格重要的内核特质。

7.避免不良人格的形成

创造力的发生来自健全而完善的人格特质。然而，每个人的性格都包含复杂的特质，有正面的也有负面的。在这些特质中，胆小、过分自我批评、懒惰、从众、狭隘、刻板、骄傲等，都会阻碍创造力的发展（董奇，1993）。吉尔福特也指出，尽管每个个体都具有巨大的创造潜能，但由于人格的不健全，会导致心理健康水平的下降，从而失去最佳的心理调节。因此，要培养良好的创造力，必须注意预防焦虑、妒忌、偏狭、违拗、冷漠等负面人格。

第六章

心理危机预防与干预

心理危机是指个人在面临一些突发的、重大生活事件或者挑战时，因突破了正常的应对能力而导致的心理状态不稳定，引发强烈的心理反应和身体反应，给个体的身心健康带来潜在的危害和威胁。这些事件可以是突发事件，如意外事故、自然灾害、暴力袭击等；也可以是生活事件，如失业、离婚、失去亲人等。无论什么原因引起的心理危机，都可能对个人的生活产生深远的影响。预防心理危机是心理健康的重要组成部分，它强调要在平时积极采取措施，以降低心理危机发生的概率。预防心理危机的方法有很多种，包括心理健康教育、心理咨询、心理疏导、心理辅导等。这些方法可以帮助个体提高应对危机的能力，增强自我保护意识和能力，预防心理危机的发生。而在危机已经发生后，为了尽快恢复个体的心理健康，减少其对身心健康的潜在危害和威胁，必须采取相应的心理干预措施。这些措施包括了心理危机干预的基本原则、应急处理技巧、应对策略和心理治疗等，旨在帮助个体尽快恢复心理平衡和稳定。因此，本章主要探讨了心理危机预防和干预，包括心理危机的概念、种类、预防方法和干预措施等内容。希望工会干部通过学习了解心理危机的基本知识，掌握预防和干预心理危机的方法，以提高工作场所的危机应对能力。

第一节　危机与心理安全

生活中总有不如意的事情发生，危机也随处可见，如不可预测的自然灾害，又或是出其不意的人为灾难。危机事件对心理安全的影响因事件类型、事件规模、事件时长等因素而异，可能造成的心理影响有：

（1）焦虑和恐惧：危机事件常常伴随着不确定性和不安全感，这会导致人们感到焦虑和恐惧，担心自己或者自己的亲人、朋友会受到威胁或伤害。

（2）抑郁和绝望：危机事件可能导致人们对未来失去信心，感到无望和绝望，进而出现抑郁等负面情绪。

（3）疲劳和压力：危机事件通常会让人们感到紧张和压力，长时间的压力和紧张容易导致身心疲劳。

（4）焦虑障碍和创伤后应激障碍：一些人可能会因危机事件产生焦虑障碍和创伤后应激障碍等心理问题，这会对他们的生活产生长期的负面影响。

（5）社交隔离和孤独感：在危机事件中，人们往往需要保持社交距离，这可能导致社交隔离和孤独感的产生，对人们的心理健康造成不利影响。

总之，在面对突发事件时，人们大多会产生强烈的心理应激反应，并可能导致系列的心理健康问题。危机事件对心理安全的影响需要被高度关注并及时采取措施来缓解心理压力和负面情绪。

一、认识危机

危机是一个过程，与事件和当事人心理组织过程有关。

（一）危机与心理危机

从个人的角度讲，危机是指重要的人生目标受到阻碍时的状态，阻碍是指在短时间内无法用常规手段解决困难。在多次解决问题失败的时间段内，会造成持续的混乱和崩溃。危机是由意外的、不可控的创伤事件引起的，个体的行为无法改变事实。事件的性质往往会改变个体的价值观和优先目标，实际上，会改变一切（Sani，2005）。有学者认为，危机是人们知道自己对某种状况无能为力时的状态（Carkhuf & Berenson，1977）。危机是一种难以改变的困难或者状况，使人们无法采取行动，无法自主控制自己的生活（Belkin，1984）。危机是当重要人生目标遭到挫折，或者生活方式和应对压力的手段失效时陷入的混乱状况。危机更多的是指个体因困难而感受到的恐惧、惊慌和压力（Brammer，1985）。

危机是一种对事件和情景的认知或体验，认为面临的困难事件或情境超过了现有的资源和应对措施，除非个体获得缓解，否则危机有可能会引起严重的情绪、行为和认知障碍，甚至导致当事人或他人出现伤害乃至致命行为。经历危机事件，个体日常应对困难的能力会经历短暂的缺失，希望落空、愤怒、焦虑、内疚、悲伤等情绪随之涌现，过往的问题和失败会被再次回忆起来，导致心理平衡的短暂失调，或者导致一种包括抑郁和焦虑等状态的情绪不稳定，甚至心理崩溃。

综上所述，心理危机是指由于个体突然遭受严重灾难、重大生活事件变故或精神压力，使生活状况发生明显的变化，尤其是出现了用现有的生活条件和经验难以克服的困难，导致当事人陷于痛苦、不安，常伴有绝望、麻木不仁、焦虑，以及自主神经系统症状和行为障碍。

心理危机的类型可分为以下两种：一种是自然性突发事件，如天灾人祸可能会产生心理上的紧张、焦虑、抑郁和绝望而导致心理危机。另一种是人为性突发事件，例如，遭遇工伤事故，家庭或感情的重大变故（亲人的突然离世、恋人突然提出分手等）；事业的重大挫折（工作失误受到处分，与客户或同事发生较大矛盾等）；身体遭受重大疾病或外力伤害；等等。这些事件都可能导致个体出现明显的消极情绪反应，从而影响生活和工作质量。

（二）紧急行为事件

当危机升级到需要立刻采取措施以避免伤害时，就可能发生紧急行为事件。直接的、有目的的紧急行为事件可以大致分为如下几类：自伤行为，犯下人际暴力行为，以及受到暴力行为的伤害（Kleespies，2009）。因失恋引发的故意伤害行为就是这类行为的典型案例。

此外，还存在间接的、无目的的紧急行为事件。当人们做出了错误的决定，把自己置身于潜在的危险状况时，就称为间接行为事件。间接行为事件是指在没有伤害自己或他人的意图或目的的状况下发生的危机，如酒后驾驶、划船、滑雪、游泳、建筑工程等，都有可能导致需要干预的紧急行为事件，因为在这些情况下都有可能发生伤害性甚至致死性行为。在危机干预过程中，当事人的危机状态升级为紧急行为事件的情况，比我们想象中更经常发生。

（三）系统危机

在日常生活中，很多个体危机与系统相连接，因此有必要了解系统危机的概念。系统危机可以多种形式出现，它们可能是严重程度和影响程度不同的经济危机、自然灾难、病毒暴发、人为灾难、心理危机等。近年来，国家和社会对应急管理和危机干预重要性的认知在不断提升，危机干预在大规模灾难环境下的功能作用正变得越来越重要。

系统危机是一次负性事件或结果，具有以下特征：突然出现，社会功能被破坏，对人身和财产安全、社会居民的幸福和名誉构成威胁。即当人、机构、社区和生态环境经历了严重的创伤性事件，而反应系统无法从生理和心理方面有效地控制和解决问题时，就构成了系统危机。如果未能得到合适的救援，就会对系统造成不可恢复的破坏，甚至毁灭。

二、危机的特征

（一）危险与机遇并存

危机是一种危险，因为它可以使个体处于危机状态，严重时导致杀人和自杀行为的出现。与此同时，危机也是机遇，因为由此产生的痛苦会迫使人寻找帮助。如果抓住这个机遇，就能够帮助个体埋下自我成长和自我实现的种子。面对危机，人们会出现以下三种反应中的一种。第一种是在理想情况下，许多个体能自主而有效地应对危机，并从经历中获得力量。他们采取积极的态度去改变和成长，经历过危机后变得更加强大和更富有同情心（Danish，1977）。第二种是一些人似乎能度过危机，但实际上他们只是屏蔽了意识中的有害影响，在其一生中，这些影响会通过各种方式不断地出现和消失。第三种是有些人在

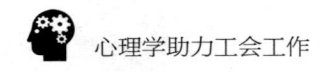

危机产生时心理就崩溃了,如果不立即给予特殊帮助,他们将无法继续生存(Rapoport,1967)。

(二)成长与变化的机缘

伴随着危机的失衡,人们总是会产生焦虑情绪,焦虑情绪的不适感进而会提供变化的动力(Janosik,1984)。通常,焦虑到达一个临界点时,人们才会承认这个问题已失控。药物滥用者提供了这个观点的最好例证。例如,时间一长,药物滥用者可能需要强效的治疗才能逐步瓦解根深蒂固的成瘾行为。

(三)没有灵丹妙药或快速疗法

处于危机中的人们会通过寻找多种形式的干预得到帮助,然而对于长期的问题,不存在快速解决的方法,无论人们是否选择面对,生命中都充满了危机和挑战。在危机中,不做任何选择的选择,通常都是消极和有害的。选择做点什么至少有成长的希望,给予人们制订计划目标克服困难的机会。

(四)普遍性与特殊性

无论特殊与否,危机总是伴随着失衡和解体。在一定的环境中,危机的普遍性表现为处于危机中的每个人都会崩溃(Janosik,1984)。危机的特殊性表现为即使处于同样的环境中,部分人能够成功地应对,而另一些人则不能。

(五)复原力

危机事件可能对个人和集体的心理健康造成不同程度的影响,但是大多数人都具备心理复原力,可以逐渐从危机事件中恢复过来。美国共病调查组发现,在代表性样本中,虽然创伤性事件在男性和女性中的发生率都超过50%,但只有5%的男性和10%的女性罹患创伤后应激障碍(Kessler et al.,1995)。危机干预关键性的一项工作是找到支持系统和应对机制的良好结合,使它们形成一个行动计划,开启储备的复原力,使大多数人度过危机。

> **延伸阅读**

提高心理复原力的方法

建立社交支持系统：社交支持可以帮助人们在危机事件中保持联系和安全感，并提供情感上的支持和帮助。这可以通过与朋友、家人、同事等建立联系来实现。

寻求专业支持：专业心理人士可以提供支持和指导，以帮助人们处理危机事件带来的情绪和压力，如与心理专家进行一对一的咨询，参加心理治疗或加入支持小组。

建立健康的生活方式：健康的生活方式可以帮助人们提高身体和心理的健康水平，从而提高心理复原力。健康的生活方式包括定期锻炼、保持健康饮食、睡眠充足、减少饮酒和吸烟等。

接受自己的情感：危机事件可能会带来各种情绪，包括焦虑、恐惧、沮丧等。接受这些情绪是重要的一步，因为这可以帮助人们处理这些情绪并逐渐从中恢复过来。

寻找意义和目的：在危机事件中寻找意义和目的可以帮助人们从中获得成长和学习机会。如人们可以寻找危机事件中的积极方面，并尝试从中学习和成长。

恢复日常生活：恢复日常生活可以帮助人们逐渐摆脱危机事件造成的阴影。这包括重新开始工作、学习、社交和娱乐等，并在此基础上建立新的生活习惯和目标。

三、心理安全

美国著名心理学家卡尔·罗杰斯（Carl Rogers）提出了"心理安全"这个概念，他认为心理安全是内部环境的核心内容。心理安全指的是个体面对所处内外环境的安全状况持有的一种追求平稳、不受威胁的应对心理机制，即不需要有任何的戒备心，不担心别人会随时指责和批评自己，有一种安全、自由的感觉，最终实现人与自身、他人、社会和意义世界的全面而积极的和谐。面对外部境况，若其所形成的是一种良性的应对心理机制，则其外显行为是和谐友善的。因此，心理安全就是个体拥有祥和、平稳的心境，积极、博爱的态度，适度、合理的行

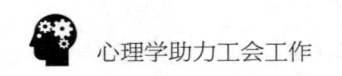

为，这是一种凸显人格健全、负责、热情的生命状态。

心理安全可以对危机应对产生积极的影响。在危机事件中，人们会面临许多不确定性和压力，而心理安全可以帮助人们更好地应对这些挑战。

首先，心理安全可以帮助人们更加自信和自主地面对危机。在面对突发事件时，人们可能会感到焦虑、紧张和害怕，这会影响他们的思维和行为，降低应对危机的能力。心理安全可以帮助人们在面对危机时保持冷静和清醒，更有效地应对危机。

其次，心理安全可以帮助人们更加自由和勇敢地表达情感。在心理安全的环境中，人们可以自由地表达自己的想法和感受，得到他人的支持和反馈，从而增强信心和勇气。相反，如果没有心理安全的保障，人们就可能会因为担心被贬低或受到惩罚而不敢表达自己的想法和意见，从而影响危机的应对。

最后，心理安全可以帮助人们更好地适应和应对危机的后果。在危机发生后，人们可能会面临许多挑战和压力，如身心健康问题。在心理安全的环境中，人们可以得到他人的支持和帮助，可以抱团取暖，共度时艰。

四、危机干预工作者的胜任特征

（一）生活经验

危机干预工作者能否处理一个危机事件取决于他是不是一个完整的人。一个完整的人应具有丰富多样的生活经验，这些经验是热情成熟的重要资源。结合适当的训练，使危机干预工作者不仅在危机境遇下，而且在日常生活中都能保持稳定、一致和完整。但是仅仅有丰富的生活经验并不能保证一个人能成为危机干预工作者，生活经验也可能对危机干预工作者产生消极的影响，他们容易将自己的经验当成帮助别人的资源，将自己的问题与求助者的问题混淆起来可能会遇到很多新的问题。总体来讲，参与危机干预工作的工会干部，最好具有一定的人生阅历，在生活经验中学习成长，解决问题更富有弹性，并不断地将生活感悟整合到危机干预工作中。

（二）个人特征

危机干预工作者能够提供的最有意义的帮助就是保持冷静、镇定和将情况掌控在自己的控制下，创造一个稳定、理性的氛围，为当事人提供一种有利于恢复平衡的模式。富有成效的危机干预工作者不受恐惧、紧张、焦虑的影响，任何时候都充满自信、坦然和坚定。

（三）创造性和灵活性

当面对看起来难以解决的复杂问题时，创造性和灵活性都是宝贵的财富。事实上，一个人在困难情境中的创造力大小，很大程度上是他们在生活中通过承担风险和锻炼发散性思维培养起来的。

（四）精力和复原力

"未知"是危机干预的特征，在未知领域进行有效的危机干预，就需要具备精力、组织性、方向和系统的行动（Carkhuf & Berenson，1977）。专业培训能为系统的行动提供有组织的指导和原则，但它不能提供胜任这份工作所需的精力。危机干预工作者还必须具有很强的复原力，因为这项工作会遇到很多低潮期，即无论多有能力，无论有多坚持，无论尝试了什么和做了什么，都有未能成功的时候。因此，危机干预工作者必须有很强的复原力，他们必须从身体上、心理上照顾好自己，合理利用可用的精力。

（五）快速的心理反应

在危机干预过程中，对问题的反应及思索的时间是非常有限的。危机干预工作者在处理不断发生和变化的问题时必须反应很快。若是他们不能快速且准确地思考，就会发现这份工作很令人沮丧。

（六）自信及其他特征

处于危机中的当事人，其语言及行动都不是很友好的。正因为如此，危机干预工作者需要果断地对其行为有所限制，以维护自己的原则，保持当事人的情绪稳定，这样才能实施干预。当事人很有可能耗尽了他们所有的应对技能和心理资源，以至于他们采取行动的能力、建设性思考的能力和控制感情的能力也消失了。在这个时候，危机干预工作者不能采取消极态度，而是扮演好现场专家的角色，用危机干预的知识，尽可能清晰和直接地调动所有技能、知识和能力。此外，其他特征也是至关重要的，如坚韧、不急于求成、勇敢、乐观、现实导向、冷静、客观、强大和积极的自我概念等。危机干预工作者必须坚信人类是强大和

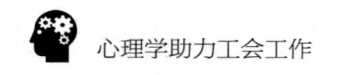

有恢复能力的，能克服那些暂时看似不可能逾越的障碍。

第二节　心理危机的评估与干预

为了避免重大的外界刺激和压力对心理造成伤害，我们要积极应对心理危机。在突发事件冲击下，在当事人的心理还没有出现严重的消极后果时，当事人可凭借自己或者外部力量，对可能出现的消极状况进行预防，这就是心理危机的干预。在整个危机处理过程中，必须首先考虑的是，评估当事人当前在以下所处的危机状况：应对能力、能动性、所需的支持系统、需要的资质资源、对自己及他人的危险程度等。当然，我们默认的首要任务，一定是确认安全。持续评估当事人、周围人员以及危机干预工作者所处的环境的安全性，实施和执行能够确保危机中所有人员安全的程序，也包括危机干预工作者本人在内。

一、心理危机的评估

评估是一种贯穿整个危机干预过程中的普遍策略。评估在危机干预中极其重要。因为可以帮助危机干预工作者确定以下内容：一是危机的严重程度；二是当事人目前的状况，包括情绪、行为和认知这三个方面的能动性和非能动性水平；三是应对机制、替代方案、支持系统以及其他可以利用的资源；四是当事人的致命水平，对自身和他人的危险程度；五是危机干预工作者在弱化危机和帮助当事人恢复平衡和能动性方面的工作进展。

危机干预工作者应该尽快地与当事人对危机的严重程度进行评估。客观评估基于当事人在情绪、行为和认知三个方面的功能，可以称为危机干预评估的ABC，即评估情感（Affective，感受或情绪状态）、行为（Behavioral，动作或精神运动）以及认知（Cognitive，思维方式）。

（一）情感状态

情感异常或者受损的情感通常是当事人处于失衡状态的第一征兆。他们可能会情绪反应过度或者失去控制，出现严重的退缩和隔离。通常，危机干预工作者能够帮助当事人用恰当合理的方式表达情感，从而使之恢复自我控制和能动性。

危机干预工作者需要回答的问题包括：当事人的情感反应是否显示他在试图否认或者回避所处的状况；当事人的情绪反应是否正常，是否与环境相协调；如果当事人的情绪有问题，究竟恶化到什么程度，是否被他人所影响；在所处状况下这样的情绪是否典型等。

（二）行为功能

危机干预工作者需要注意观察当事人在做什么、怎么做、采取的步骤和行为方式以及其他精神活动。在危机干预中，最快（通常也是最好）的方式是让当事人在实施能立刻采取的积极行动上变得有能动性。对那些能够成功度过危机的人进行研究发现，当事人在事后回忆时更多地将这种成功归因于在危机中立即采取了一些具体的行动。但是，危机干预工作者需要牢记的是，对于无能动性的人来说，很难采取独立自主的行为，即使这对他们来说非常重要。危机干预工作者可以询问以下一些问题来帮助当事人采取建设性行为：在过去类似的情况下，你会采取什么行为来重获控制感？在现在的情况下你觉得必须做什么？现在有没有什么人是你能够立即联系到并且可能在这场危机中给予你支持的？无能动性的基本问题是失去自我控制，一旦当事人开始做一些具体的事情，就意味着处于积极的方向上，这是恢复自我控制的关键，是恢复一定能动性的基础，之后其他工作才可能有条不紊地进行下去。

（三）思维方式

危机干预工作者对当事人思维方式的评估包括以下几个重要方面：当事人对危机的看法的现实性和一致性如何？是否存在轻信谣言、偏听偏信、夸大或者合理化等各种导致危机恶化的状况？如果存在，大到何种程度？当事人存在危机状态中的不合理思维方式多久了？对于改变危机状况的信念的意向如何，减少认为不可能改善危机的灾难性思维方式的可能性有多少？

二、心理创伤及创伤后应激障碍

（一）什么是创伤

创伤是个体遭遇一种急性的、压倒性的威胁性事件所引发的心理过程（Fren, 1963）。当威胁性事件发生时，创伤摧毁了个体心理的某种安全感，个体心理内部对威胁所致的混乱失去了控制能力，于是出现心理失衡。因此，心理创伤是指个体心理内部在体验外界的一个变化时所产生的一种巨大恐惧、无助感。当然前提背景是，这个环境里面真的发生了一个巨大的事件。然而在现实生活中也发现，有些当事人的生活看起来好像没有很大的变化，但心理创伤还是会发生。

不只是战争、强奸、性侵害和袭击这些大事件会造成心理创伤，患有严重的疾病、失业、被遗弃，突然听到令人震惊或悲伤的消息，目睹暴力事件、车祸或者工伤事故，所有这些常见的事情都可能给个体留下心理创伤，并产生大量的躯体和情绪症状。受创伤的个体会体验到威胁、恐惧，精神躯体的倦怠和意志方面的瘫痪，羞耻、抑郁和自我厌恶。

根据《美国精神障碍诊断统计手册（第五版）》（DSM-V）的说法，"创伤经历"是涉及真实死亡、死亡威胁、实际有严重伤害的可能或有威胁性暴力的事件。遭受创伤事件的暴露必须符合以下情况之一：一是直接经历；二是亲自见证；三是发生在亲密的人身上所经历的实际或死亡威胁，如暴力或意外死亡；四是专业人士（如急救人员、医务人员）经历的反复暴露在极端的创伤情况中（美国精神病学协会，2013）。

重点强调，创伤是因为在这个情境里当事人的体验超载了（自己无法承受），而且也缺乏一个能同频、有共情能力的人理解当事人的体验，这才带来了创伤，所以不是所有人都会罹患创伤后应激障碍。危机干预工作者的任务是去理解这个特定的人为什么罹患了创伤后应激障碍，或者因为什么原因幸免罹患。

（二）创伤的类型

很多人认为创伤离自己很遥远，其实不然。大规模流行病学研究证明，全球平均56%~69%的人报告说在其一生中遭受过至少一种创伤事件（如袭击或有生命威胁的事故）（Breslau, 2002; Kessler et al., 1995）。国外的一项关于压力与健康调查报告指出，一生中会发生创伤事件的概率为73.8%，高于欧洲和日本所调查的54%~64%。同时，创伤事件有多种形式，目前流行的有两种分类方式。一种是按创伤的复杂程度来分类，儿童心理学家泰尔（Terr, 1991）将之分为"Ⅰ型"创伤和"Ⅱ型"创伤，"Ⅰ型"为一次事件创伤（如交通事故、自然灾害、恐怖袭击、一次袭击、目击暴力），"Ⅱ型"为复杂或反复的创伤（如长期、反复的受害，持续的虐待，家庭或社区暴力，集中营经历或战争）。与"Ⅰ型"创伤相比，"Ⅱ型"创伤对心理健康产生负面影响的风险要高得多，分别为10%~20%的风险与33%~75%的风险（Copeland et al., 2007; Courtoois & Ford, 2009; Herman, 1992）。另一种是根据创伤的类型来分类，包括自然灾害（如地震、洪水、龙卷风）、意外行为引起的人为创伤（如机动车事故），或是由人际暴力（如亲密关系中的暴力引起的强奸、人身攻击）引起的创伤。通常，与自然灾害或意外行为相比，人为故意造成的攻击或虐待对受害人的伤害严重得多，并且会引起更多的创伤后应激障碍（Briere, 2004; Briere & Elliott, 2000）。也就是说，受害人与加害人之间，如果存在依赖关系，特别是亲子关系，在心理上是更有害的，并且极具破坏性。一项分析进一步支持了这一论点，遭受人际暴力的数量（如平民袭击、强奸或家庭暴力等）与其罹患创伤后应激障碍的概率呈现正相关，且比意外事故更具伤害性。

（三）创伤后应激障碍

创伤后应激障碍（Post-traumatic Stress Disorder; PTSD）是一种心理健康问题，某些个体在经历或目睹威胁生命的事件（如战争、自然灾害、车祸或性侵犯）后会引发心理健康问题。具体来说，在经历创伤性事件后，人们很正常的反应是：不愉快的记忆，感觉紧张不安或入睡困难等。一开始，经历创伤后人们可能会很难恢复原来看来非常正常的日常作息，如上班、上学或与他人共度时光。但是大多数人在几周或几个月后就会逐渐好转。如果超过几个月症状仍然没有缓解，则可能患有创伤后应激障碍。对于某些人来说，创伤后应激障碍症状可能会在许久以后才发生，或者随着时间的推移不断反复出现，如士兵经历战争后，会有很多战争场景的闪回和噩梦。

📖 延伸阅读

创伤后应激障碍的症状表现

闪回现象：即创伤性事件在脑海里反复出现，如做梦或不由自主地想起此事。
回避现象：即避免谈起此事或回避类似场合，情感麻木、回避、压抑真实感受。
警觉性升高：即容易出现过度紧张或惊吓，或在小事上反应过度。

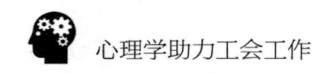

三、心理危机干预的基本策略

迈耶（Myer）和詹姆斯（James）创建了危机干预的九条策略。其中"倾听"和"回应"技巧是这些策略的基础。使用这些策略没有固定的方式，它们可以单独使用，也可以结合起来使用。这些策略如何使用，在很大程度上取决于危机事件的内容、干预对象的类型以及危机干预工作者处于哪个具体的任务中。这九条策略是：

（一）建立意识

危机干预工作者尝试将那些可能对当事人应对当前的危机有影响，但又被当事人阻挡在意识以外、被否认、被躲闪以及被压抑的感受和行为，呈现在当事人的意识中。建立意识对于问题探索这一任务非常重要。例如，我们可以说，"如果让你把一切都忘了可能会更容易，但我想知道，如果你回顾这一切将会怎么样？你来到这里，所以我确信你希望开诚布公地讨论这些事情，并且找到解决办法。如果我们把这些事情都拿出来看，它们会怎么样"？

（二）允许宣泄

仅仅是鼓励当事人诉说、哭泣、发誓、痛斥、咆哮、抱怨、悲怆以及任何能够帮助他们宣泄情绪和想法的方法，都可能是危机干预工作者可以采用的最有治疗效果的策略。如果要这么做，危机干预工作者需要提供一个使当事人感到安全和被接受的环境，也就是说，这个环境会告诉当事人："表达你的感受和想法吧，这没有关系。"如果这么做，危机干预工作者就清楚地表明，无论当事人的想法和感受有多么糟糕，危机干预工作者都可以接受。值得注意的是，允许愤怒的情感不断积累和增加可能不是明智的行为。这个策略应该更多地应用于那些感受不到自己的情感和想法的人，而不适用于那些情绪已经非常强烈的当事人。

（三）提供支持

通常，危机干预工作者是当事人获得支持的唯一来源。例如，危机干预工作者尝试着使当事人明白，在当时的处境下，他的反应其实合乎情理。很多时候，当事人认为自己马上就要疯了。但得让他知道，其实他并没有疯，大多数人在同种类别和同样持久的危机事件中，都会出现类似的反应。为了使当事人冷静下来，危机干预工作者会说，这些反应很"正常"。然而这并不是事实。在通常情况下，用"普遍"这个词要比"正常"好很多。当事人需要明白，在危机当中，他们的情感、行为和想法都不是"正常"的，却是"普遍"的。对于那些得不到任何支持的当事人来说，获得这样的肯定十分重要。

（四）扩大视野

危机干预工作者需要扩展当事人看待危机的狭窄视野。通常，当事人都会全身心地关注危机事件本身，且沉浸在自我挫败的感受和行为中，以至于看不到其他观点和可能性。扩大视野可以帮助当事人后退一步，重新审视面对的问题，并获得新的观点。这个策略主要用来解决当事人认知反应受阻的问题。通过与当事人的狭隘与局限的观点进行对峙，危机干预工作者帮助当事人从其他角度来考虑问题。此外，环境当中可能还存在其他线索，可以帮助当事人感受危机事件另外的意义，并获得可能的解决方法。

（五）集中精力

与扩大视野策略相反，如果当事人关注的内容太宽泛，对于危机事件的观点天马行空、不切实际且不受控制时，危机干预工作者需要缩小他们思维的范围。危机干预工作者尝试着将当事人对危机事件的所有灾难性解释和观点进行分割、缩小，并转变为较明确、较现实和可控制的模块。这一策略可以用于危机干预模式中的所有任务。

（六）提供指导

很多时候，处在危机中的个体的确需要指导和指明方向，他们没有做出正确决定的知识和资源，因此，危机干预工作者应该提供信息，转介并指导当事人如何从外界的资源和支持系统中获得帮助。

（七）促发能动性

一方面尝试和调动当事人内部可利用的资源；另一方面也寻找和使用外部支

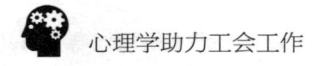

持系统，从而帮助当事人学会应对技巧和生成解决问题的能力。

（八）执行顺序

帮助当事人将问题进行分类，以便按照一定的优先顺序，有逻辑地逐一处理。

（九）提供保护

提供保护十分重要，它本身就是危机干预中的一个任务，保护当事人，使他们远离有害的、有打击的和不安全的情感、行为和想法。这些情感、行为和想法可能会在躯体或心理上对他们自己或他人造成伤害。

第三节 重大危机事件

一、重大危机事件及特点

所谓重大危机事件就是一个国家在没有发生战争的情况下，突然发生具有破坏性的紧急事件。如汶川大地震、天津港爆炸、郑州洪水等都是重大危机事件，新冠疫情也是重大危机事件。重大危机事件的特征有三个方面：

（一）不确定性和多样性

新冠疫情使许多人对病毒产生了恐惧心理。然而在疫情发生后，让我们对病毒的理解又有了新的认知。这一次的病毒在空气中存活的时间比较长，传染途径具有多样性。除了触摸和飞沫传播，还有许多人第一次听到的气溶胶传播方式。虽然与你没有接触，但是你仍然可能会被感染。所以对于这个病毒的感染，我们不知道什么时候会发生，这就是不确定性。

（二）影响范围特别大

这种不确定性会对我们的生命安全以及其他的相关利益产生影响，如失业、破产等。新冠疫情发生以后，各个国家都报道了相关案例，新冠疫情快速席卷全球。这种重大危机事件大范围的影响，必定带来大面积的恐慌。

（三）突发性

重大危机事件往往是突然发生的，我们没有充分的防备，应对措手不及。很多重大危机事件超出了国家、社会、决策者原有的处置能力，往往在发生初期造成社会的恐慌和失序。如在新冠疫情暴发之初，因对病毒知之甚少，没有相关的疫苗和药物，机制机理还不是很清楚，我们就会显得很无助。

二、重大危机事件的心理发展阶段

在重大危机事件来临时，人们一般都会经历四个阶段：一是冲击期。这是危机开始阶段，在突如其来的巨大冲击下，很多人都会震惊、惊慌，感到不知所措、焦虑等，这都是人们正常的心理反应。二是防御期。经过短暂的冲击期后，我们就会试图通过一些方法让自己平衡，然后尝试着去解决一些困难，希望寻求更多的支持和资源。三是解决期。这一时期人们的尝试力度加大，积极调动更多的资源，于是焦虑会减轻，心理逐渐适应和平衡，对战胜困难更有信心。四是成长期。经历过危机以后，各主体的应对机制会更趋成熟，获得发展。

三、重大危机事件发生时的心理反应

面对危害生命安全的事件，我们出现任何的负面情绪都不为过，如紧张、焦虑、恐惧、烦躁、悲伤、内疚等，同时在生理、情绪、行为上都表现出不同的反应。

（一）生理表现

在面对重大危机事件时，很多人会出现生理反应，如心跳加速、血压升高、自主神经系统紊乱、出现躯体反应、免疫能力下降等。实际上，免疫能力是人类生理机制方面最重要的能力，它就像是人的身体的门卫，负责清除人的身体里面的细菌和病毒，免疫系统有自动的处理能力。衡量一个人的健康程度，有一个非常重要的指标，就是他的免疫能力。当人们在遇到重大危机事件的时候，由于把更多的精力用于去面对外在的应激事件，免疫能力很容易下降。同时，当代人工

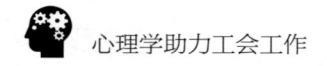

作、生活的压力大，很多人身心处于亚健康状态，免疫能力普遍存在问题。

（二）情绪表现

在重大危机事件到来时，人们普遍有紧张、焦虑、恐惧、不安、烦躁、愤怒、悲伤、抑郁等负面情绪，这是完全可以理解的。毕竟是面临死亡，谁不害怕死亡呢？所以人们会有很强烈的恐惧感。面对不确定性，也会让人们变得很烦躁，甚至愤怒。

（三）行为表现

当处在高度紧张、焦虑的状态时，有些人的正常生活会受到影响，作息不规律。有些人甚至面临睡眠困难。睡眠困难对个人会有很大的影响，因为心理能量的补充，主要是通过睡眠来进行的。有的人还可能会食欲下降，或是难以集中注意力，或是容易怀疑，或是有回避行为，等等。

四、重大危机事件带来的心理创伤

经历重大危机事件以后，个人能力会得到进一步提升，但是如果没有闯过去，也会带来伤害。身体上的创伤是显而易见的，但心理上的创伤往往被人们所忽视或者根本不清楚危机事件对一个人的心理会造成什么影响。

心理创伤，可以分为急性应激障碍、创伤后应激障碍、替代创伤和二次创伤。

（一）急性应激障碍

在危机发生初期，当事人处于茫然阶段。以茫然、注意力狭窄、意识清晰度下降、定向困难、不能理会外界的刺激等表现为特点。当事人好像看不到眼前发生的事情，随后会出现对周围环境的茫然、激越愤怒、恐惧焦虑、抑郁绝望，生理上会出现心动过速、震颤、出汗、面色潮红等，持续数小时到一周，一个月内会缓解。例如，有人突然完全眼神发呆，这种障碍的表现其实是人类的一种自我保护机制，在难以忍受危机中出现的惨状时，就采用这样的方式与现实的惨状隔离开来。

（二）创伤后应激障碍

创伤后应激障碍大概在危机发生三个月以后或者半年内出现。在美国发动越南战争后，很多美国士兵回国后在头脑中经常会出现战争中残酷的画面，而且会反复出现。这种情况后来被叫作创伤后应激障碍。为什么会出现这样的情况？因为一些人在危机之中有特定的任务，不得不把创伤暂时搁置起来，等任务完成后一回想，心理便产生了后怕和恐惧感，从而出现这种创伤后应激障碍。这些都需要专业人士去帮助和处理。

（三）替代创伤

替代创伤是指因消极信息刺激的强度超过人们的心理和情绪的忍耐极限，间接导致各种心理异常的现象。例如，在汶川大地震时，每天都可以看到播放的各种令人难过的信息，让一些没有经历过现场的人就有可能会受到创伤，因此，国家新闻传播管理方面，在对公众宣传报道灾难现场时格外慎重，也是出于这个原因。

（四）二次创伤

二次创伤是指在没有心理保护措施下，重新回忆起曾经发生的创伤经历，导致心理伤害。例如，有的媒体去采访，在没有对当事人进行安全心理保护的条件下，不断让其重新回忆、重新分享所经历的那些事件，会对当事人造成二次创伤。

五、重大危机事件后的心理干预

遇到重大危机事件，人们首先会有很强烈的不安全感。因此，所有危机干预，第一条就是让当事人有安全的感觉。

（一）寻求支持

一是和亲密的朋友交流。你在亲密的朋友面前是很放松的，不需要表现得多么好，可以让自己完全放松。如果有人需要你的帮助，你可以这样和他交流：

"我知道你很害怕,我想很多人可能都和你一样。"

"你的情况不太好,但我想陪陪你,和你在一起。"这样就把你的关心传递给了他。

"别××(害怕、焦虑),我和你在一起。需要我给你提供什么帮助呢?"

二是和亲人待在一起。亲人之间不管从生活上还是心理上会有很多相互的支持,所以容易产生更多的安全感。

三是使用心理求助热线。在重大危机事件来临时,有许多专业的心理机构提供免费的心理援助服务,及时向他们求助,也是有效的方法。

四是多微笑。心理学家说:"微笑吧,那是免费的心理治疗。"有研究显示,只要一个微笑的动作,就能对人们的精神状态和整体观感大有裨益。研究表明,即使是强颜欢笑,也能降低心理压力。

(二)建立稳定的信息获得渠道

只了解权威部门发布的消息,了解自己所在单位的重要信息。不要因为忽视了这些重要信息,而影响将来的工作。其他时间尽量减少负面信息和非确定信息的接触,不传谣、不信谣。外界的干扰少了,自己的心就安稳了。

(三)生活规律化(稳定)

一是制订计划,优先排序。在非常时期,因为产生焦虑、恐慌情绪就什么事情也不做,并不是好事情,我们内心反而会更焦虑。外在的稳定性就变得更加重要了。有序做事,能让我们的生活秩序恢复一些,帮助我们稳定外部环境。但是又因为心绪混乱,此时难免会忘记一些事情。建议把每天要做的事情,按优先级顺序写出来,一项一项去落实。有了目标之后心里就会明晰、充实。

二是按时吃饭,准时休息。让自己作息稳定,有助于稳定情绪,这是处理危机的必要条件。美食能让我们心情放松。整理家庭和个人卫生,也会让我们紧张的情绪得以缓解。

三是保持身心放松。身心是一体的,当心里很紧张的时候,可以通过身体放松达到心理放松。你可以选择冥想、正念、听音乐、太极拳、瑜伽、慢走、慢跑、泡热水澡等方式释放压力,放松身体,安稳心神。

六、积极心理调节与应对方式

当遇到重大危机事件后,保持积极的心态尤为重要。一个积极的心态可以帮助我们更好地应对挫折和困难,更好地达到自己的目标。那么应该怎么做呢?

一察:觉察自己的状态。训练对自我的觉察:我现在很生气、我现在很难过、我现在……然后允许自己有这样的情绪。

二暖:在危机状态下要消耗掉很多心理能量,注意身体保暖也是很重要的。

三稳:让自己的身体稳定下来,情绪稳定下来,作息活动稳定下来。

四慢:让自己的状态放慢。危机事件过后更需要多休息,要放慢节奏,不要过度劳累,慢下来,身体就会放松。

延伸阅读

稳定化技术

稳定化技术是指一系列心理治疗方法,旨在帮助创伤受害者在治疗开始时或在处理创伤的初期阶段,建立情绪稳定和自我调节的能力。稳定化技术是创伤治疗的关键组成部分,其目的是帮助创伤受害者在安全、受支持和非评价性的环境下,恢复情绪稳定和自我调节的能力,以更好地准备和处理后续的创伤治疗。

以下是一些常见的稳定化技术。

深呼吸和放松练习:这些技术可以帮助创伤受害者降低情绪激动和身体紧张,增强自我调节能力。深呼吸和放松练习可以通过训练来增强身体的放松反应,从而减少焦虑和压力。

注意力训练:这些技术可以帮助创伤受害者集中注意力,并在需要时转移注意力。注意力训练包括诸如冥想和正念练习等技术,可以提高自我意识和情绪调节能力。

认知重构:这些技术可以帮助创伤受害者重新评估自己的思维和情感反应,以更好地理解和处理创伤。认知重构可以通过挑战负面思维、寻找积极的解释和提高自我效能感来实现。

情感表达：这些技术可以帮助创伤受害者更好地表达和处理情感反应。情感表达可以通过诸如写作、绘画和艺术等形式来实现，以帮助创伤受害者更好地理解和表达自己的情感体验。

第四节 自杀及其预防

一、自杀及其线索

（一）自杀

在危机干预工作中，经常会面对有自杀倾向的当事人。根据自杀危机干预的观点，自杀是一种由自我引导的有意识的毁灭性行为。最好的理解是，有需要的个体把自杀视为解决问题的最好方法。早在1993年，世界卫生组织就制定了全球自杀预防的四个步骤：一是对精神疾病患者的全面和长期治疗；二是对个体持有枪支等工具的控制；三是对家用煤气和汽车尾气的脱毒；四是缓和新闻报道对自杀所追求的轰动效应。

其实"自杀"大多数时都不是一个突发性的行为，"自杀"往往是一个沉痛而漫长的心理历程。从自杀危机干预专业的角度来看，自杀的过程多分为自杀意念、自杀准备、自杀演练、自杀实施四个阶段。对于一个自杀的人来说，往往会有一个时间较长的"自杀意念"时期，也就是说，一个人因为某种原因造成了情绪低落、了无生趣的抑郁状态，逐渐在心中萌生了轻生的念头；在这种念头的指引下，某些人可能暂时不会采取任何实际行动，而一部分人会随着心境的恶化，进入下一个"自杀准备"阶段，有的人开始寻找自杀方法，如购买自杀药物、自杀工具等，或是考虑选择一下自杀的地点及时间；如果这一步没有被发现或关注，有的自杀者开始去进行自杀演练，如尝试少量服用致命药物、采取一些自伤行为或去选好的自杀地点踩点等；如果这样依然没有被发现或及时干预，很多自杀者将进入可怕的死亡倒计时，也就是说随时将进入"自杀实施"的最后阶段，到了这一步，悲剧往往就发生了。

（二）关注自杀的线索

自杀听起来很可怕，且它发生的频率很高。平均每40秒就会有一个人因为自杀而丧生，这意味着每年会有100万的人死于自杀。人们在试图结束自己生命之前，会有些可以被察觉的征兆。但需要注意的是，不是每个试图自杀的人都会表现出以下所有的征兆；反过来，当一个人表现出这些征兆时，就需要非常谨慎地对待。

1. 自杀性的谈话

"你对自杀怎么看？""你有想过杀死自己吗？""你觉得哪种死法比较轻松？"……如果有人跟你谈论这样的话题，可能是在征求你的意见，询问关于自杀的建议，但又不会直接承认。这其实是他们一种有意识或者无意识的求救信号。

2. 将贵重物品送人

将自己常用或者比较珍视的贵重物品送与他人其实是一件有点诡异的事情，但在有自杀倾向的人心中，他们要去的地方是不需要这些身外之物的。把自己重要的或者认为有价值的东西留给朋友、亲人，在他们心里可能是在为爱的人尽最后一点心意。

3. 诡异的睡眠模式

有自杀倾向的人通常都睡得不是很好，他们可能经常失眠、多梦或者睡眠很浅。这并不是由某种睡眠障碍导致的，而是压力以及无法克制的关于自己的问题的思考造成的结果。长期的这种反常的睡眠模式可能是一种抑郁症状的表现，也可能是出于他们被自杀念头困扰的事实。

4. 可能存在酒精或药物滥用的行为

在小白鼠身上做的药物成瘾的研究表明，小白鼠非常容易对药物上瘾，即使冒着可能因此被剥夺食物和被电击的风险，它们也会摄入面前的药物。然而加拿大心理学家布鲁斯·亚历山大（Bruce Alexander）对这个结论提出了质疑，于是他自己做了一个后续实验：他把小白鼠放在一个有各种"娱乐设施"的笼子里，它们可以随意玩耍，也可以和笼子里其他的同类互动（在之前的研究里，小白鼠被单独关在一个简陋的笼子里）。在这个实验中，布鲁斯发现小白鼠几乎从来不会吃笼子里的药物。同理，他推论出人类也如此，当他们觉得自己无法和任何人建立链接时，药物可以成为一种逃避现状的方式。有时，他们也需要药物来给自己一种执行自杀这个动作的意志力。

5. 伤害自己

任何形式的自残或者刻意损害自己身体的行为，都可能是自杀者在真正执行自杀前的一种"试水"。

6. 莫名的情感爆发

如果有自杀倾向的人会对某些看似平常的话作出激烈的情绪反应，这其实是因为自杀念头可能源于他们的创伤经历，而当这个经历对他们的干扰已经严重到他们想要结束自己的生命时，他们便可能会对别人话语中任何和这个事件有一丁点关系的内容都极其敏感，甚至产生歇斯底里的情绪反应。

7. 肢体语言

这是一个比较好辨别的征兆。有自杀倾向的人可能会肩膀低垂，一直看着地面，不愿意与人有眼神交流。

8. 快乐与冷静

有一点我们需要知道的是，有自杀意向的人在他们最难捱的时候可能看起来很萎靡、很失落。此时，他们其实是没有精力和心思做任何事的。但是，当他们决定了要自杀时，就往往不是在他们最低谷的时候，这时，他们可能会呈现出一种快乐和冷静的状态。因为自杀很多时候也是一件需要精力和计划的事情，需要花时间思考、计划，最后执行。所以当有人表现出这些征兆时，我们要特别留意，考虑他/她是否有自杀的想法。

二、自杀意图的处理

当有人向你透露自己的自杀意图时，作为工会干部，你该如何处理？

（一）冷静倾听

有自杀倾向的人向身边的人倾诉既是释放，也是一种求救的信号。面对已经万分无助的当事人，我们不要否定、批判其想法和情绪，不能说"你就是想得太多了""这是你性格问题"等这样带有粉饰太平、敷衍了事的话。同时，这种带有批判色彩的回应也并不会让当事人转变想法，只能让其感受到不被接纳、不被理解。此时需要做的是，鼓励当事人说出自己内心的想法，接纳他的情绪而不作任何评判。同时注意不要对当事人的负面观点表示赞同，可以说"嗯，你感到活着很没意思，很痛苦"，但不要说"活着确实没什么意思"。

（二）支持希望

抑郁症患者不是自己想要得病的，而自杀的念头，也是为了逃避痛苦。这不是一种不负责任的行为，不是他们的错。不要说诸如"你爸妈怎么办"这样用亲人、朋友给当事人施加压力的话，这只能增加对方的内疚、自责，而抑郁症的症状之一就是过分的内疚感。要表现出真正的支持、接纳、包容的态度，让当事人相信别人是可以给予其帮助的。

（三）不回避谈及自杀

如果有人主动提起自杀话题，可能是一种求救信号，在表达他有多么痛苦。如果他并没有提到，但我们觉察到了危机时，也可以在沟通的时候谨慎询问："在你感到痛苦绝望的时候，你想过结束生命吗？"

交流中可以了解当事人的感受、想法、对自杀的理解、自杀计划以及是否有过自杀经历等。这既是一种分享和释放，也可以得到很多重要的信息，甚至在关键时刻能够拯救生命。

（四）突破保密原则

如果你获知了当事人存在自杀想法，千万不要替对方保密。我们通常无法只靠自己的力量来帮助他，应尽量取得单位、亲属以及专业机构的帮助。此时，关于自杀的这些念头，就是很重要的信息。它也许表现出病情的严重程度、危机的紧急程度等。我们可以告诉对方，我不能帮你保密，但也不会当成八卦一样四处乱说；会帮对方求助相关机构，他也真的会得到自己所需要的帮助。

（五）若其突然"好转"，不要放松警惕

抑郁症患者突然而异常的情绪高涨，不一定是病情有所好转，很有可能是躁狂的表现。躁狂发作也是心境障碍的一种。此外，突然的轻松、平静，或者其他的"好转"迹象，也有可能是因为他已经决定走向死亡。那些"好转"的迹象，也许只是做出了这个重要决定之后的释然。

（六）帮助其就医

抑郁症的污名化如今依旧存在，身边人的误解不仅大大妨碍了抑郁症患者接受正确的治疗，还让他们感到羞耻和自责，甚至加重病情。抑郁症作为一种可以明确诊断并可以治疗的疾病，与其他任何疾病没有本质区别。它并不是出于太脆弱，并不应该被责备，并不意味着"不正常"，只是意味着"生病了"。而且，它和生理疾病一样需要重视。在身边的人出现抑郁的症状，且已经产生自杀的念头时，我们作为非专业人士，在避开以上这些误区之外，最重要的还是鼓励其寻求专业的帮助，就医并遵医嘱进行治疗。

（七）从交谈和观察中，评估危险的程度

如试图自杀者是否有求助：主动告诉他人自己想要自杀；是否已有明确的自杀计划；近期是否尝试过自杀；是否已经准备好"后事"，目前的现实压力和支持资源；等等。当你觉得当事人已经处于危险之中时，建议尽快求助于专业的咨询或危机干预机构。在北京地区，一些知名的干预热线已存在数年，具备一定的发展规模，拥有了一批训练有素的心理援助者专业队伍，持续服务于这项公益事业。

📖 延伸阅读

当你感觉不对时，可与他们联系

北京市心理危机研究与干预中心（24小时心理援助热线）

（座机拨打）800-810-1117 或（手机拨打）010-82951332

北京红枫妇女热线（工作日9：00—18：00）

（座机拨打）010-64033383 或 010-64073800

北京市总工会7×24小时心理咨询（预约）热线

面向北京市在职工会会员。

（座机拨打）4000151123 或 4000251123

希望每一个看见自杀讯息、接到自杀求助电话的人，都不要再手足无措，希望每一颗决定要陨落的星星，都能在别人的帮助下，重新找回引力。

三、自杀的预防

如果你身边有人对你说，"生活对我而言一点意义都没有。""什么都没有了。""如果我死了，是不是会好些。"或者其行为变得异常的冷淡，萎靡不振、绝望，逃避社会，食欲不振，无缘无故地与你诀别，将平时珍视的私人物品送人，对自己进行自我伤害，且跟你提及无意中服用了过量的药物……如果跟你说的人有说过或做出上面的事，赶快送他看病、进行干预，不要延迟。因为这些都是自杀征兆。对于自杀的预防可以从社会和个人层面开展。

（一）社会层面

对于自杀的预防，社会层面可以从以下几个方面开展工作。

（1）普及心理健康和有关自杀预防的知识，矫正不良认知及行为，增强应对及环境适应能力，提高广大公民的意识，全面防范自杀。

（2）提高对抑郁症、分裂症、药物滥用、人格障碍等的识别和防治。

（3）加强对高危人群的维护及心理健康水平的提高。

（4）对各媒体报道进行规范和必要的限制，避免不良诱导。

（二）个人层面

在个人层面，可以针对以下几个方面开展自杀预防工作。

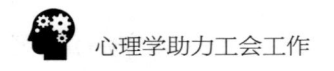

1. 没有安全感

极度没有安全感，会令当事人陷入极度的恐惧中，这比对死的恐惧还要强烈。预防方式：一是消除不必要的恐惧，但是实施起来比较困难。二是行为限制，不让当事人有自杀的可能，在对方冷静下来以后就可以消除自杀念头，这是最有效的做法。

2. 失去社会归属感

个体感觉到被抛弃，被恋人抛弃，被其他重要的人抛弃，有时社会角色扮演失败也会产生被抛弃的感觉，在情绪极端时可能感觉到被所有人抛弃。这些时候容易诱发自杀。预防方式：一是让他们感受到自己被需要，这是最简单实用的做法。二是强化他们的社会归属，家庭成员如父母、子女等不可改变的血缘关系是最佳选择。三是认可他们的成绩，帮助他们恢复自信。四是帮助他们进行人生规划，对自我重新适当定位。五是将外部现象合理化，如被抛弃是特定条件下不可避免的现实结果，再如抛弃感仅仅是一种错觉和假象。

3. 痛苦的煎熬

痛苦的折磨可能来自生理的和心理的，有时也可能两方面都有。为了缓解甚至终止痛苦，就有可能选择自杀。预防方式：一是心理的痛苦可以通过心理治疗缓解、消除。二是生理的痛苦，例如身体疾病的煎熬，目前除了疾病治疗、止痛药、痛觉神经阻断等方法，无其他良方。

4. 生活单调乏味

单调、重复的日常生活，使一些个体陷入了无生趣的状态，然而各方面包括心灵的限制，又让他们不敢面对竞争和挑战，年复一年逐渐消磨了他们对生活的新鲜感。预防方式：让他们学会接纳现状，学会生活。

5. 精神疾病

精神分裂症、抑郁症、人格障碍等都可能导致自杀。预防方式：对这些疾病的专业治疗是解决问题的最佳方法，即及时发现问题并去专业医疗机构就医。

四、对自杀的误解

人们对于自杀有以下 13 个误解。

（1）与人谈论自杀是不好的，他可能会被解读为鼓励自杀。有鉴于自杀的污名化，许多有自杀意念的人不知道要向谁倾吐心事。公开谈论自杀并不代表鼓励自杀行为，反而是给他一个机会考虑，进而达到自杀防治。

（2）自杀是一种遗传的行为。这个观点是错误的，并不是每一个自杀都与遗传有关，而且目前研究没有定论。然而，家族史中有人自杀是自杀行为的重要风险因素，特别是在有多人患过抑郁症的家庭中。

（3）当个案出现改善迹象或自杀生还时，他们就脱离危险了。这个观点是错误的。其实最危险的时刻之一就是在危机之后，或者当个案因自杀企图而住院的时候。出院后的一周个案会特别脆弱并且具有自我伤害的危险性。由于未来再自杀的一个预测因素是过去的行为，因此自杀者生还时，通常仍然处于危险之中。

（4）谈论自杀的人不会伤害自己，因为他们只是想要引起别人注意。这个观点是错误的。面对谈论自杀意念、意图或计划的个案时，必须采取一切预防措施。要认真对待所有自我伤害的威胁。

（5）提到自杀的人并不会真的去自杀。提及自杀的想法可能是一种求援的行为，许多有自杀意念的人正经历着焦虑、忧郁与绝望，并且认为自己没有其他的选择。

（6）自杀者都是真的想结束生命。相反地，自杀者对于选择存活或死亡感到矛盾。像是有人可能会在冲动下服用农药自杀死亡，尽管他本来希望自己可以存活下去。在适当的时机点给予情绪支持能及时防范自杀的发生。

（7）大多数的自杀事件都是没有预警就发生的。大多数的自杀都有语言或行为的前兆，虽然有少数自杀没有征兆，但了解且留意自杀前的征兆线索相当重要。人一旦实施自杀行为，他将持续企图自杀。自杀风险剧增通常是短暂的现象，且与当时个体周围的环境有关，虽然自杀的想法会不断浮现，但是它们并非永久存在的，有自杀想法或企图的人还是可以存活许久。

（8）只有精神疾病患者才会有自杀倾向。自杀行为代表个体极度不快乐，但不能与精神疾病画上等号。许多精神疾病患者不会受到自杀行为的影响，且并非所有自杀者都有精神疾病。

（9）要解释自杀的原因是容易的。自杀的原因多元且复杂，并非由单一因素或事件所能解释，因此不应以简化原因的方式来报道。在尝试了解自杀行为时，需考虑其身心健康、重大压力事件、社会与文化因素等，有时个体的冲动性也扮演了重要的角色。精神疾病有时会影响一个人因应压力与面对人际冲突的能力，而有更高的自杀风险。然而，精神疾病并不足以解释自杀行为，且将考试失利或关系破裂视为自杀的原因也会产生误导。总之，在自杀事件尚未得到充分厘清之前，过早报道自杀原因是不恰当的行为。

（10）自杀是解决问题的好方法。自杀不是有建设性的问题解决方法，也不是处理压力或困难的唯一方式。若能报道如何因应其困境的故事，将能协助处于类似情境中且有自杀意念者采取其他面对困境的选择。另外，自杀对于其亲友甚至整个社区会产生毁灭性的影响，使周围的人不断思索自己是否错过了那些自杀者所留的讯息，并产生内疚、愤怒、羞耻与被遗弃的情绪。自杀报道若能敏锐地探索上述复杂的动力，而非责怪处于悲伤的当事人，将能教育民众提供当事人适时的支持。

（11）谈论自杀会让本来不想自杀的人，变得有想自杀的念头。公开的谈论可以给予个人其他的选择或更多的时间去重新考虑他的决定，进而达到自杀预防之效果。

（12）想自杀的人都有心理疾病。许多有心理疾病的患者并没有自杀行为，也并非所有自我结束生命的个体都有心理疾病的问题。

（13）有高度自杀危险性的人，是抱着必死决心的。相反地，自杀的人常常对生或死感到矛盾，在适当时间给予的情感支持可以预防自杀。

第五节　个人丧失

一、什么是丧失

有这样一个案例，一位心理工作者在自助加油站时，看到一位老妇人给汽车加油时显得不知所措，神情慌乱，很明显，她需要帮助。心理工作者的职业敏感告诉她，也许老妇人正经历着情感丧失，后来她了解到，老妇人的丈夫前两个月死于突发性心脏病，自那以后，老妇人的生活就从原先很安全的、可知的、可预测的生活变成了现在的无序状态。这就是丧失对一些人的影响。

"丧失"是指失去亲近的人，包括死亡、离去；失去未来的各种可能性，身体的损害等，这都是广义上的丧失。狭义的丧失体现为居丧、悲伤、哀悼。

居丧（Bereavement），这是一种剥夺的客观状态或情形，这种情况是由死亡所特别引起的，然后跟随或伴随着悲伤状态。

悲伤（Grief），一种精神上极度痛苦或情感受损的精神状态或情形，并且也是居丧的结果或预期。

哀悼（Mourning），一种社会或文化的状态或情形，是因为居丧而表达悲伤或感情的状态。

对丧失的处理会牵涉几个部分，第一就是居丧的状态。失去了亲人的当事人会处在一个失去亲人的状态。在这种状态里面我们往往叫居丧，当事人往往会有很深的悲伤。但有些人不一定是悲伤，有些人是愤怒。除了悲伤和愤怒，还有很复杂的状态，如内疚等。

怎么来处理这些部分？哀悼是比较好的方法。也就是说，我们对离开的亲人，对我们的悲伤的情绪，怎么去表达情感？面对失去的亲人，我们怎么去做好哀悼？应该说，对所有的丧失，我们都要去哀悼。对丧失的部分我们哀悼得越好，我们和丧失的部分就越容易告别，我们就越容易去适应未来没有亲人的生活。因此我们对所有的丧失都要去哀悼，要进行哀悼的部分。如果他自身哀悼不完整的话，我们可以去借助他人，借助心理咨询来完成这份哀悼。

二、哀伤的阶段

美国精神病学家伊丽莎白·库伯勒·罗斯（Elisabeth Kübler-Ross）的阶段模式可能是最流行的、最有名的模式。她把丧失过程分为五个阶段，即否认、愤怒、妥协、抑郁和接受。这是人们试图应对他们自己即将面临的死亡时所经历的五个反应阶段。后来，她的理论被应用于大多数遭受丧失后的人的悲痛和哀伤过程。尽管这五个阶段从来没有趋近于一个严格的线性、逐步递进的模式，但它已经被人们认可。此外，瑞士精神分析学家维雷娜·卡斯特（Verena Kast）将哀伤分为了以下四个阶段：

一是否认阶段。在这个阶段，人们可能会否认失去的事实，无法接受失去带

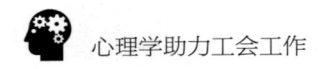

来的痛苦和悲伤，感到震惊、绝望、无奈和困惑。

二是情绪爆发阶段。在这个阶段，人们开始感受到失去带来的痛苦和悲伤，并表达出情绪上的反应，如痛苦、愤怒、悲伤、恐惧等，这个阶段也被称为"情绪宣泄阶段"。

三是回顾和告别阶段。在这个阶段，人们开始回忆过去，寻找与失去有关的点点滴滴，寻找过去的经验和感受，自我与逝者认同，与逝者对话，人们需要经历这个过程，才能重新建立自己对生活的信心。这个阶段既悲痛又美好，直到最后决定分离，自己一个人走剩下的路。

四是自我修复阶段。在这个阶段，人们开始适应失去后的新现实，并努力重新建立自己的生活。人们可能会探索新的兴趣爱好，重新建立与他人的联系，并慢慢适应新的生活方式，逐步恢复内心平静和祥和，将逝者深藏心底，对新的生活作出规划和承诺。

三、哀伤干预策略

（一）陪在哀伤者身边，是危机干预工作者的首要任务

在听闻死讯之后，"陪在哀伤者身边"便成了危机干预工作者的首要任务，它与其他所做的任何事情一样重要。在与哀伤当事人交流的过程中，应注意采用共情的温和的谈话并引发信任（Altmaier，2011）。

1. 共情的使用

包括倾听、沉默、接受、鼓励当事人表达哀伤和发泄痛苦，客观、中立地回应当事人悲痛欲绝的倾诉（Altmaier，2011）。共情倾听当事人和家人的倾诉是危机干预工作者最有用也是最有效的技能（Rando，1984）。德国心理学家彼德·迈克尔·巴克（Peter Michael Balk）的研究也证明了共情倾听的价值，其结果表明，处于居丧阶段的大学生把"专心倾听和陪伴"看作最有利于哀伤者的策略，把"逃避"看作最无用的策略。

2. 温和的谈话

应该避免陈词滥调和简单的回应（Itmaier，2011）。温和的谈话可以共享回

忆，倾诉内心的故事，如借用危机干预工作者的话说："很抱歉。我也不知道用什么词语来描述你现在的情绪，但是我一直在这里，如果你愿意倾诉，我会一直在这里，并且我会用心聆听你的故事。"

3. 提供可利用的空间

帮助当事人找到支持，为当事人做他们自己目前不能做的事情加油打气，但是要让他们告诉我们哪些事情他们能做，哪些事情他们不能做，这样他们对自己的生活至少有一点掌控感，提供可利用的空间也意味着给予足够的时间，因为每一个当事人的哀伤过程都因人而异，所以工作人员的耐心是一个巨大的美德。

4. 为当事人赋能

引发信任和沟通的基石，是能够让当事人相信自己有能力渡过难关、恢复心情和学会成长（Altmaier，2011）。这不是啦啦队似的号召，而是一种温和的鼓励和信任，使当事人得以直面哀伤而不是逃避。美国心理学家休斯（Hughes）认为，哀伤当事人对危机干预工作者能力的期望在促进哀伤者愈合的过程中是至关重要的，他曾说过危机干预工作者的期望总是会被直接或者间接地传达给当事人，当他们被危机干预工作者"告知"：他们不是无助的受害者，而是强大的、有能力自愈的人的时候，当事人就会很快愈合。

如果能做到这些，危机干预工作者就成为一个共情、中立的精神支柱，能够提供情感上的理解，并让当事人"感到自己被感受到"（Wylie，2004）。尽管这听起来很奇怪，"感到自己被感受到"其实就是改头换面的"共情陪伴"。

（二）适应模式

针对当事人的状态，从情感、行为和认知三个方面做工作。

1. 情感策略

应该允许当事人进行情感的宣泄，这些情绪可以是一些所谓的负面情绪，如哭泣到愤怒的咒骂。情感失调是问题性哀伤的一个主要问题，因此，情绪发泄为恢复调节能力奠定了很重要的基础。通过谨慎地分级、逐步暴露于痛苦的体验来逐渐恢复全面情绪调控能力是很重要的。

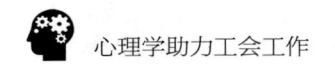

2. 行为策略

行为策略包含了一系列积极的动态行为（如跑步、手工、钓鱼、园艺、唱歌、骑自行车或修建东西）来取代静态行为（如坐着走神、长时间地看电视和反复思考亲人的离世）。制订计划处理当前问题，例如，如何处理死者的遗产等，这些都是具体的前瞻性的行为策略。实践和激励新的适应性行为以对抗消极成瘾行为（如酒精和毒品的滥用、暴饮暴食、刷剧、刷手机、网络成瘾、厌食或赌博）也是危机干预工作者行为策略的一部分。

3. 认知策略

认知策略主要处理消极思维。危机干预工作者帮助当事人建立积极指令和积极的精神激励来代替消极的思想。应帮助当事人重新审视激烈的、绝对化、难以忍受和灾难性的思维，并重组为更加冷静、更少绝对化、更宽容和可以理解的想法。同时以关心的方式，帮助当事人挑战其认知逃避、否认、将丧失的影响最小化等思维。

四、危机干预工作者的哀伤预防与倦怠应对

在工会干部帮助处理职工的哀伤之前，必须首先照顾好自己。这也就意味着工会干部要主动保持自己的活力。如果不能处理好的话，就会产生替代性创伤或同情疲劳现象。研究发现，经常处理丧失和居丧的危机干预工作者很容易产生职业倦怠。研究人员认为，危机干预工作者在帮助处理哀伤的当事人之前，应该端正他们对待死亡、哀伤以及居丧的个人和专业的态度。根据专家的观点，危机干预工作者应该确保不能把自己的哀伤和对哀伤的态度强加于当事人。应注意以下七点：

1. 对当事人的情感投入

对当事人一定程度的情感投入是正常的，也是必需的。但对临终以及居丧当事人过分地投入，可能使危机干预工作者在他们自己的哀伤反应中花费大量的精力。

2. 居丧的超负荷

如果危机干预工作者与一些当事人形成非常密切的关系，那么，对于危机干预工作者来说，情感的超负荷可能导致过多的风险和哀伤反应。危机干预工作者能够通过以下方式来处理居丧的超负荷：意识到超负荷的发生，能够按照他们自己的内部信号获得帮助，或在当事人的丧失让他们崩溃之前采取有效措施使自己得以恢复。

3. 反移情

从事哀伤辅导工作的危机干预工作者发现，这种工作有时容易唤起他们自己在生活中遭受丧失的感受、想法、记忆以及幻觉。因此，经常处理丧失相关工作的工会干部，需要一些减压的策略，以降低因经常卷入当事人的哀伤中而导致的情感超负荷。

4. 情感补充

在哀伤和居丧领域工作的危机干预工作者必须特别注意关心自己的情感需要。危机干预工作者需要支持系统以确保自己躯体、情绪以及心理的完好状况。情感补充不仅包括从内心上照顾自己，也包括从其他重要人物，如监管者、朋友、家庭、同事处获得的外部支持，以及一些有意义的身体和情感活动，从而能够让危机干预工作者完全从丧失中摆脱出来，恢复积极的情感和身体状态。

5. 面对自己的死亡问题

危机干预工作者在丧失处理工作中最重要的影响之一是可能唤起他们对自己死亡的焦虑。互助小组、监管、在岗训练以及阅读等都是建议的应付机制。对于许多危机干预工作者来说，心灵成长的活动是一个有效的选择。

6. 力量感

危机干预工作者与所有的普通人群一样，也需要有一种力量感或者控制感。处理当事人的临终、哀伤以及居丧工作可能使危机干预工作者把当事人的丧失当成自己遭受了丧失一样。这种认同可能使危机干预工作者产生力量或者控制丧失感。预防力量或者控制丧失感的策略从本质上来说同前面介绍过的预防反移情的策略一样。

7. 营救倾向

危机干预工作者消除这种营救幻想是很有必要的，尤其在处理哀伤和居丧问题的过程中，因为营救已经遭受或者将要遭受丧失的人就是对丧失必然性的否定。

上述的七个要点在警示危机干预工作者防止替代性创伤、同情疲劳以及职业倦怠方面是一个很好的起点。

第七章

"职工心灵驿站"建设

随着当前经济社会的快速发展，各种竞争日趋激烈，职工在就业、工作、生活方面的压力越来越大，心理健康问题日渐凸显。为做好职工的人文关怀、心理疏导和关爱服务职工，2010年5月29日，全国总工会发布《关于进一步做好职工队伍和社会稳定工作的意见》，指出要注意加强青年职工特别是新生代农民工的心理疏导，加大对他们心理健康的关注和投入，帮助他们搞好自我管理、自我调适，缓解心理压力，提高耐挫能力，营造良好的人际关系，使广大职工有尊严地生活，实现体面劳动。

事实上，2010年1月以来，富士康连续出现多起跳楼事件，从一个侧面反映出年轻职工面对压力时的无助，显示出心理问题是困扰职工发展的重要问题之一。心理问题作为一种社会现象，在任何社会都是客观存在的。在快速发展的中国，随着社会的快速变化和竞争压力的加大，一些人难免会受到心理和精神上的冲击，并产生不同程度的心理纠葛和冲突。如果不能加以有效的疏导，心理问题就很容易以非理性的方式表达出来，心理疏导成为刻不容缓的措施，怎样最大限度地保护职工的生命安全，由内而外地去珍惜生命、爱护生命，让职工拥有更多的幸福感，工会创办的"职工心灵驿站"建设应运而生。

第一节 "职工心灵驿站"项目

一、"职工心灵驿站"项目背景

一直以来，工会作为党领导下的群团组织，维护职工合法权益、竭诚服务职工、提高职工生活品质是各级工会组织重要的工作任务，其中，维护职工的安全与健康更是工会工作的重点。2009年初，在北京市工会十二大上，北京市总工会第一次提出了要以三级服务体系建设为抓手，建设服务型工会这一战略目标。首都工会建设三级服务体系是参与社会管理、公共服务以及发挥枢纽型社会组织构建和谐社会首善之区的需要，也是工会工作在努力由强化维权职能向维权和服务相结合转变过程中的重要步骤。为此，北京市总工会出台了"1+6"文件，制定了六项重点工作实施方案，其中"建设工会三级服务体系"位列六项重点工作之首，最终实现工会服务体系全覆盖。当年，各级服务中心实现工会会员凭借会员证，就可享受到购物、休闲、就医等多种优惠服务，困难职工可以直接到帮扶中心或工会服务站寻求帮助。

2013年，北京市总工会召开的十二届九次委员（扩大）会上，下发了九个落实《关于深化工会三级服务体系建设参与加强和创新社会管理的意见》的文件，进一步加强了工会服务职工的能力建设，其中，北京市总工会印发的《关于开展在职职工职业发展助推计划的实施意见》，聚焦职工发展，也为日后开展职工心理发展助推打下了基础。

二、"职工心灵驿站"的产生

2014年，北京市总工会正式推出"在职职工心理发展助推计划"，首先在北京市职工服务中心，建设了"北京职工心理体验服务系统"，这个系统是中盛凯新依托北京市总工会三级服务体系工作平台，为首都职工开发设计的，该系统覆盖全市400多万名工会会员及各级工会组织。拥有国内外专业心理测评量表百余套，界面温馨，操作便捷，职工可以随时随地、轻松便捷地实现心理健康状况的自我检查；智能化专家分析系统与多维多级心理干预促进体系，可即时出具测评报告并提供干预措施，使职工获得专业的心理测评、心理训练、心理减压、心理游戏等心理服务，促进职工的心理发展与完善。北京市级职工心理体验服务系统的建设，一方面带动基层工会组织建设职工心理关爱服务场地，为职工设立心理诉求的绿色通道，同时，依托北京市总工会三级服务体系工作平台，方便职工自助体验式心理健康管理；另一方面整合专业心理资源，通过开展心理培训、心理咨询、团体辅导等，为职工提供专业、规范、便捷、有效的心理服务，为职工营造积极和谐、健康向上的心理氛围与工作环境。

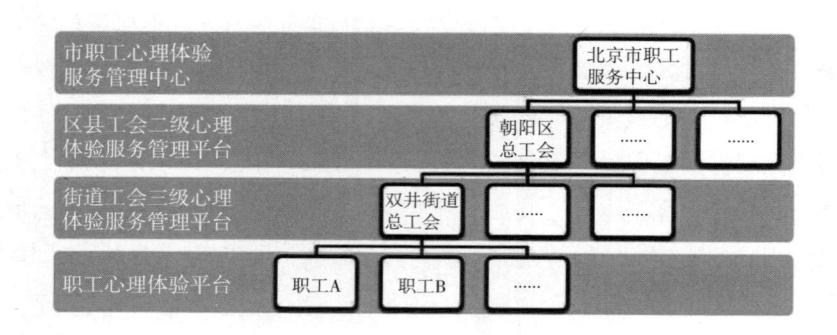

北京市职工心理健康服务三级工作体系

2015年，北京市总工会"1+15"文件正式出台，"职工心理关爱服务"正式列为市总工会十大品牌服务项目之一。"职工心理关爱服务"的工作目标是带动各级工会组织和职工关注心理健康，提高自我调节适应压力管理能力，促进职场身心健康发展，最终达到职工幸福、组织强大、社会和谐的愿望。

2016年8月16日，北京市总工会发布《北京市"十三五"时期职工发展规划》，其中"加强职场心理健康工作"被列为北京市"十三五"时期职工发展重点任务，北京市将在街道社区和企业建成300家"职工心灵驿站"，形成多层次、网络化、定制化服务模式，逐步建立起覆盖全市职工的心理发展促进网络。

2017年1月，国家卫计委、中宣部、全国总工会等22个部门联合发布了《关于加强心理健康服务的指导意见》，明确了心理健康服务工作的前进方向。

北京市职工服务中心作为北京市总工会"在职职工心理发展助推计划"及"职工心理关爱服务"工作的主责单位,近几年,从硬件建设到软件服务,从市级示范到基层建站,从专业提升到服务落地,在全市工会系统发挥着示范引领作用。各级工会组织也紧密结合自身特点和职工需求,开展了卓有成效的职工心理关爱服务工作,逐步建立起覆盖全市的职工心理关爱服务网。

三、"职工心灵驿站"建设

为了满足北京市职工日益增长的心理需求,打造北京市总工会十大品牌服务影响力,北京市总工会《关于做好2016年度在职职工心理关爱服务工作的通知》(京工办发〔2016〕51号)明确了工会职工心理关爱服务重点工作:一是实体化建设与网络化服务相结合,满足职工个性化心理服务需求;二是个体心理档案建立与团体心理状况调查相结合,提升心理服务的针对性和实效性;三是心理服务开展与心理人才培养相结合,保障心理工作的长效性与专业性;四是心理关爱机制建立与心理危机干预预警相结合,减少和避免危机事件发生。多年来,北京市各级工会始终牢记相关工作要求,不断完善"职工心灵驿站"建设。

"职工心灵驿站"通过运用北京市总工会开发开放的首都职工心理发展服务系统,采用实用有效、职工易于接受的方式,深入浅出地开展职工心理健康知识宣传、心理咨询、心理疏导、心理援助等活动,帮助职工缓解工作、生活压力,塑造阳光心态,促进全面发展。

2015年,北京市正式启动百家"职工心灵驿站"评选工作,职工如有焦虑、抑郁、压力大等苦恼都可到驿站做"心理体检"。北京市总工会要求申报单位须为全市基层工会服务站、职工之家,具备独立的心理活动场所,配备专(兼)职的心理服务工作人员及心理服务设施设备用于开展职工心理服务项目,并面向职工开展心理讲座、心理培训、心理咨询等相关心理服务项目。

评选过程由北京市总工会邀请心理服务专家团队,对场地、设备、人员及心理服务开展情况等进行评分,最终专家评选出入围项目,可作为全市心理活动场地的标杆与示范。近年来的评选工作发现,有越来越多的单位投入申报"职工心灵驿站"项目,建设积极性非常高,项目的质量也逐年提升,成效显著。由北京市总工会最终评选出的市级"职工心灵驿站"将颁发统一命名的奖牌,并给予一

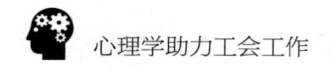

定的心理服务项目开发经费支持。

自2015年百家"职工心灵驿站"评选顺利落地后，北京市总工会每年都定期面向全市工会系统开展"职工心灵驿站"评选和心理服务项目助推工作。经过单位申报、材料评审、实地调研、综合评审等程序，有越来越多的单位积极投入"职工心灵驿站"的建设工作中。北京市总工会在全市工会系统逐年相继评选出"职工心灵驿站"——2016年30家，2017年50家，2018年50家，2019年40家，2020年30家，2021年30家，2022年30家，为职工心理服务工作的稳步推进与深化发展提供了强有力的阵地保障。经过"从无到有、从有到优"的努力，北京市总工会每年的评审工作，引领带动了各级工会的工作积极性，各单位逐年加强"职工心灵驿站"建设，不断完善"职工心灵驿站"的运行模式及标准，内外资源联动开展专业心理服务，充分发挥了工会组织在促进职工身心健康、培育良好社会心态、构建和谐劳动关系等方面的积极作用。

延伸阅读

"我学会了与丈夫、孩子沟通"

都市快节奏的生产与生活，给职工的身心带来极大的压力，他们亟需科学、有效的方法与途径调适紧张的身心状态。2017年起，北京市总工会"心理示范中心"面向全市工会会员单位开展了"职工心理服务开放日"活动，通过每月开设不同主题的体验式团体辅导课程、参观体验活动、团体沙盘游戏等，为各级工会及职工提供示范性心理关爱服务。"心理示范中心"与"职工心灵驿站"建设相结合、线下心理关爱与线上心理服务相结合，构建了全覆盖、普惠制的心理服务组织体系。

示范引领：心理开放日让职工学会减压

"我学会了很多专业的心理疏导和排解压力的方法，还懂得了如何与丈夫、孩子沟通！"来自金融行业的陈女士平时工作忙碌，不仅工作压力大，与丈夫、孩子的沟通有时也会"力不从心"。参加"职工心理服务开放日"活动学到了很多减压的方法，她感觉"能量满满"，感觉工会的心理服务帮助她以更好的状态去迎接工作与生活。

2017年4月至10月，北京市职工服务中心共开展"职工心理服务开放日"活动14期，参与单位76家，直接服务职工1788人次。

职工心理开放日的团辅课主题丰富多彩，每期以不同的形式带给职工不一样的精彩。分别以夫妻互动、亲子教育为主题，并运用萨提亚冰山理论、叙事疗法及正念冥想，帮助职工在平衡工作与家庭关系的同时，探索内在的能量、解决内在矛盾冲突，建立良好的沟通模式，轻松释放压力。

与此同时，"北京市职工发展心理体验示范中心"也敞开大门，运用场地内科学、专业的心理学设备，帮助职工调适身体，放松减压；团体沙盘游戏则邀请专业的心理老师，引导参与职工在一种非语言交流的环境下，在"一沙一世界"中，探索自我，感知他人，细细品味人生真谛，促进团队凝聚力的提升。

北京地铁机电分公司大修项目部团支部书记徐远体验后很满意，"通过运动调试自己的心情和状态，通过冥想使自己保持冷静、轻松的思想状态，对他人展示微笑，相信自己是最棒的，等等，这些积极的心理小技巧带给我积极向上的信心"。

带动基层："职工心灵驿站"一年将达180家

既有"森林"放松软件、放松椅、减压电影、悬吊式宣泄拳击袋等专业减压设备，也有跑步机、动感单车、台球桌等辅助减压设备……走进坐落在北京胸科医院职工之家的心灵驿站，第一个感觉就是这里的硬件设施"杠杠的"！该院工会相关负责人介绍，除了硬件，该院在心灵驿站的建设上，软件上也没掉队。北京胸科医院拥有4名有资质的二级心理咨询师、1名有资质的三级心理咨询师，在2015年初开始筹建心灵驿站时，成立了心理咨询师志愿服务团队，为职工提供专业的心理咨询服务。

这5名心理咨询师，利用业余时间，结合各自特长，精心设计活动及授课内容，通过多彩的活动探索减压方法。医院工会还邀请院外心理咨询专家为体验者提供讲座，并组织体验者外出进行拓展训练。2016年，该院"职工心灵驿站"向全部职工开放，受到职工欢迎，取得良好效果。

2015年，以"以评促建"为目标，北京市职工服务中心启动了以北京市总工会命名的"职工心灵驿站"评选工作，带动全市各级工会普遍建立"职工心灵驿站"并开展心理服务。2015年至2016年，共评选出130家市总工会命名的"职工心灵驿站"，累计服务职工26万人次。

记者从北京市职工服务中心获悉，到2017年底，市总工会命名的"职工心灵驿站"达到180家，分布在各区及产业系统工会。"十三五"期间在全市评选出300家"职工心灵驿站"，逐步构建全覆盖的心理关爱服务网点体系。

（资料来源：2017年12月5日《工人日报》）

第二节 "职工心灵驿站"经验分享

一、首钢股份公司："职工心灵驿站"建设及"和谐团队"心理训练服务

对于国有企业来说，在实现企业稳步发展、服务社会经济发展职责的同时，更肩负有为社会安全、稳定、和谐提供保障的重要社会责任。因此，如何有效减轻职工的心理压力和提高其心理健康程度，增加职工个体幸福感及团队归属感与凝聚力，在实现企业经营发展目标的同时，更要重视构建企业的和谐发展，是国有企业思想政治文化工作所面临的新课题。

首钢股份公司是世界五百强首钢集团所属的境内唯一上市公司，公司的战略目标是，打造市值千亿级的具有世界竞争力的优秀钢铁上市公司。本部现有职工8780人。2019年，公司党委提出建设"健康股份"和"和谐股份"的设想。关心、关爱职工，大力加强职工心理健康服务，不断提升职工心理健康素养，积极应对多样化的社会价值观念、复杂的社会关系变化，培育自尊自信、理性平和、积极向上的心态，对于推进股份公司高质量发展具有重要意义。

公司工会从积极心理学视角出发，让职工心理关爱工作真正惠及每一位职工和个体。基于这样的理念和认识，首钢股份公司定制"4+N"职工心理关爱创新工作模式。同时，鉴于钢铁制造行业职工工作为倒班制，非常辛苦，为了使心理关爱工作更加灵活高效，工会在工厂内部的"职工小家"设立分点，派出优秀的内训师队伍进入厂区，一个班组职工完成工作之余，抽出1.5小时，即可完成"和谐团队"

一门课程。大家在轻松愉悦的氛围中，放松身心并收获了心理学知识。这样的创新性心理服务模式，受到一线职工、公司领导及市总工会领导的一致好评。

2019年至2022年，公司工会正在有序推进并完成以下工作任务。

第一，以职工真实的需求为工作方向，定制化设计温馨舒适的"职工心灵驿站"暨"和谐团队"训练基地。2019年5月至8月，心灵驿站建设和"和谐团队"训练基地（以下简称"基地"）在北京市总工会所推广的"职工心灵驿站"的理念及方案基础上，根据首钢股份公司团队建设及企业管理的需求，由心奇迹团队专为首钢股份公司打造建立。基地占地约300平方米，共三厅七室，分为大团体及多媒体舞台活动区、小团体活动区、阅览室、办公室、团体沙盘室、个案咨询室、深度放松室、生物反馈减压室（含大脑潜力分析）、催眠室、等候区及储物间。2019年底，经由北京市总工会委派的专家组评估，脱颖而出获评并挂牌"职工心灵驿站"。

第二，培养包含4位专职工作人员及30位内训师在内的高素质内部心理人才队伍。2019年7月至8月，公司范围内选择4位专职工作人员，并在全公司范围内公开招聘有心理学基础、热爱助人工作的内训师人才，通过初审复审、定期举办内部团体成长、培训师能力技巧讲座、"和谐团队"心理训练课程学习研讨，以及外部心理学理论及技术学习等环节，培养一支专业高素质的内部心理人才队伍，保障项目有效落地。2020年初，受新冠疫情影响，部分内部心理人才培养工作在线上开展，并取得良好效果。

第三，"和谐团队"心理训练课程体系全员全覆盖。"和谐团队"心理训练课程开启企业心理服务及职工心理关爱工作新模式。"4+N"模式为：1个基地为依托，1套测评为依据，1支队伍为主力，1个课程体系全覆盖，N个职工小家同时开展工作。在"4+N"模式中，以真实的生产班组为单位，共计约400个班组（1个班组20人），让"和谐团队"心理训练课程覆盖全员8000多人。这样的创新性心理服务模式在国企中具有开创性意义。

第四，职工心理健康体检及三年数据对比分析。2020年至2022年，每年都为8000多位职工进行心理健康测评、报告分析及对重点关注人群进行咨询干预。给出每名职工的个体报告，以事业部及作业区为单位作出部门分析报告、公司级整体报告及模型分析；对经过测评筛查出来的约200名职工开展初次访谈，做风险筛查并提供整体风险筛查报告一份。同时，进行年度对比分析，更加深入地了解职工的心理健康数据及需求。

第五，开展面对特定群体的心理培训，如在三八节针对女工群体、后备干部的培训中增加心理模块等。定期发布月刊、手册、主题文章。将线上微课、线下主题活动有效结合起来，将"和谐团队"心理训练课程的内容融入三八节、"5·25心理健康日"、儿童节、七夕节等节日系列活动中，让职工在喜闻乐见的活动中体会到课程的价值，从而搭建了和谐班组、营造企业充满活力的氛围。

"和谐团队"心理训练课程及职工心理关爱工作是公司思政工作的重要抓手，让职工更快乐、让家庭更幸福、让团队更和谐，让公司更好、更快发展，是真正有效果的职工心理关爱及政治思想工作模式。首钢工会要求各单位要高度重视职工心理疏导与关爱工作，以对职工、对事业高度负责的态度抓好落实，让职工满意、让职工受益，在不断促进职工心理素质提升的同时，进一步积聚起蕴藏在职工中的磅礴力量，为首钢股份公司的高质量发展加油，为建设具有世界竞争力的优秀上市公司助力。

（本案例系2020年第十四届中国心理学家大会社会心理服务系列案例）

二、北京师范大学："硬核"教职工心理服务体系

拥有一支专业化的心理服务团队，具有丰富的临床心理服务经验；校医院设有不同功能的空间用于职工心理服务，总面积达到上百平方米；购置了一系列心理辅导器材，满足个人和团体心理支持使用……北京师范大学（以下简称"北师大"）近年来倾情打造"硬核"教职工心理服务体系，2020年获得北京市总工会评选的"职工心灵驿站"称号。

为了做好教职工的心理服务工作，北师大从2019年开始，集中推动"职工心灵驿站"筹建工作，配置了软硬件资源：在校医院设置了4个功能的心理服务场地，包括精神心理诊室2间、健康宣传教室1间、团体活动学习室1间、心理咨询接待室2间。在设备设施方面，"职工心灵驿站"配置了50多件心理个体及团体治疗小器材，包括手鼓、空灵鼓、沙锤、瑜伽垫等音乐体验器材，绘画工具以及箱庭辅导器材等，可开展心理辅导团体体验。

目前，北师大"职工心灵驿站"拥有一支强大的由多学科力量组成、具有丰富实战经验的专家团队，配备了心理教育信息化管理系统，可为教职工提高心理

素质评测、在线放松练习服务。

北师大为教职工开展的心理服务项目包括科普讲座、心理专题培训、团体心理辅导等多种形式，仅2019年，筹建中的"职工心灵驿站"就举办了11场活动，包括3月的"赠你一夜好眠"讲座、4月的"如何做孩子的心灵导师"讲座、5月的"亲情时光机——家庭矛盾"健康教育讲座、5月的女性教职工关爱自我团体疗愈活动、11月的表达性艺术治疗职工培训、12月的"音乐疗愈关注心理健康"系列活动等；10月9日至11月25日，还聘请美国AMITA行为医学院专家曹晓乔开展了专题性舞动团体治疗。

北师大向来重视发挥学科优势，积极服务社会心理服务需求，尤其是在新冠疫情发生后，该校迅速整合科研力量，依托心理学部成立心理援助工作组，推出全国教育战线首个心理援助热线和网络辅导平台。热线电话与网络辅导总计服务近9000人次，干预各种危机532人。

北师大资产经营公司所属教育集团也在第一时间加入抗击疫情阻击战，其中京师心育研究中心充分发挥自身优势，于2020年1月29日启动新冠疫情期间线上心理服务行动计划，及时为广大家长、师生和各界人士提供专业的线上心理志愿服务，包括在线心理辅导、心理服务需求调研、心理状态评估、亲子心理互动游戏、心理维护系列微课和心理名家线上讲座等内容。

北师大校工会表示，北师大将以"职工心灵驿站"作为重要平台，依托学校心理学部、认知神经科学与国家重点实验室、学生心理咨询与服务中心、体育与运动学院、艺术与传媒学院、校医院等多学科、多团队的支持，在强大的精神心理服务团队共同努力下，大力响应国家心理健康号召计划，更好地服务广大师生，推进"双一流"高校建设。

（本案例系2021年1月19日《劳动午报》专题报道）

三、北京联合大学：建设有温度的大学

2022年5月，北京联合大学（以下简称"北联大"）工会副主席唐武把"中医心理助力抗疫"网络公益系列讲座的链接发到全校二级工会专职副主席微信群里，再由他们分享给各自学院的教职工。整合校内外优质资源，开展多姿多彩的

心理服务，在疫情期间为教职工舒缓压力，是北联大工会近年来持续开展的一项重点工作。

据了解，该系列讲座由中国中医科学院中医临床基础医学研究所、中华中医药学会心身医学分会主办，邀请国内中医心理学、心身医学及心理学等相关领域的专家，就疫情期间的心理、心身健康调适进行在线公益科普讲座，主题包括"新冠疫情心理应激与中医七情致病""新冠疫情期间焦虑情绪的识别及中医应对策略""疫情引发的心理问题——评估与调适"等25场次。

唐武介绍，为了帮助教职工减压，北联大工会一边深度挖掘校内资源，一边拓展校外优势资源，将内外资源有机融合、优势互补，确保服务的及时和有效。"中国中医科学院团队的王老师是我的朋友，他们长期做中医心理工作，效果非常好，也熟悉高校情况，我就征得王老师的同意，把讲座链接分享给我们学校的教职工，帮助他们及时减压，在疫情下保持身心健康。"

该系列讲座在北联大教职工中引起热烈反响，很多老师反映："过去不知道中医也能做心理服务，这次听到中医专家的介绍了解到很多心理知识，而且讲座分为不同专题，每个人可以根据关注点选择聆听不同场次。感谢工会的温馨服务，第一时间把这些心理知识提供给大家。"

北联大党政领导非常重视职工心理健康工作，把做好心理服务写进学校近年来的工作要点中，提出要努力建设有温度的大学，推进教职工心理健康服务和"职工心灵驿站"建设。据北联大工会相关负责人介绍，近年来，校工会一直把"关注教职工心理健康"纳入年度重点工作，提出要发挥教职工心理健康志愿服务团队专业优势，继续做好"爱满心田"职工心理服务项目，把心理疏导和缓解心理压力活动作为工会日常工作的主要内容之一，促进教职工健康水平的提升；充分利用职工之家、心灵驿站、心理咨询室等场地，为教职工提供周到服务。

和其他高校不同，北联大校区较多，一共拥有8个校区，在编教职工2700余人，工会会员3000多人。针对这样的特殊情况，学校工会在教职工身心减压工作上下足了功夫，结合实际需求，通过多种方式帮助教职工打理情绪。

硬件齐全是北联大帮助教职工身心放松的一大优势。校工会借助学校心理素质教育中心、体育中心、教师教学发展中心、师范学院心理学系等各方资源，打造学校"职工心灵驿站"，并于2019年4月挂牌投入使用，构成了

"1+3+7+N"（1个职工之家、3个分中心、7个分校区、18个职工小家、23个减压文体协会、32个暖心驿站）的职工心理素质教育工作格局。校"职工心灵驿站"下设心理素质教育中心、运动减压中心、教师发展咨询中心。

心理素质教育中心8个校区都建有专用场地。以北四环校区心理素质教育中心为例，这里使用面积达400多平方米。设有心理自助区、个体咨询室、团体辅导室、运动宣泄室、放松训练室、行为观察室、沙盘治疗室等11个功能区域。还有移动式限制环境刺激漂浮仪、音乐放松减压椅、3D情景舞台等多种先进仪器设备。

运动减压也成为教职工放松身心的好方法。运动减压中心主要借助体育中心训练馆的篮球训练馆、羽毛球训练馆、排球训练馆、乒乓球训练馆、网球训练馆、健美操训练馆、武术搏击训练馆、健身房等为校职工以及广大体育爱好者提供体育锻炼、休闲娱乐的减压指导场所。

此外，教师教学发展中心面向学校全体教师特别是中青年教师、基础课教师及研究生助教，面对教师亟待解决的现实问题与发展愿景，整合优质教学资源，通过多方位培训、咨询等活动，切实提高教师各方面能力与水平，全方位服务教师。

北联大丰富的活动和培训也为教职工的身心健康竖起了一道"保护墙"。职工之家以"关心教职工、理解教职工、服务教职工、发展教职工"为宗旨，积极统筹资源开展心理健康普查，心理测评，团体心理训练、团体辅导、专题讲座、家庭治疗咨询等多项服务，从精神层面关爱职工，服务职工，提高了职工适应社会发展的心理素质。

校工会协同多方力量于2020年11月成立"北京联合大学职工心理健康服务志愿队"，团队专兼职人员37人，并启动学校心理援助预约专线，24小时心理预约不断线，还聘请了心理专家督导组，分赴各校区为教职工开展心理咨询援助服务。截至2022年5月，已组织线上线下心理讲座32场、心理团建沙龙11场、团体辅导活动43次、心理测评4次，受益教职工达到2万余人次。

北联大工会常务副主席操静涛表示，下一步将继续联动各方优质资源，不断完善职工心理关爱服务专家库、师资库建设，并与二级工会共享专业资源，使全校教职工享受到更加专业、实用、有效的心理服务。

（本案例基于2020年1月11日、2022年5月25日《劳动午报》报道整理）